사랑의 민낯

러브 주식회사

사랑의 민낯

러브 주식회사

자본주의로 포장된 로맨스라는 환상

로리 에시그 지음

강유주 옮김

문학사상

차례

감사의 말

내가 몸담은 미들버리 칼리지의 아낌없는 지원이 없었다면 절대로 이 책을 쓸 수 없었으리라. 미들버리는 재정 지원과 연구 휴가뿐만 아니라 훌륭한 연구 보조원 에린 워크Erin Work와 베아트리체 쿠이퍼스Beatrijs Kuijpers도 챙겨주었다. 나는 미들버리의 젠더, 성, 페미니스트 학과에서 이성애 사회학 수업을 원하는 만큼 진행하고 있다. 벌써 20년 넘게 진행하고 있는 그 수업은 이 책의 이론을 탄탄하게 뒷받침해줄 뿐만 아니라, 바보 같은 질문을 던지는 똑똑한 학생들도 수업을 통해 만나게 해주었다. 로맨스가 실은 우리를 파괴하는 동시에 살리기도 하는 이데올로기라는 사실에 관해 더 깊이 생각해보게 하는 질문들이다.

수자타 무르티Sujata Moorti, 칼리 톰센Carly Thomsen, 케빈 모스Kevin Moss, 캐서린 라이트Catharine Wright, 카린 한타Karin Hanta 등 미들버리의 동료 페미니스트들에게 경외심과 애정을 느낀다. 러시아 상트페테르부르크 유러피언 대학교의 동료 안나 템키나Anna Temkina와 알렉산더 콘다코프Alexander Kondakov를 통해, 사랑이 얼마나 특별할 수 있는지 늘 상기한다.

직접 겪은 사랑과 로맨스의 여정을 들려준 친구들과 낯선 사람들 모두에게 감사를 전한다.

이 책이 결실을 볼 수 있도록 도와준 UC 출판사와 편집자 나오미

슈나이더Naomi Schneider에게도 감사를 전한다. 언제나 침착하게 프로 정신을 발휘해준 나오미 덕분에 그야말로 동화가 현실로 이루어진 것처럼 모든 과정이 수월했다.

사랑을 다루는 이 책도 역시 사랑이 지탱해주었다. 이 책을 쓰면서 두 딸 윌라Willa와 조지아Georgia, 내 파트너의 딸 엠마Emma가 사랑과 로맨스를 접하며 조금씩 어른이 되어가는 모습을 지켜보았다. 그 아이들이 세상이 정해준 대본을 따르지 않고 깊고 넓게 사랑하기를 바란다. 아이들 덕분에 데이트를 비롯한 현대 로맨스 문화와 '반反 로맨스'에 관한 질문을 떠올려볼 수 있었다. 엠마가 나를 결혼박람회장으로 끌고 다니는 바람에 그 인기를 직접 확인할 수 있었고, 조지아는 디즈니 월드로 떠난 현장 연구에 동참해 신혼부부들을 분간하는 방법까지 알려주었으며, 윌라는 러브 주식회사의 영향력을 예술가의 시선으로 포착해 이 책에 수록된 사진을 찍어주었다.

친구들이 보여준 사랑과 지지도 빠뜨릴 수 없다. 특히 내 '배우자들' 캘빈Calvin과 고든 화이트Gordon White, '우리' 딸 애디슨Addison, 캐리 리골리Carrie Rigoli, 수 크로닌Sue Cronin, 앤슨 코치-레인Anson Koch-Rein, 패트리샤 살다리아가Patricia Saldarriaga, 글렌 갬블린Glenn Gamblin, 티나 에스카야Tina Escaja, 린지 런던Lindsay London은 태권도와 스페인어, 파시즘을 무찌르는 법 등 너무도 많은 것을 가르쳐주었다. 세상의 고양이는 모두 사랑스럽지만 늘 조건 없이 애정을 주는 미시카Mishka도 고맙다.

이 책이 세상에 나올 수 있었던 이유를 단 하나만 들자면, 내 영원한 사랑 수잔나 월터스Suzanna Walters 덕분이다. 초기 여러 난관에 부딪혔을 때 나는 이 책을 포기하려고 했다. 하지만 나보다 더 똑똑

하고 열정적인 페미니스트이자 더 뛰어난 작가인 수잔나는 이 책을, 꼭 세상에 나와야만 하는 훌륭하고 중요한 책이라고 말해주었다. 자기연민에 빠져 허우적대지 말고 정신을 가다듬고 작업을 끝내라고 했다. 그것이 진정한 사랑이다. 상대방을 믿고 지지하며 "어린애처럼 굴지 마"라고 망설임 없이 충고하는 것. 수잔나는 지금까지 함께한 시간 동안, 사랑은 동화가 아니기에 안정적인 미래를 약속할 수 없으며 '현실'과 동떨어지지도 않았다는 사실을 가르쳐주었다. 그래서 사랑을 통해 일상의 기쁨을 누릴 수 있다고. 수잔나와의 관계에서도, 이 책을 쓰면서도, 사랑은 현실임을 배웠지만 고백하건대 나는 여전히 로맨스를 믿는다. 그리고 희망한다. 밸런타인데이를 기념하진 않지만 나와 그녀가 앞으로도 함께 집회에 참여하고 평생을 함께하기를, 우리 딸들이 성장하는 모습을 함께 지켜볼 수 있기를. 우리만의 해피엔딩을 맞이할 수 있기를.

서론

간단히 살펴보는 사랑의 역사

LOVE, INC.

로맨스의 미스터리

고백할 것이 있다. 나는 로맨스 신봉자다. 해피엔딩과 진정한 사랑을 굳게 믿는다. 동시에 냉소주의자이기도 하다. 로맨스가 마법의 가루로 우리 눈을 가린다는 기운 빠지는 사실을 느낀다. 비유하자면 한밤중에 로맨스의 효과가 사라져 넝마를 걸치고 구두 한 짝을 잃어버린 채 남겨질까 봐 걱정스럽다. 내 안의 로맨티스트는 평생 '운명의 짝'을 찾아 헤맸고, 내 안의 냉소주의자는 그 못지않게 긴 시간 동안 비판적인 관점에서 로맨스를 가르치고 글을 썼다. 누군가에게 첫눈에 반해 심장이 빠르게 뛰고 머릿속에서 울려 퍼지는 종소리를 느끼며 첫 키스를 한다고 해도, 환경 파괴와 빈부격차 같은 문제가 해결되지는 않는다. 나도 잘 안다. 그리고 다들 안다. 미래가 그 어느 때보다 불안정해지고 있지만 안정된 미래를 약속하는 로맨스는 점점 강력해진다는 사실을.

이것이 바로 이 책이 주장하는 바다. 우리는 상황이 악화될수록 더욱 로맨스에 의존해 미래의 희망을 느끼려고 한다. 자본주의가 로맨스의 원인이라서가 아니라, 로맨스는 암울한 자본주의로부터 가장 즐겁게, 동시에 가장 미래지향적으로 할 수 있는 도피이기 때문이다. 미국인은 삶의 자양분을 얻고자 민족주의나 축구 같은 다양한 신념에 의존한다. 종교처럼 사후에 더 나은 미래를 약속하는 것들도 있다. 하지만 로맨스는 이승에서의 더 나은 미래를 약속하고 일상에서 공주님이나 왕자님을 찾아 나서는 황홀감을 덤으로 준다. 오늘 당장 진정한 사랑을 만날 수도 있고 진정한 사랑이 바로 옆에 있었음을 오늘에야 깨달을 수도 있다. 우리는 더 나은 삶에 대한 약속으로 오늘을 견디고 버티게 해주므로 로맨스에 의지한다. 종교적인 믿음이나 뉴욕 제츠 팀 응원과 달리, 정말로 끔찍한 냉소주의자만이 사랑을 부정하므로 우리는 로맨스에 기댄다.

하지만 나는 끔찍한 냉소주의자로 보일 위험을 무릅쓰고 지적하고자 한다. 사실 로맨스는 세상의 구조적인 위험에 대한 개인화된 해결책이다. 결혼한 사람일수록 정치 변화에 참여할 가능성이 적다는 말이 아니다. 로맨스를 통해 운명적인 사랑을 찾아 오래오래 행복하게 살리라고 믿는, 대부분 미혼인 사람들이 세상을 너무 장밋빛으로 바라본다는 말이다. 로맨스는 민족주의와 마찬가지로 결코 미래를 해결할 수 없다. 우리에게 정말로 필요한 것을 보지 못하게 할 뿐이다. 미래가 개인이 아닌 공동의 것이며, 지금 심각한 위험에 처했다는 현실을 자각하지 못하게 막는다. 모든 역기능 관계가 으레 그러하듯, 로맨스와 사랑이 모두 해결해주리라는 믿음도 상황이 악화할수록 커진다. 도널드 트럼프Donald Trump가 대통령으로 당선되자 많은 미국인이 "사랑은 증오를 이긴다" 또는 "사랑이 이긴다"라고 외쳤다. 나는 너무 실망한 나머지 그런 낙관주의에 반응할 수 없었다. 당시 완성을 앞둔 이 책의 원고를 보며 스스로에게 물었다. 이 책에 관심을 보일 사람이 있을까? 백인 민족주의, 부와 과시적인 소비 숭배 같은 훨씬 더 위험한 이데올로기가 백악관에 들어앉았는데, 로맨스가 위험한 이데올로기라는 비평을 제시한들 무슨 소용일까? 하지만 세계가 처한 상황이 나빠질수록 로맨스가 정말로 문제라는,

적어도 문제 가운데 하나라는 사실이 확실해졌다. 로맨스는 우리를 안심시켜 정치가 아닌 사랑에 초점을 맞추도록 만든다. 로맨스는 공적인 영역을 외면하고, 세상에 대해 생각하지 말고, 오로지 애정 관계와 가족에만 집중하라고 가르친다. 세상이 넓다는 사실을 알면서도, 백인 민족주의자들이 샬러츠빌Charlottesville을 장악하고 지구온난화가 만든 괴물이 해안에 몰려와도, 우리는 진정한 사랑이 나를 구하리라는 환상에 매달린다. 로맨스가 절망에서 나온다는 말은 아니다. 불안정한 세상을 살아가는 사람들을 위로하는 역할을 한다는 뜻이다.

사랑이 전부가 아님을 알지만 상황이 나쁠 때 우리를 위로하는 것은 사랑이다. 2016~2017년 겨울에 일어난 캘리포니아 산불이나 북극 기류 유입으로 미국에 닥친 한파, 기후변화로 재앙이 연달아 일어났을 때, 핵 문제로 미국과 북한 관계가 점점 아찔해질 때도 미국인들은 홀마크 채널Hallmark Channel 방송에 의지했다. 2017년 크리스마스 시즌에 홀마크에서 방영된 자체 제작 영화 33편을 8천만 명이 넘게 보았다.[1] 케이블에서 여러 '지적인' 드라마가 방영되는데도 미국인들은 당시 점점 시청률이 오르던, 유일한 비뉴스 채널 홀마크에서 기쁨을 얻었다. 천편일률적인 감성이 담긴 카드를 발명한 홀마크는 사랑이 문제를 해결하는 영화를 쉼 없이 제작하는 방송국으로 변신했다. 헤더 롱Heather Long이 〈워싱턴 포스트〉 기사에서 지적하듯, 미국인들은 아름답지 못한 현실과 암울한 미래를 외면하고자 홀마크의 '기분 좋게 해주는' 프로그램에 빠져든다.

홀마크의 시청률은 몇 년 동안 계속 상승하긴 했지만, 트럼프 돌풍이 일어난 직후인 2015년 후반기부터 본격적으로 상승했다. 지난해 대선 주간에는 TV 방송국 가운데 시청률 4위를 기록했다. 황금 시간대 시청률이 MSNBC보다 높고 CNN 바로 다음이었다.[2]

미국인들은 겉으로는 〈핸드메이즈 테일The Handmaid's Tale〉처럼 진지한 정치 드라마를 보고 싶어 하는 척하지만, 실제로는 레스토랑이 배경인 사랑 이야기 〈어 대쉬 오브 러브A Dash of Love〉나, 대학 시절 연인이었다가 20년 뒤 재회한 남녀 이야기를 그린 〈러브 록스Love Locks〉 같은 홀마크 영화를 몰래 본다.

'좋은' TV와 '나쁜' TV의 전쟁은 우리 내면에서 일어나는 로맨티스트와 냉소주의자의 존재적 싸움과 비슷하다. 거의 모든 사람이 로맨티스트인 동시에 냉소주의자라는 사실은, 이 시대의 더욱 혼란스러운 모순을 설명해준다. 로맨스 영역에는 젊은이들에게 "감정에 휩쓸리지 말라"고 장려하는 데이팅 앱과 훅업hook-up 문화가 자리하지만, 그래도 대부분의 미국인이 결혼을 원한다.[3] 비록 오늘날 결혼율은 역사상 가장 낮은 수준이지만 순백의 결혼식은 그 어느 때보다 성대하고 비싸졌다.[4] 결혼식 비용은 1939년 이후 가정의 연간 평균 소득의 4분의 1에서 절반 수준으로 늘어났다.[5] 2016년 기준, 미국에서 결혼식 비용은 평균 32,641달러다. 중요한 그날을 위해 수많은 커플이 연소득 절반이 넘는 비용을 쓴다.[6] 책 읽는 사람은 줄었지만 로맨스 소설은 호황이다.[7] 미국 로맨스 소설 시장은 10억 달러 규모로, 전체 성인 소설 판매량의 13퍼센트를 차지한다.[8] 중요한 것은 어려운 시기일수록 더 잘 팔린다는 사실이다. 모토코 리치Motoko Rich는 〈뉴욕 타임스〉에서 말한다. "대공황 시대에 마가렛 미첼Margaret Mitchell의 《바람과 함께 사라지다》가 엄청나게 팔려나갔듯, 오늘날 독자들은 정리 해고와 주택 압류, 401k 퇴직연금(매달 일정액의 퇴직금을 회사가 적립하면 회사가 이를 운용해 스스로 투자 결과에 책임지는 확정기여형 퇴직연금—옮긴이) 감소 같은 암울한 현실에서 도피할 수단을 찾는다."9 영화도 불행에서 벗어나게 해준다. 대공황 시대에 에스더 윌리엄스Esther Williams가 나오는 영화가 관객들에게 진정제가 되어주었듯이, 오늘날 '여자들을 위한 영화'는 대침체와 그 여파에서 벗어나는 환상적인 수단이다. 그런 영화들의 이야기는, 현실과 똑같은 심각한 실업률과 저고용 속에서도 다이앤 네그라Diane Negra와 이본느 태스커Yvonne Tasker가 설명하는 다음 특징을 보인다.

> 그 이야기들은 경제 침체에 전혀 영향받지 않는다. 과도하고 화려한 소비를 계속 다루고, 부와 특권이 있는 도시 환경에 무심하면서도 배타적으로 위치시키며 여주인공의 '인생 대본'에서 페미니즘이 제거되는 과정을 미화한다. 전혀 놀랍지 않을지도 모른다. 경제 침체기일수록 할리우드가 현실도피로 관객을 만족시키려고 한다는 일반 통념에 완벽하게 들어맞기 때문이다.10

로맨스가 처음부터 민중의 아편으로 선택되지는 않았다. 사랑하는 사람을 만나 오래도록 행복하게 산다는 해피엔딩은 역사가 그리 오래되지 않았다. 인간은 몇백 년 전에도 뜨거운 사랑에 빠졌지만 그 사랑이 행복하고 안정된 미래를 가져다주리라고 생각지는 않았다. 진정한 사랑이 행복하고 안정된 미래로 이어진다는 생각은 산업화 그리고 성과 계급, 인종, 성별에 대한 근대사상과 함께 시작되었다. 결코 우연이 아니다. 로맨스는 근대사회를 이해하도록 돕고 소비에 의미를 불어넣는다. 로맨스는 어떤 사랑이 좋고 나쁜지에 대한 개념을 뒷받침할 뿐만 아니라 누가 좋은 사랑을 얻을 자격이 있는지도 명시한다.

따라서 로맨스는 카를 마르크스Karl Marx의 정의에 따라 하나의 이데올로기라고 할 수 있다. 로맨스는 우리가 친밀한 파트너에게 가지는 실제 감정과 다르다. 가톨릭교나 자유 시장의 힘에 대한 열렬한 믿음과 마찬가지로 로맨스는 지배계급의 이해관계를 나타내는 사상이다. 이데올로기로서 로맨스는 완전한 시민권과 국가가 주는 추가 권리와 특권뿐 아니라, 해피엔딩의 자격이 특정한 사람(대개 백인이고 이성애자이며 부유하고 젠더 규범에 부합하는 사람들)에게 있다고 가르친다. 많은 페미니스트 학자가 알려주었듯 이데올로기로서 로맨스는 백인 남성이 빛나는 갑옷을 입은 기사로, 백인 여성이 위기에 빠진 여주인공으로 등장하여 젠더와 인종의 계층제가 계속 이어지는 이야기를 들려준다. 그들의 진정한 사랑을 방해하는 이들은 주로 권력에 굶주린 중년 여성이거나 성 소수자이고, 백인이 아니다.

로맨스는 계급과 인종, 젠더, 성에 관한 생각만 파는 것이 아니다. 웨딩드레스, 다이아몬드 반지, 이상적인 교외 주택, 심지어 선거 후보자까지 정말로 많은 것을 판다. 그리고 의미를 불어넣어 다이아몬드 반지와 웨딩드레스 같은 것을 성스러운 물건으로 만든다. 로맨스 이데올로기는 그런 것들을 구매할 형편이 되지 않는 사람들까지 지배한다. 오늘날 거의 모두가 해피엔딩의 약속을 원한다. 드베라 콘 D'Vera Cohn은 말한다.

결혼 여부를 막론하고 미국인들이 '평생의 헌신'과 '경제적 안정' 같은 요인보다 '사랑'을 결혼의 이유로 선택하는 경향이 있다는 설문 조사 결과는, 결혼의 로맨틱한 이상을 드러낸다.[11]

거의 모두가 로맨스의 매력에 빠지는 이유는 문화 때문이기도 하다. 할리우드는 장애물을 이겨내고 결혼에 이르기만 하면 행복과 안정을 얻는다는 영화를 계속 만들어낸다. 〈사고 친 후에〉는 후회스러운 하룻밤 정사로 임신을 해도 상대와 사랑에 빠지기만 하면 다 괜찮다고 말한다. 〈나의 그리스식 웨딩〉은 엄청난 문화와 언어 차이도 결혼으로 해결될 수 있다고 한다. 〈해리 포터〉 시리즈 같은 모험 영화마저 이성애자 커플들은 자식을 낳고 동성애자 덤블도어는 죽음을 맞이하는 결말을 보여준다. 해리와 지니, 론과 헤르미온느가 자식들을 호그와트에 보낼 때쯤 독자는 그들이 천생연분임을 확신한다.[12] 할리우드는 다양한 메시지가 담긴 영화를 만들지만, 해피엔딩은 무조건 커플이 결혼식을 올리고 자식도 낳고 아무런 갈등 없이 살아가는 모습으로 그려진다. 왕자와 공주가 오래오래 행복하게 사는 해피엔딩이 아닌 예도 있는데, 사랑을 쟁취할 자격에 관한 문화 법칙을 해치기 때문이다. 2016년 개봉한 샐리 필드Sally Field 주연의 로맨틱 코미디 영화 〈헬로, 마이 네임 이즈 도리스〉에서는 비서로 일하는 별난 60대 여성이 매우 매력적인 30대 임원과 서로 사랑에 빠졌다고 착각하는 이야기로 웃음을 유도한다. 로맨틱한 사랑 자체가 아니라, 자신이 매력적인 왕자의 상대가 될 수 없다는 사실을 깨닫지 못하는 샐리 필드의 캐릭터를 웃음거리로 삼는다. 하지만 성별을 바꿔 60대 남자와 훨씬 젊은 여성의 이야기는 사랑이 된다. (위노나 라이더Winona Ryder가 50세 리처드 기어Richard Gere의 상대역인 22세 여성으로 나오는) 〈뉴욕의 가을〉이나, 우디 앨런Woody Allen의 현실과 영화만 봐도 그렇다.

로맨스의 힘으로 우리를 유혹하는 것은 할리우드뿐만이 아니다. 광고주들은 로맨틱한 사랑을 섹스만큼이나 많이 활용해 뭔가를 판다. 완벽한 물건들과 완벽한 로맨스만 있으면 영원한 행복이 보장된다는 다이아몬드 반지와 웨딩드레스를 비롯해 온갖 광고가 넘쳐난다. 광고주들은 해피엔딩의 약속을 활용해서도 온갖 것을 판다. 패션 잡지와 여성 잡지를 넘기면 아름다운 커플이 꿈꾸는 표정으로 서로 응시하는 모습을 쉽게 볼 수 있다. 미니밴이나 SUV를 사면 행복한 가정이 될 수 있다고 약속한다. '브로맨스'가 아닌 '로맨스'를 약속하는 맥주도 보인다. 청소 제품 광고도 로맨스를 이용해 물건을 사게 만든다. 최근 애플 광고에서는 "의학과 법률, 공학은 고귀한 목표이며 우리가 살기 위해 꼭 필요하다. 하지만 시와 로맨스, 사랑은 우리가 살아가는 이유다"라고 했다. 거기에는 이 말이 숨어 있다. '아이패드를 사라.'[13]

로맨스에 의존하는 현상은 단순히 문화적이 아니라 정치적이기도 하다. 좌파와 우파 정치인들은 '로맨틱한 사랑'과 '결혼'이 거의 모든 문제의 해결책이라고 주장한다. 빈곤 문제? 결혼이 해결해줄 것이다. 미국 정부는 가난한 지역에 10년 넘게 결혼 장려 캠페인을 벌여왔다. 건강한 결혼 정책Healthy Marriage Initiative 캠페인은 주로 흑인과 라틴계로 이루어진 빈곤층에, 부부여야 소득이 더 높아진다고, 가난의 해결책은 결혼이라고 주장한다. 돈이 없고 돈 벌 기회가 없어 가난이 초래된다는 수많은 증거가 있는데도 엄마와 아빠, 두 자녀로 이루어진 이상적인 가족 이미지와 '결혼하면 더 풍족해집니다' 같은 문구가 실린 광고판을 빈곤 지역에 설치하는 데 연간 약 3억 달러가 든다.[14]

1980년대에 미국 전역에서 활발하게 일어난 게이와 레즈비언의 정치 운동은 동성 결혼 합법화에 전념하면서 마법으로 방향을 틀었다.[15] 2015년 6월 26일에 대법원은 동성 결혼을 합헌이라고 판결했다. 오바마 대통령을 비롯해 수많은 사람이 트위터에 '사랑이 이긴다lovewins'라는 해시태그를 달았다. 저널리스트 에밀리 베이즐런 Emily Bazelon은 그보다 1년 앞서 다음과 같이 지적한 바 있다.

동성 결혼의 성과는 투표권이 잃은 것을 가렸다. 인권 운동가들이 힘들게 이룩한 차별 반대 조항이 갑자기 사라졌다. 대중은 법원이 흑인과 라틴계 유권자의 힘을 약화하려고 작정한 듯하다는 사실에 집중하는 대신, 에디 윈저Edie Windsor라는 84세 미망인의 동성 결혼을 인정하고 소급 적용해주는 공정한 모습에만 집중했다.[16]

결혼할 권리의 '성취'로 안정된 미래가 보장되는 듯했지만, 동성 애자와 이성애자를 막론하고 모든 흑인과 라틴계의 투표권 같은 헌법상 기본권은 크게 파괴되었다. 그리고 인종에 상관없이 레즈비언, 게이, 트랜스젠더를 위한 고용보호법은 여전히 존재하지 않는다.[17] 사랑이 '이겼기' 때문에 LGBTQ 시민의 법적 권리는 점점 더 위태로워진다. 노스캐롤라이나와 미시시피 같은 주에서는 웨딩 케이크 구매나 화장실 사용 등 모든 면에서 법적으로 LGBTQ 차별을 허용한다.[18]

그것이 로맨스가 이데올로기로서 가지는 힘이다. 로맨스는 주변 세상이 무너져 내려도 삶이 마법에 걸린 것처럼 느끼게 만든다. 미래의 희망을 느끼려고 로맨스에 기대는 것은 '이데올로기에 속는' 것이 아니다. 너무 절박해서 그렇다. 너무 절박하면 지푸라기라도 잡아야 하니까. 로맨스는 희망을 준다. 가장 필요한 순간에 삶과 미래에 대한 낙관주의를 제공한다. 인류가 마주한 전례 없는 문제를 로맨스가 해결해주지 못한다는 사실을 알면서도 너무 많은 사람이 로맨스 이데올로기를 생존 전략으로 받아들인다. 우리는 '로맨스적 인간homo romanticus'이라고도 할 수 있다. 로맨스적 인간은 '경제적 인간homo economicus'과 마찬가지로 개인 생존이라는 미시적 측면에서는 논리적인 선택을 하지만, 그 선택이 거시적, 역사적으로는 대단히 파괴적일 수 있다. 경제적 인간은 화석연료가 별로 비싸지 않고 전기 자동차보다 저렴하다는 이유로 연료를 많이 먹는 자동차를 선택할 수 있다. 로맨스적 인간은 '투표'하러 가는 대신 커플 상담 치료를 받는 쪽을 선택할 수 있다. 로맨스 이데올로기는 값싼 화석연료 소비와 마찬가지로 우리를 계속 앞으로 나아가게 하지만 결국은 상황을 악화시킬 것이다.

자본주의, 로맨스, 다른 동화

이처럼 로맨스는 소비 자본주의와 밀접하게 연결되어 개인의 행복을 강조한다. 로맨스와 자본주의의 결합은 최근 일이 아니다. 자본주의의 이야기는 처음부터 사랑 이야기였다. 하지만 자본주의 역사에서는 대부분 로맨스가 제외되었다. 막스 베버Max Weber는 자본주의의 발달에서 프로테스탄트 윤리가 중요하다고 강조했다.《프로테스탄트 윤리와 자본주의 정신The Protestant Ethic and the Spirit of Capitalism》에서 그는 프로테스탄티즘의 특정한 형태, 특히 칼뱅주의에서는 부의 축적을 경건함의 신호이자 문화 정신을 재형성하는 것으로 보았다고 주장했다. 화폐와 무역로 등 자본주의에 필수적인 구조는 다른 장소와 다른 시대에도 존재했지만, 프로테스탄트인 미국에서만 부의 축적을 경건하다고 보았기에 자본주의가 완전히 뿌리내릴 수 있었다. 부가 신의 은총을 의미하므로, 지출보다 미래의 수익에 투자해 더 많은 부를 축적하라고 장려했다. 자본주의가 발달할수록 "더 많은 돈을 버는 것은 그 자체로 순수한 목적이 되었다."[19]

자본주의가 끊임없는 미래 투자에 의존한다는 베버의 견해는 그 미래에서 이성애와 생식 능력, 로맨스의 특징이 강하게 나타난다는 사실을 놓쳤다. 다시 말해 자본주의 체제 중심에는 칼뱅주의의 예정설이나 노동을 통한 부의 축적뿐만 아니라, 단 하나의 진정한 사랑과 해피엔딩으로 이어지는 로맨스 서사를 통한 더욱 완벽한 미래에의 약속이 들어 있다. 문학평론가 리 에델먼Lee Edelman은《미래는 없다No Future》에서, 생식 능력을 갖춘 성에 대한 끝없는 투자를 '미래성futurity'이라고 표현한다.[20] 역사학자 마고 카나데이Margot Canaday는 미래성에 대한 투자가 1800년대 후반부터 미국 시민권의 핵심이었다고《이성애 국가: 20세기 미국의 성과 시민권The Straight State: Sexuality and Citizenship in Twentieth-Century America》에서 주장한다. "성 연구자들이 20세기 후반에 동성애를 '발견'하기 전부터 이미 그 부분에 대해 안정적이었던 비슷한 수준의 유럽 국가들 경우와 달리, 미국에서 관료주의는 미국인의 의식에 변태 성욕자에 관한 과학과 대중 의식이 폭발한 때와 똑같은 시기에 성숙했다."[21] 미국 시민권은 오랫동안 미래 이익에 투자하는 이성애에 의존해왔다. 프로테스탄트 윤리와 마찬가지로 로맨스 윤리는 열심히 노력하면 미래 어느 시점에 보상이 주어진다고, 완벽하고 완전하다고 느낄 수 있고 천국에도 갈 수 있다고 약속했다. 하지만 모든 보상이 그러하듯 로맨스가 주는 보상을 누구나 받을 수 있는 것은 아니었다. 국가의 혜택을 온전히 받기 위해 성적 시민권에는 이성애와 결혼, 백인성whiteness이 요구되었다. 예를 들어 미국 연방 정부는 제2차 세계대전에 참여한 군인들에게 저금리로 교외 주택을 살 수 있는 보상을 제공했지만, 기혼의 백인 남성이어야만 가능했다.[22] 이처럼 백인성과 이성애, 결혼 여부는 미국 시민권에 언제나 중요한 요소였다. 부부의 권리가 동성 커플로 확대되었기 때문이기도 하지만, 21세기에 들어서도 결혼은 여전히 연방 시민권과 특권뿐 아니라 성인 자격과 훌륭한 양육, 심지어 '미국인다움'을 결정하는 주요한 요소로 남았다. 결혼하지 않은 성인 숫자가 역대 최고치인데도, 미국 시민은 곧 기혼자라는 개념은 여전하다.

자본주의에 대한 베버의 설명이 나온 것은 한 세기도 전의 일이다. 때문에 많은 이론가가 그 정신, '가이스트Geist'가 미국 경제와 문화를 어떻게 움직이는지를 생각해보고자 했다. 믹키 맥지Micki McGee는 《자기계발 주식회사Self-Help, Inc.》에서, 프로테스탄트 윤리가 20세기에 지속적인 자기계발 윤리로 바뀌었다고 주장한다. 그는 시민권과 인격, 지위가 많은 땅을 소유한 백인 남성 이외의 사람들에게도 개방되어 '자수성가'라는 약속이 훨씬 더 민주적으로 변화했지만, '완전한 자아실현'이라는 약속만큼이나 불가능했다는 이론을 제시한다. "개인 가치와 상업 가치의 혼합은 자기계발 문화 텍스트에 분명히 드러난다. 계산된 합리성이 개인 영역으로 들어왔다."[23] 따라서 미국인들은 행복과 부, 건강이 개인 책임이라고 의식하게 되었다.

로라 키프니스Laura Kipnis는 《사랑은 없다》에서 베버의 프로테스탄트 윤리와 카를 마르크스의 노동 소외를 자기계발과 엮어, 로맨틱한 관계가 노동화된 막다른 골목이자 감금과 절망의 영역이라고 주장한다. 그녀는 자본주의와 프로테스탄트 윤리, 끊임없는 자기 개선 문화가 친밀한 관계를 또 다른 형태의 노동으로 변화시켰다고 본다.

> 일부일처제가 노동이 되고, 욕망이 계약처럼 조직되어 고용인처럼 장부를 기록하고 신의를 뽑아내고, 결혼이 아내와 남편, 동거 파트너를 현재 시스템에 매어두기 위해 만들어진 엄격한 현장규율로 감시하는 공장이 된다면, 과연 '좋은 관계'일까?[24]

키프니스에 따르면 가정 '강제수용소'에서 벗어나는 유일한 방법은 기계가 돌아가지 못하도록 막아 친밀한 관계에서 생산성을 거부하는 것이다.[25] 하지만 키프니스의 《사랑은 없다》는 자본주의 이전의 감정 형태도 남긴다. 좀 더 순수하고 자유로운 형태의 친밀한 표현이다.

에바 일루즈Eva Illouz는 《감정 자본주의》에서 애초에 자본주의가 어떻게 그런 감정을 생산하는지 보여준다. 자본주의는 차갑거나 이성적이 아니고 매우 감정적이라고 주장한다. 일루즈가 정의하는 '감정 자본주의'는 다음과 같다.

감정과 경제의 담론과 관행이 서로 영향을 끼쳐 경제활동의 필수 측면이
되는 광범위한 움직임을 탄생시키는 문화다. 특히 중산층 정서가 경제 관
계와 교환 논리를 따라간다.[26]

일루즈는 현대의 사랑이, 막스 베버가 '탈주술화disenchantment'라
고 설명한 이 세계의 일부라고 본다. "탈주술화는 지식 체계와 전문
가 문화에 의해 구조화되는 믿음의 속성이자 어려운 부분이다. 믿음
을 구조화하는 인식과 감정 모두가 합리화되기 때문이다." 일루즈
는 감정의 합리화가 로맨틱한 사랑의 개념과 경험의 모순 관계로 이
어지며, 그 모순은 현대의 사랑이 주로 아이러니를 통해 표현된다는
뜻이라고 주장한다. "현대의 로맨틱한 의식은 아이러니한 수사 구
조를 띠는데, 이는 지식에 흠뻑 젖어 있기 때문이다. 하지만 탈주술
화 지식이 온전한 믿음과 헌신을 막는다. 따라서 만약 사랑이 근대
종교라면 그것은 믿음과 신앙, 또는 헌신을 만들어내지 못하는 종교
다."[27] 일루즈가 한 말이 맞다. 로맨틱한 사랑의 감정에는 탈주술화
가 주입된 경우가 많다. 하지만 역설적이게도 거기에는 희망과 가능
성도 가득해서 삶을 견딜 만하게 한다.

이 책에서는 자본주의가 어떻게 로맨스를 가능하게 하는지, 또 로
맨스가 어떻게 우리를 존재할 수 있게 하는지 파헤친다. 일루즈와
키프니스가 한 주장을 토대로, 관련은 있지만 다른 주장을 하고자
한다. 로맨스는 언제나 근대성과 자본주의의 중심이었지만 고립과
탈주술화가 허용하는 개념보다 훨씬 더 모순적으로 그러하다. 1980

년대에 자본주의의 방향이 바뀌었는데, 자본의 물질적 영향을 위장하는 동시에 사람들에게 미래의 희망을 느끼게 해주는 이데올로기를 요구하는 변화였다는 주장도 할 것이다. 이 책은 로맨스가 단지 감정에 관한 이야기가 아니라 누가 사랑할 자격이 있고 없는지, 사랑에 무엇이 중요하고 동성애는 어떤지에 관한 것이기도 하다는 사실을 통해, 사람들의 실질적인 삶에 끼치는 정서적 영향을 추적한다. 로맨스는 가슴뿐 아니라 힘들게 번 돈까지 바쳐서 그 이야기를 믿게 만든다. 이 책은 로맨스가 미래에 대한 희망을 불어넣지만, 그 희망이 사랑만 있으면 다 된다는 거짓말에 입각했음을 주장한다.

경제 침체와 지구온난화의 압박이 시작되자 로맨스는 백마를 타고 우리 앞에 나타났다. 공산주의와 혁명 같은 영웅들은 처음부터 우리를 진정으로 위하지 않은 술 취한 망나니였다는 사실도 드러났다. 바로 그때, 우리의 현재와 미래를 구해주려고 멋진 남자 주인공과 새로운 형태의 자본주의가 백마를 타고 등장한 것이다.

레이건과 로맨스

로널드 레이건Ronald Reagan은 1981년 1월 20일 대통령에 당선된 뒤 신자유주의 경제개혁에 시동을 걸었다. 레이거노믹스Reaganomics 또는 낙수 경제trickle-down economics라는 그의 경제정책은, 부자가 더 부유해지면 나머지 사람들에게까지 부가 흘러내릴 것이라고 약속했다. 하지만 그러지 못했다. 레이건의 정책은 미국을 세상에서 가장 공정한 국가에서 세상에서 가장 공정하지 않은 국가로 바꿔놓았다. 대중이 레이건을 사랑하기 시작한 뒤로 미국은 전체 인구의 단 10퍼센트가 부의 75퍼센트 이상을 통제하는 나라가 되었다. 미국은 불평등이 가장 심한 산업국가이며 그 정도는 인도, 칠레, 남아프리카보다 더 심하다.[28] 남은 25퍼센트의 부는 90퍼센트의 인구에 무작위로 분포하지 않는다. 미국에서 여전히 백인은 흑인과 라틴계보다 각각 1.7배와 1.5배를 더 벌고 여성의 임금은 남성의 83퍼센트에 지나지 않는다.[29] 부를 최상류층으로 이동시키고 극빈자들의 사회안전망을 끊어버리는 정책이 전 세계로 퍼져, 대부분은 1980년보다 형편이 훨씬 나빠졌다. 2011년~2014년에 세계 인구의 95퍼센트가 더 가난해졌지만 상위 1퍼센트는 27조 달러가 넘는 소득을 올렸다.[30]

많은 사람이 레이건과 그의 이데올로기 소울 메이트 마가렛 대처 Margaret Thatcher의 "밀물이 모든 배를 띄운다"라는 착각에는 무심한 채 전혀 다른 환상에 관심을 쏟았다. 레이건이 대통령에 당선되고 7개월 뒤 영국의 찰스 왕세자와 레이디 다이애나 스펜서Lady Diana Spencer가 동화 같은 결혼식을 올린다. 전 세계에서 7억 5천만 명이 그 결혼식을 지켜보았다.[31] 최상류층에 돈을 몰아주고 소외된 극빈층을 위한 정책과 법적 보호는 없애려는 레이건과 대처의 꿈에 그만한 관심이 쏠렸더라면! 나를 포함해 대부분이 은행 규제가 완화된 사실에 신경 쓰지 않았다. 그런데도 타프타 소재에 옷자락이 7.6미터이며 소매는 공주 드레스처럼 볼록한 다이애나의 상아색 웨딩드레스와, 하얀 장갑에 금몰까지 착용하고 해군 제복을 완벽하게 차려입은 늠름한 찰스 왕자의 옷차림은 자세히 알고 있었다. 실제로 두 사람은 '왕자와 신데렐라'를 똑 닮았었다. 다이애나의 웨딩드레스를 보관하고 있는 닉 그로스마크Nick Grossmark는 그 드레스가 값진 이유를 "전형적인 공주의 웨딩드레스, 동화 속 판타지다. 디즈니 영화에서 나온 것 같다"라고 설명한다.[32]

전 세계적으로 사람들이 현실보다 로맨스를 중요시하게 된 데는 디즈니가 핵심 역할을 했다. 디즈니는 1980년대 말 로맨스 장르를 부활시켜 기업의 위기 상황을 역전시켰다. 〈애들이 줄었어요〉나 〈올리버와 친구들〉처럼 그리 로맨틱하지 않은 영화들이 큰 성공을 거두지 못하자 디즈니는 로맨스의 뿌리로 돌아갔다. 1989년 〈인어공주〉와 〈귀여운 여인〉으로 대박을 터뜨렸다. 미디어 보도에 따르면 두 작품의 극장 개봉 수익으로 디즈니의 이윤은 34.5퍼센트, 비디오카세트 판매는 56.8퍼센트 증가했다.[33] 〈귀여운 여인〉에서는 매춘부가 부자 '고객'의 사랑을 받음으로써, 로맨스가 그들을 왕자와 공주로 바꾼다. 〈인어공주〉에서는 물고기/공주가 왕자의 사랑으로 인간이 된다. 두 이야기 모두 현실의 유예가 필요했다(현실적으로 '고객'이 매춘부와 사랑에 빠져 결혼할 리 없고 인어는 존재하지 않는다. 있더라도 인간이 되고 싶어 할 리 없잖은가?).

디즈니도 낙수 경제도 더 나은 상황을 약속했다. 하지만 그 경제정책이 아무런 효과도 거두지 못했음은 자명해졌다. 월가 점령Occupy Wall Street처럼 부의 재분배를 촉구하는 사회운동이 등장한 후로 낙수 경제의 인기도 사그라들었다. 하지만 로맨스가 미래를 구원한다는 환상을 멈추자는 대규모 운동은 일어나지 않았다. 오히려 오늘날 전 세계 사람들은 로맨스 윤리의 핵심 원칙을 기꺼이 수용한다. 열심히 노력해 누군가를 만나고 성적으로 자신을 단련하고 결혼을 통해 미래에 투자하면 보상이 따른다고. 동성애자나 흑인이어도, 과거에 연애 사업에 여러 번 실패했어도 계속 노력하면 된다. 법칙을 지키고 로맨스에 충실한 모습을 보이고 적당히 소비도 하면, 바로 저 앞에서 동화 같은 결말이라는 천국이 기다린다. 주술에서 깨어나는 사람이 많은 것도 당연하다. 로맨스 이데올로기의 토대인 목적의식을 느끼는 사람이 많은 것도 당연하다. 로맨스와 자본주의의 결합은 현재를 기꺼이 희생하면 미래 어느 시점에 이르러 삶이 더욱 나아진다고 약속함으로써 힘을 얻는다. 로맨스와 자본주의는 희망이 점점 줄어드는 시기에 희망을 판다. 로맨스는 자본과, 그 자본이 일으키는 문제와 마찬가지로 이동성이 있다. 그래서 미국뿐만 아니라 전 세계적으로 그 어느 때보다 많은 사람이 희망을 산다.

지난 몇십 년 동안 로맨스는 전 세계에서 이데올로기로도 물질적인 힘으로서도 우세해졌다. 집단의 행복 또는 마법 시장의 유토피아 같은 비전이 역사의 뒤안길로 사라지고 '자본주의 vs 공산주의' 논쟁이 전화나 TV 방송처럼 구식으로 느껴지기 시작하면서, 로맨스는 미래에 대한 해결책으로 새로운 생명력을 얻었다. 민족 국가들은 경제를 외면하고 로맨스의 선악 개념과 정렬하기 시작했다. 로맨스 냉전이라고 할 수도 있겠다. 국가들이 단순히 동서로 나뉘었던 과거 냉전과 달리 새로운 로맨스 냉전은 세계적이다. 한곳에만 머무르지 않고 순환한다. 훌륭한 성적 시민이란 무엇이고 좋은 사랑을 이루는 구성 요소는 무엇인지에 대한 싸움이 러시아나 미국, 동서에만 국한되지 않고 세계 어디에서나 놀라울 정도로 비슷한 양상을 보인다.

이동하는 로맨스

나는 2010년 밸런타인데이에 이탈리아 토스카나의 작은 마을에서 러시아, 영국, 미국, 독일 관광객이 10대 뱀파이어와 진정한 사랑에 대해 재잘거리는 소리를 들었다. 로맨스의 이동성을 깨달은 순간이었다. 나는 로맨스와 함께 여행했다. 런던으로 떠나 케이트와 윌리엄의 로열 웨딩을 지켜보고, 미국과 캐나다의 결혼박람회에 다니고, 10대 뱀파이어를 좋아하는 팬들과 관광하고, 엉덩이를 때리는 행위가 가득한 사랑 이야기에 푹 빠진 '외설적인' 중년 여성들을 인터뷰했다. 사랑과 해피엔딩이 허용되지 않는 어두운 공간인 로맨스의 그림자도 따라가보았다. 러시아와 우간다, 미국, 프랑스를 순환하는 그 어두운 장소에서는 나쁜 로맨스에 관한 이야기가 좋은 사랑뿐만 아니라 민족국가를 위협한다.

로맨스의 이동성에 관한 이야기가 곧 21세기의 이데올로기, 자본뿐만 아니라 감정에 관한 이야기인 이유는 그 때문이다. 로맨스가 이데올로기가 되어 신자유주의라고 알려진 경제정책과 합쳐지고 그 조합이 실질적인 정서적 헌신을 만들어냈다. 그 정서적 헌신은 결혼에 대한 종교적 열의부터 동성애 파괴에 대한 역시나 종교적인 열의까지 다양하다. 오래전부터 시민권은 곧 결혼에 접근할 능력으로 정의되어왔고, '완벽한' 결혼을 위해서라면 엄청난 빚도 마다하지 않는 미국에서는 싱글맘 가정과 동성 결혼에 대한 엄청난 불안도 존재한다. 러시아에서는 동성애를 정치체body politic를 위협하는 전염병으로 여기지만 게이와 레즈비언이 많다. 고대 문서의 글을 지우고 다시 쓴 것처럼 이제는 시민권과 성이 분리되었기 때문이다. 여러 지역의 이상적인 가족에 대한 다양한 표상과 접촉하면서 현대의 개념이 수정되었다.

21세기를 살아가는 우리는 균열한 시간 속에 존재한다. 나는 여러 공간과 언어, 도시, 국가에서 산다. 앞뒤로 또는 사이로 여행한다. 버몬트주 벌링턴에서 러시아어 뉴스를 듣고 상트페테르부르크에서 딸과, 보스턴에서 파트너와 화상채팅을 한다. 나는 광고주들이 '세계 시민'이라고 하는 존재지만 21세기에는 모두가 세계적 주체global subject다. 자본과, 자본이 일으키는 문제점은 국경선을 초월하므로, 선진국이 아닌 곳에 사는 사람들에게도 똑같이 민족국가의 의미가 점점 약해진다. 우리는 모두 정치 이론가들이 '포스트-베스트팔렌post-Westphalian(국가 중심 체제가 대두된 베스트팔렌조약 이후를 가리킴-옮긴이)'이라고 하는 시대에 산다. 민족국가보다 세계적 기업이 더 중요해진 역사적 순간이다. 낸시 프레이저Nancy Fraser의 지적처럼, 세계가 돌아가는 원리로 볼 때 이제 민족국가는 자주적 성격을 띠지 않는다. 세계의 기후변화와 각종 경제 위기, 자본의 소수 집단 집중 현상은 이데올로기뿐만 아니라 이데올로기가 초래하는 물질적 결과 또한, 해수면 상승이나 심각한 공기 오염처럼 국경선을 넘는다는 의미다. 나는 로맨스와 신자유주의 자본주의를 국가적인 특징으로 보지 않고, 프레이저의 표현대로 "모두 영향받은all affected" 개인들을 추적하고자 한다. "세계화가 영향성affectedness과 정치 공동체의 사이가 점점 더 벌어지게" 하기 때문이다.[34]

국가와 문화와 경제는 힘을 합쳐 우리가 젠더와 인종 평등, 경제 정의나 환경보호보다 사랑이 더 중요하다고 믿게 만들려고 한다. 그리고 로맨스는 단순한 이데올로기가 아니다. 생존 전략이기도 하다.

로맨스는 명상이나 한 잔의 레드 와인처럼 하루를 버티는 힘을 준다. 세상이 아무리 절망적이어도 낙관론을 심어준다는 것이 로맨스에 깃든 진정한 마법이다. 이 책은 로맨스가 세계의 자본을 따라 어떻게 이동하는지뿐만 아니라, 평범한 미국인의 가슴과 머리에서 어떻게 움직이는지 파헤치고자 한다.

나는 사랑이 문화와 경제에 어떻게 통합되는지 가슴과 머리를 따라가면서 살펴보고자 했다. 머리가 질문을 이끌었다. 문화가 우리더러 따르라고 가르치는 사랑의 대본은 무엇인가? 소비자 자본주의는 해피엔딩을 꿈꾸는 우리에게 어떤 상품을 파는가? 사랑은 어떻게 '생산'되고 여러 산업과 이데올로기에 '통합'되어 사랑에 빠지면 어떻게 해야 한다고 가르치는가? 산업과 이데올로기는 우리를 진심으로 위하는 것이 아니라 이윤 추구가 목적이다. 하지만 로맨스는 정서적 헌신이기도 하다. 해결책이 될 수 없음을 알면서도 로맨스를 소비하는 사람이 많은 이유도 그 때문이다. 로맨스는 절망감을 없애고 '어린아이' 같거나 '여자의 전유물'이라고 치부되기 쉬운 일상의 마법을 제공함으로써 현실을 버티도록 한다. 이렇게 볼 때 로맨스는 이데올로기인 동시에 전략이고 덫인 동시에 방어기제다.

머리가 아닌 가슴은 나를 다른 곳으로 이끌었다. 로맨스는 실재적인 감정을 일으키는 효과도 있다. 로맨스는 신자유주의적 자본주의가 할 수 없는 정서적 노동을 한다. 절망적인 상황에서 많은 사람에게 희망을 준다. 하지만 로맨스는 잔혹한 낙관주의를 생산하기도 한다. 로렌 버란트Lauren Berlant는 설명한다.

잔혹한 낙관주의는 가능성을 자각하게 하지만 오히려 분투를 무릅쓰는 광범위한 변화를 불가능하게 만드는 가능성이기도 하다. 그 낙관주의는 개인이나 세상을 거대하고 확정적인 위협 상황에 놓이게 하므로 두 배로 잔혹하다.[35]

요즘은 정말로 커다란 위험이 존재하는 시대다. 이 시대에는 정작 '친절한 사실주의kind realism'가 가장 필요하지만, 로맨스가 동원되어 잔혹한 낙관주의를 심는다. 친절한 사실주의는 미래를 개인화하지 말라고, 환경 파괴와 종교 근본주의와 부의 집중 문제를 해결하는 자원을 함께 모으는 것이야말로 개인의 해피엔딩을 찾는 방법이라고 한다. 우리에게 필요한 것은 동화가 아니다. 사랑보다 '휴머니티humanity'를 훨씬 더 중시하는 세계적인 운동이 필요하다. 그런 미래가 너무 낙관적으로 느껴진다면 다른 미래는 얼마나 잔혹할지 생각해보라.

잔혹해진 자본주의도 로맨스와 자본주의의 결합도 결코 운명은 아니었다. 대부분의 결혼과 마찬가지도 둘의 결합도 우연과 공리주의의 결과다. 로맨스는 우리가 자본의 영향력을 견디도록 돕기는 하지만 자본주의와 로맨스는 서로가 없어도 살아남을 수 있었다. 로맨스와 자본주의의 결합을 방해하고자 나는 이 책을 전형적인 사랑 이야기처럼 구성했다. 1장 '사랑을 배우다'에서는, 사랑을 배우고 더 생산적인 노동자가 되고 인종과 젠더 계급을 유지하고 자본의 소수에게 집중되는 현상을 받아들이는 것까지, 로맨스가 여러 다양한 것을 지시하는 지배 이데올로기라는 사실을 살펴본다. 디즈니부터 《트와일라잇》, 《그레이의 50가지 그림자》까지, 사랑 이야기는 로맨스 이데올로기의 입문서이며 로맨스 이데올로기는 자본과 밀접하게 결합해 있다. 2장 '사랑을 찾다'에서는 오늘날 데이트 상대와 파트너를 찾는 방법과 커플이 되는 의식에 대해 살펴본다. '완벽한' 짝 찾기는 이제 과학이자 소비 제품이며, 미국인은 아무리 실패를 거듭해도 해피엔딩을 믿는다. 3장 '결혼해줄래요?'는 커플에서 점점 신성시되고 화려해지는 '약혼' 영역으로 옮겨가는 과정을 다룬다. 비교적 새로운 현상인 유튜브 프러포즈를 살펴보면서, 프러포즈가 남녀의 사적인 대화에서 댄스 플래시몹과 노래하는 신랑이 등장하는 조회 수 높은 영상으로 바뀐 모습을 소개한다. 4장 '순백의 결혼식'에서는 로맨스 이데올로기가 결혼과 그 숭배 의식인 하얀 결혼식을 통해, 로맨스 주체와 성적 시민으로 굳어진다는 사실을 보여준다. 전세계적으로 퍼진 완벽한 결혼식을 살펴봄으로써 신자유주의에서의 소득 재분배와 로맨스에서 만들어진 성 아파르트헤이트apartheid의 밀접한 연관성을 끌어낸다. 5장 '허니문'에서는 로맨스의 이동과 소비가 사실은 로맨스 이데올로기에 의해 인종, 젠더, 계급의 계층제가 재생산되는 하나의 식민지 과정이라는 점을 살펴본다. 플로리다의 디즈니 월드를 찾아, 지구에서 가장 마법 같은 장소가 미국 내에서 가장 인기 있는 신혼여행지인 이유를 알아본다. 결론 '해피엔딩은 없다'에서는 현실에서 로맨스의 정점이 어떻게 경험되는지 살펴보기 위해 지구상에서 가장 환상적인 교외 지역인 플로리다주 셀레브레이션Celebration을 찾아간다. 디즈니가 이상적인 가족 공간으로 만들고자 설계한 도시지만, 주택난과 노숙자 증가, 세계화 같은 '현실'에 얽여 악몽 같은 문제들이 발생해 상상의 공간이 분열되어버리자, 결국 디즈니가 팔아버리기까지의 과정을 살펴볼 예정이다. 이책은 여러 참고문헌과 현장 조사, 로맨스 행동에 개입하는 사람들과의 인터뷰를 토대로 구성되었다. 케이트 미들턴과 윌리엄 왕자의 결혼식 전후 사흘간 현장 조사를 했고《트와일라잇》과《그레이의 50가지 그림자》가 탄생시킨 관광명소(이탈리아 볼테라, 워싱턴주 포크스와 시애틀)도 방문했다. 결혼박람회(미국 두 곳, 캐나다 한 곳)에서 만난 예비부부들과 업체 직원 등 약 100명을 인터뷰했고, 플로리다주 디즈니 월드와 셀레브레이션에서 일주일 동안 현장조사를 했다. 현대 데이트 문화를 주제로 저마다 1~3시간 동안 이루어진 20건의 반구조적 인터뷰도 시행했다. 레즈비언 합동결혼식에도 참석해 신부 16명과 하객 4명을 인터뷰했다. 이렇게 러브 주식회사의 세계에서 보낸 시간을 통해, 지금 우리에게 필요한 것이 사랑은 아니지만 사랑이 우리를 기분 좋게 한다는 사실을 확인했다.

마법이 존재하지 않음을 알면서도 로맨스의 마법을 원하는 모순은 현대인의 생활에서 나타나는 커다란 갈등이다. 이 책을 쓰기 위해 인터뷰한 사람들은 대부분 완고한 냉소주의자인 동시에 진정한 로맨티스트였다. 사랑에 관한 한 대부분의 사람은 지킬 박사와 하이드가 따로 없다. 그들은 성대한 결혼식이나 이용료를 받고 '완벽한 짝'을 찾아준다는 온라인 데이팅 사이트의 어리석은 소비주의를 비웃는다. 그러면서도 주변이나 TV에서 결혼식을 보며 감동의 눈물을 흘리고 온라인 데이팅 사이트 매치닷컴에 가입해 프로필을 작성한다. 나는 로맨티스트들에게 다른 사랑 이야기를 하려고 한다. 모두의 안녕이야말로 개인의 진정한 '해피엔딩'이다. 전형적인 동화에서라면 나는 왕자와 공주의 결혼식을 망치려고 나타난 초대 받지 않은 마녀일 것이다. 하지만 동화의 시대는 지나갔다. 이제는 세상 모두를 위한 결말이 있는, 새로운 이야기를 시작해야 한다. 그렇지 않으면 마녀처럼 불운한 결말을 맞이하게 될 것이다.

이 책은 전형적인 사랑 이야기가 아니다. 그래도 이 책이, 로맨티스트들이 믿는 것처럼 내일이 오늘보다 나아질 수 있다는 믿음을 독자들에게 심어주기를 바란다.

1장

사랑을 배우다

LOVE, INC.

사람이 사랑에 빠지는 것은 중력 탓이 아니다.

– 알베르트 아인슈타인Albert Einstein

처음 사랑

아인슈타인의 말처럼 우리가 사랑에 끌리는 이유가 중력 때문이 아니라면, 도대체 무엇 때문일까? 그 답을 찾으려면 가장 기본으로 돌아가 우리 몸부터 살펴봐야 한다. 신경과학에 따르면 우리가 연인들의 사랑을 경험할 때 뇌의 미상핵이 활성화되는데, 이 부위는 의식적이라기보다 본능적으로 의사결정이 이루어지는 원시 '파충류'의 뇌에 속한다. 그런데 연인들의 사랑은 동물적 본능뿐 아니라 도파민 생성과도 관련 있다. 다시 말해서 연인들의 사랑은 본능적인 반응이지만 중독이기도 하다.[1] 신경과학에서 말하는 대로 사랑에 빠지는 것이 정말로 인간의 뿌리 깊은 생물학적 충동이라면, 본능과 중독이 어떻게 행동으로 변하는지는 문화와 밀접한 관련이 있음을 역사뿐아니라 인류학의 기록으로 알 수 있다. 그렇지 않다면 사랑이 여러모로 멋지고 아름다운 것으로 추앙받지도 않고, 고대 그리스에서나현대 베이징에서나 맥 빠질 정도로 똑같은 모습일 것이다. 본능과중독은 늘 지나칠 정도로 문화와 역사의 영향을 받는다. 사랑의 신경과학에 관한 한, 인간은 달을 향해 울부짖는 늑대보다 '악수하기'

나 '구르기' 같은 묘기를 선보이고 간식을 받는 푸들에 더 가깝다.

지난 약 150년 동안 미국 사회에서는 로맨스 이데올로기와 소비 자본주의의 영향이 사랑을 왜곡했다. 그 기간에 태어난 모든 사람이 본능적으로 이끌린 사랑도 그런 왜곡된 사랑일 수밖에 없었다. 미셸 푸코Michel Foucault의 좀 더 철학적인 말로 옮기자면, 원래 로맨스는 한때의 일탈이었지만 현대 사회는 로맨틱한 인간이라는 하나의 종을 탄생시켰다. 카를 마르크스와 시몬 드 보부아르Simone de Beauvoir 의 후손이라면 이렇게 말하리라. 사람은 처음부터 로맨틱하게 태어나는 것이 아니라, 자신이 직접 만들지 않은 환경 속에서 로맨틱하게 변하는 것이라고.

모호한 말처럼 들릴 수도 있으니 훨씬 구체적인 예시를 들어보겠다. 바로 두 가지 유형의 분노 발작이다. 내 딸이 생후 10개월 때 하얗고 반짝거리는 새 여름 샌들을 신고 싶어 했다. 엄마인 나는 밖에 비도 오고 쌀쌀해서 운동화를 신기려고 했다. 그러자 아이는 바닥에 드러누워 고래고래 소리를 질렀다. 유약한 부모들이 으레 그러하듯 내가 결국 져줄 때까지 생떼는 계속되었다. 아이의 그런 행동을 원래 여자는 본능적으로 샌들이나 웨딩드레스처럼 반짝이고 새하얀 것을 좋아하기 때문이라고 해석할 수도 있다. 하지만 사실은 엄마인 내가 딸아이의 빈 서판과도 같은 뇌를 물들여버린 탓이었다. 그 샌들을 보면서 온갖 감탄사를 넣어가며 '예쁘다'라고 감탄했기 때문이었다. 그래서 아이에게는 예쁜 것이 곧 좋은 것이라는 연상이 생겨버렸다. 인간은 숭배하는 물건을 얻기 위해서라면 얼마든지 바닥에 드러누워 소리지르도록 태어나지 않았다. 그것은 학습된 행동이다. 내가 딸에게 그런 행동을 가르쳤다. 미국 문화는 딸들에게 예쁘고 새하얗고 결혼식의 신부와 관련 있는 물건을 위해서라면 기꺼이 생떼를 부리라고 가르친다.

미국 WETV에서 방영된 리얼리티 프로그램 〈브라이드질라Bridezilla〉에서는 종종 로맨스가 일으키는 분노 발작을 보여줄 뿐 아니라, 그것이 아예 프로그램의 전체 서사를 끌고 나간다. 꿈꿔왔던 완벽한 결혼식에 필요한 완벽한 물건을 얻지 못할 때 젊은 신부들이 분노 발작을 일으킨다. 일명 '고질라 신부'들은 웨딩드레스와 다이아몬드 반지, 구두 같은 것들 때문에 생난리를 피운다. 소리지르고 물건을 집어던지고 가족과 친구, 특히 예비 신랑을 위협한다. 한 에피소드에서 조레인이라는 신부는 "만약 결혼식에서 기대보다 못한 게 하나라도 있으면 난 화가 폭발해서 누군가를 집어던져버릴 거예요"라고 말하기까지 한다. 같은 에피소드에서 아만다라는 예비 신부는 결혼식이 완벽하지 않으면 사람들에게 기름을 붓고 불을 질러버리겠다는 위협도 서슴지 않는다.[2]

10개월짜리와 스무 살짜리 신부의 차이는 생떼를 부리는 능력이 아니다. 둘 중에서 나이가 더 많은 여자의 욕망이, 로맨스 그리고 로맨스의 정점이라고 할 완벽한 결혼식에 집착되고 집중된다는 점이다. 분노 발작은 순백의 결혼식에서 감정 노동에 속한다. 우리는 '고질라 신부'까지는 되지 않더라도 아주 어릴 때부터 로맨틱한 인간이라는 틀에 짜 맞추어진다. 인간은 사랑에 빠지게 되어 있고, 호박이 마차로 변하고 개구리가 왕자로 변하는 일로 가득한 사랑은 두 인간이 할 수 있는 가장 마법과도 같은 일이라고 배운다. 무엇보다 사랑에 빠진다는 것은 곧 제 가정을 꾸린 행복한 어른이자 세상에 제대로 적응한 어른이 되는 것이라고 배운다. 반대로 사랑에 빠지지 않는 사람은 (또는 마녀나 거대 문어는) 얼굴도 마음도 못난 데다 끔찍한 죽음을 맞이한다(그것도 꼭 왕자가 휘두른 검이나 날카로운 남근 모양의 물건에 가슴을 찔려서 죽는다).

로맨스 문화와 로맨스 시장은 우리가 사랑을 배우는 방법에 영향을 끼친다. 우리는 그냥 사랑법도 아니고 여자 아기를 신부로, 남성을 포함한 모든 사람을 로맨틱한 존재로 바꿔놓는 특정한 사랑법을 배운다. 남자들은 그냥 신부도 고질라 신부도 아니지만 똑같이 해피엔딩의 약속에 유혹당한다. 온라인 데이트 서비스업체 매치닷컴이 시행한 연구에 따르면, 남자도 여자만큼이나 결혼을 원하며 '첫눈에' 사랑에 빠질 가능성이 훨씬 더 크다.[3]

우리가 배우는 사랑법은 순응뿐 아니라 소비도 요구한다. 우리는 어떤 사람이 되어야 하고 무엇을 원해야 하는지 다양한 방식으로 배운다. 가족 관계, 친구 인맥, 전문가의 조언 그리고 대중음악부터 애니메이션 영화, 로맨스 소설, 로맨틱 코미디 영화, 〈브라이드질라〉 같은 리얼리티 TV 프로그램에 이르는 문화 등. 이 장에서는 현재에 이르는 역사를 뒤따라가, 문화가 제시하는 사랑의 대본을 파헤쳐본다. 평범한 여자들을 경제적 어려움에서 구하는 돈 많은 뱀파이어와 BDSM(결박, 훈육, 사디즘, 마조히즘의 약자로 극단적이고 가학적인 성애를 뜻함—옮긴이) 취향을 가진 상류층을 만나볼 수 있다. 로맨스를 제대로 이해하려면 빅토리아 시대의 밸런타인데이 카드와, 초기 디즈니 영화부터 영화 〈트와일라잇〉 시리즈와 그 사생아 격인 〈그레이의 50가지 그림자〉에 이르는 길을 따라가봐야 한다.

로맨스, 유년기, 빅토리아 시대의 삐뚤어진 상상

플랑크톤에서 본 조비로 진화하는 어느 시점에서 유인원은 서로에 대한 정서적 애착 능력을 진화시켰다.

- 마크 맨슨, 《사랑의 짧은 역사와 그것이 형편없는 이유A Brief History of Romantic Love and Why It Kind of Sucks》

우리는 아이들을 아주 어렸을 때부터 로맨스의 주체로 만든다. 아이들의 머릿속을 진정한 사랑에 관한 생각으로 채워주는 것은 너무도 자연스러운 일처럼 보인다. 하지만 유년기가 처음부터 두 심장이 하나처럼 뛰는 꿈결 같은 시간 속에 자리했던 것은 아니다. 몇백 년 전만 해도 미국 아이들은 해 질 녘에 밖으로 나가는 것을 꿈도 꾸지 못했다. 너무도 암울한 그림 형제의 동화 이야기가 아이들을 위한 문화 텍스트였다. 근대 이전의 동화는 착하고 순수한 소녀가 행복한 결말을 보상으로 받는 그런 이야기가 아니었다. 원래 그림 형제의 이야기에서 신데렐라는 복수심에 불탄 나머지 못된 계모에게 뜨거운 쇳덩어리 구두를 신기고 쓰러져 죽을 때까지 춤을 추게 한다. 《백설 공주》 원작에서는 왕자의 입맞춤이 아니라 말의 거친 움직임이 백설 공주를 깨운다. 그런가 하면 원래 《잠자는 숲속의 공주》는 왕자가 잠에 빠진 공주와 관계를 맺고 공주가 그 상태로 아이를 잉태하는 이야기다. 이 동화들에는 모두, 현대적인 의미의 로맨틱함이 전혀 없다.[4] 좀 더 나중에 나온 안데르센의 1837년작 《인어공주》도 로맨틱한 사랑 이야기가 아니라 인간의 영혼과 영원한 삶에 관한 탐구에 가깝다.[5]

그러다가 약 150년 전에 로맨스와 자본주의가 서로 엮이고 소비자가 물건을 사게 만드는 해피엔딩이 필요해지면서 완전히 바뀌었다. 이 점은 분명히 하겠다. 로맨스와 자본주의가 처음부터 함께할 운명이었다는 이야기가 아니다. 둘은 현대의 커플이 대부분 그러듯 서로에게 빠졌다. 현대에 접어들면서 자본주의 발달, 중산층 부상, 쇼핑이라는 새로운 형태의 여성 노동 같은 거대한 구조 변화가 일어났다. 동시에 아이들을 러브 주식회사에 끌어들이려는 새로운 신념 체계와 사업 관행도 만들어졌다. 한 예로 빅토리아 시대 사람들은 아이의 개념을 새로 발명하느라 분주했다. 당연히 빅토리아 시대 전에도 아이들, 즉 작고 어린 인간은 존재했지만 유료 경제와 성 경제에서 제외해야 하는 작은 천사들로 여겨지지는 않았다. 물론 모든 아이가 천사는 아니었다. 천사는 금발에 파란 눈이고 중산층이었다. 그 외의 아이들은 공장에서, 또는 노예나 하인 등으로 일해야만 했다. 로빈 번스타인Robin Bernstein이 《인종 순수성Racial Innocence》에서 지적한 것처럼, 아이는 빅토리아 시대의 발명품이며, 하얗고 성적으로 순수하며 지켜줘야만 하는 존재였다. 번스타인은 다음과 같이 적었다.

가정성domesticity에 대한 추종은 집 안에서 성적 순수의 수행을 요구했다. 성적 순수성은 백인과 흑인 여성을 나누는 것과 똑같이 백인과 흑인 아이를 나누었다. 그러나 백인과 흑인 아이의 분리에서는 명예훼손이 나타난다. 흑인 아이는 고통을 경험하지도 않고 할 수도 없다는 것이다.[6]

번스타인은 천사 같은 백인 아이가 빅토리아 시대의 또 다른 발명품인 귀부인과 충격적일 만큼 비슷하다고 말한다.

　인간은 자본주의 이전에 지위를 타고났다. 귀족이나 농노, 귀부인이나 하녀로 태어났다. 하지만 자본주의의 등장과, 1700년대와 1800년대를 거쳐 일어난 거대한 계급 혁명으로 인해 귀부인은 단순히 귀족 부모에게 물려받는 지위가 아니라 '수행performance'이기도 했다. 부유하고 백인인 것만으로는 부족했다. 현대 귀부인은 육체노동을 하지 않는 순수함을 수행하고 오로지 가족을 위해 봉사하는 목적으로 존재해야만 했다. 앤 맥클린톡Anne McClintock은 《제국의 가죽Imperial Leather》에서 말했다. "아직 체계적이지 못했던 중산층 계급에 속한 여성들에게 게으름이란, 노동의 부재라기보다 여가라는 뚜렷한 노동이었다."7 귀부인의 사전적인 기본 의미가 '사회적 위치가 높은 여성'에서 '예의 바르게 행동하는 여성'으로 바뀐 것도, 여자다움 수행이라는 노동 때문이었다. 지위에서 행동으로의 변화는 '귀부인'을 인종과 계급이라는 계층구조에서 완전히 벗어나게 하지 않았지만, 그 계층구조 유지를 위해 여자다움이라는 새로운 행동과 의식을 요구했다.8

　귀부인은 아이와 마찬가지로 성적 포식자에게서 보호받아야 했다. 귀부인은 욕망이 없고 순수해서 욕망의 대상이 되기 때문이었다. 제임스 킨케이드James Kincaid는 《성애적 순수Erotic Innocence》에서 빅토리아 시대의 엉킨 덩어리를 푼다.

　아이의 개념과 현대의 성이 생겨난 지 약 200년밖에 되지 않았다는 주장은 내가 처음이 아니지만…… 그 둘이 서로 합쳐졌다는 사실은 자주 언급되지 않는다. 하나가 다른 하나에 주입되었는데, 일어나지 말았어야 하는 일이다. 빅토리아 시대의 선조들은 아이들의 순수에 대해 공식적으로 요란하게 주장했지만 성애의 개념을 아이의 토대로 삼았다. 아이의 개념이 성적 매력의 개념을 토대로 한 것처럼.9

그렇다면 빅토리아 시대 사람들이 만든 중산층 백인 아이들에 관한 이야기가 더 '순수한' 쪽으로 달라졌다는 것도 놀랍지 않다. 아이들은 귀부인들과 마찬가지로, 빛나는 갑옷을 입은 기사의 보호를 받아야 한다고 말이다. 하지만 시대가 바뀌었다. 문화는 특정한 아이들을 위한 이야기와 특정한 아이들에 관한 이야기들을 만들어내기 시작했다. 그 이야기는 로맨틱한 관계에 집중하라고 가르치고, 성대한 결혼식 같은 특정 소비 형태는 물론 결혼식을 비롯해 로맨틱한 환상의 중심을 차지하는 하얗고 순수한 여성, 즉 아이 같은 상징으로 진정한 사랑을 표현한다.

로맨스와 자본주의의 결합에 따른 첫 번째 인공물은 1850년경 등장했다. 매사추세츠 우스터Worcester에서 에스더 하울랜드Esther Howland가 밸런타인데이 카드를 대량 생산했다. 로맨스의 가능성을 대량 생산해 이익을 창출한다는 점에서 탁월했다. 그 카드에는 레이스 모양의 얼음과 혼자 또는 짝 지은 귀엽고 하얀 아이들 그림이 들어갔다. 정작 자신은 결혼한 적 없는 하울랜드는 밸런타인데이를, 소비자들이 로맨스를 위해 해마다 약 189억 달러를 쓰고 그중 7억 300만 달러는 애완동물 선물 구매에 들어가는, 미국의 전국적인 기념일로 만드는 데 일조했다.10 홀마크Hallmark는 세계적으로 약 1억 4,100만 달러어치의 밸런타인데이 카드가 교환된다고 추정한다.11 밸런타인데이 카드는 미국인에게 사랑이 돈으로 사고팔 수 있는 상품이라는 생각도 심어주었다.

소비자들은 밸런타인데이 카드에서 곧바로 로맨스 소설로 넘어갔다. 젊은 여성들은 제인 오스틴의 복잡한 소설에서, 항상 '해피엔딩'으로 끝나는 대량 생산 보급판 소설책으로 갈아탔다. 로맨스 소설은 젊은 여성이 결혼에 길들고 거친 남자가 젊은 여성의 사랑에 길드는 결말을 보여주며 끝났다. 독자들은 남녀가 당연히 아이도 낳고 행복하게 사는 안정된 미래를 상상할 수 있었다. 현대 로맨스 소설은 합성 풀 같은 현대 기술의 발명품과 여성들이 점점 자주 찾게 된 슈퍼마켓과 드러그스토어 덕분에 가능했다.[12] 할리퀸 같은 현대 로맨스 소설은 우리가 진정한 사랑을 믿게 했고, 특정한 집단만 진정한 사랑을 받을 자격이 있다는 믿음도 주입했다.

현대 이데올로기로서의 로맨스

특히 비현실적이거나 이상적인 관념.

– '이데올로기ideology'의 정의, 〈옥스퍼드 사전〉

현대는 처음으로 결혼에 로맨스를 집어넣었다. 기사도 정신 같은 현대 이전의 로맨스 개념은 로맨틱한 사랑을 단호하게 결혼 바깥에 놓았다. 남자가 여자를 원하지만 그 여자는 거의 항상 남편이나 아버지 같은 다른 남자에게 얽매여 있기 마련이었다. 귀네비어와 랜슬럿 경에게는 아서 왕이, 로미오와 줄리엣에게는 결혼을 반대하는 가족들이라는 걸림돌이 있었고, 심지어 앙리 8세에게도 항상 마누라가 진정한 사랑의 방해물이었다. 대개 결혼한 사이가 아닌 두 사람의 사랑과 섹스에 관한 개념이었던 로맨스가 결혼 안에 확고히 자리 잡았다. 앤서니 기든스Anthony Giddens는 다음과 같이 설명했다.

로맨틱한 사랑은 비록 잔여물이 남기도 했지만 열정적 사랑amour passion과는 완전히 달라졌다. 18세기 후반부터 비교적 최근에 이르기까지 로맨틱한 사랑이 그랬던 것처럼, 열정적 사랑은 포괄적인 사회적 힘이었던 적이 없다. 여러 사회 변화와 함께 로맨틱한 사랑 개념이 전파된 것은, 다른 삶의 개인적 맥락과 마찬가지로 결혼에 영향을 끼치는 중대한 변화와 긴밀히 연관된다. 로맨틱한 사랑은 불규칙하게 뿌리 뽑히는 열정적인 사랑과 달리 개인을 더욱 넓은 사회적 상황에서 분리한다.[13]

새로운 로맨틱한 사랑은 현대성의 신호였을 뿐만 아니라, 해피엔딩을 약속함으로써 사람들의 관심이 현실에 쏠리지 못하게 만들었다. 종교가 현대 이전에 대중을 위한 아편이었다면 로맨스는 현대의 훨씬 중독적인 헤로인이었다.

하울랜드가 밸런타인데이 카드를 대량 생산하기 시작한 뒤로 로맨스는 마법의 주문으로 젠더와 인종, 계층제를 자연스러워 보이도록 했다. 그러나 우리는 로맨스의 영향력을 알아차리지 못한다. 로라 키프니스가 〈사랑은 없다〉에서 주장하듯 로맨틱한 사랑이 자본주의와 마찬가지로 "창조자를 포괄하고 지배하게 되었기 때문이다. 창조자는 자신이 무엇을 잃었는지 모른다. 직접 만들어 생명을 불어넣었지만 고유의 생명을 갖게 된 피조물이, 적대적이고 생경한 힘처럼 오히려 자신을 장악했다는 사실을 알지 못한다."14 이렇게 볼 때 우리를 행동하게 만드는 생경한 힘인 로맨스는 감정이자 이데올로 기다.15

로맨스는 여느 이데올로기와 마찬가지로 모두를 위한다고 한다. 그저 심장의 실만 잡아당기면 누구나 영원한 해피엔딩을 찾을 수 있다고 말이다. 하지만 진정한 사랑은 모두를 위했던 적이 한 번도 없다. 산업화와 함께 새로운 권력의 계층제가 만들어지면서 누가 사랑에 빠질 수 있고 없는지 결정할 권리를 주장하는 집단이 등장했다. 사제나 랍비가 아니라 빅토리아 시대의 입법자들과 개혁자들과 급성장하는 대중매체가 새로운 사랑의 법칙을 만들었다. 빅토리아 사람들은 상업적 성과 동성애, 결혼에 관한 법을 통과시켰다. 역사학자 낸시 콧Nancy Cott은《공개적 맹세: 결혼과 국가의 역사Public Vows: A History of Marriage and the Nation》에서 미국 정부가 친밀한 관계를 점점 더 규제하게 되었다고 설명한다. 1800년대 전까지만 해도 결혼과 성은 주로 공동체의 일이었다.

하지만 남북전쟁에 이르러 결혼 제도와 국가적 계약의 성공 사이에 한쪽 기반을 악화시킨 것이 나머지를 위험에 몰아넣는 수사 관계가 설정되었다. 남북전쟁 이후 미국 정치 사회의 재구성에는 선호하는 결혼 모델도 포함되었는데, 그 모델은 배우자의 동성 인종을 새롭게 강조함으로써 결혼에 관한 국가의 역할이 두드러지게 했다. 하나 된 국가는 모든 결혼이 자유로운 선택과 일부일처제에 따르고 합법적이어야 한다는, 새로운 이해관계를 표현했다.

결혼과 시민권에 관한 국가의 관심은 일부다처제는 물론 동성애나 매춘 같은 합법적 결혼 이외의 관계에도 감시를 확대하는 것으로 이어졌다.[16]

빅토리아 시대의 학문, 특히 성 과학sexology은 특정한 성적 행위를 '인종적 퇴화'로 정의했다. 분명하고 계층적인 젠더 이분법의 부재를 뜻한다는 이유에서였다. 다시 말해서 초기 성과학자들은 젠더와 인종 계층을 성적 행위와 결부해 어떤 사랑이 현대 생활의 중심이고 또 어떤 사랑은 '감히 이름을 말할 수 없는dare not speak its name(동성애를 뜻하는 표현–옮긴이)' 것으로 규정했다.[17] 확실히 말하자면 동성애뿐만 아니라 상업적, 공개적, 인종 간, 일부다처제, 자위행위, 세대 간의 성도 전부 침묵당했다. 생식 능력이 있고 개인적인 성, 일부일처제와 결혼 제도를 따르는 커플의 성 이외에는 역겹고 본능적이고 원시적이고 퇴화적이고 '하얗지' 않았다.[18] 현대 로맨스 사상은 처음에 지배 계급 사이에서 발달해 어떤 사랑은 가치 있고(결혼한 남녀, 백인, 부유층, 젠더 규범적 사랑), 어떤 사랑은 삐뚤어진 것으로(동성과 인종 간, 흑인과 노동자 계급의 성, 상업적성 등) 규정했으므로, 로맨스는 항상 성적인 대중보다 로맨스적인 지배 계급에 특권을 부여하는 이데올로기였다. 게일 루빈Gayle Rubin은 에세이 《성을 사유하기Thinking Sex》에서 다음과 같이 말했다.

현대 서구 사회는 성적 행위를 성의 계층제에 따라 평가한다. 부부이고 생식 능력이 있는 이성애의 성이 맨 위쪽에 놓인다. 성적 가치의 계층제는 인종차별주의와 민족중심주의, 종교적 배타주의 이데올로기 시스템과 똑같이 기능한다. 성적 특권을 가진 이들의 평온과 일반 대중의 고난을 합리

화한다.[19]

1800년대 말에 이르러 성은 계급투쟁의 형태뿐 아니라 민족국가의 핵심 프로젝트가 되었다. 대부분은 알아차리지도 못했다. 오히려 미국인들은 밸런타인데이 카드와 로맨스 소설을 샀다. 머지않아 새로운 형태의 로맨스 선전이 등장했다. 바로 영화다. 영화는 유년기부터 사람들에게 파고들었다. 디즈니가 1937년에 〈백설 공주와 일곱 난쟁이〉를 개봉하면서 진정한 로맨티스트 세대를 탄생시켰다. 〈백설 공주〉를 포함한 디즈니 영화들은 미국인에게 사랑만 있으면 된다고, 그 사랑은 맹목적이지만, 아름답고 젊고 부유한 백인 캐릭터만이 진정한 사랑을 얻을 수 있다고 가르쳤다. 오늘날 대중문화의 일부분이 된 그 메시지는 아동문학뿐 아니라 10대와 성인 독자를 겨냥한 문학에서도 나타난다. 디즈니는 우리에게 러브 주식회사를 믿으라고 가르치지만 《트와일라잇》과 《그레이의 50가지 그림자》 같은 좀 더 어른을 위한 이야기는 그 교훈을 평생 굳힌다.

나는 디즈니로부터 사랑을 배웠다

나는 영화 〈시계태엽 오렌지〉에 나오는 한 장면처럼, 감기지 않도록 고정된 두 눈으로 완전히 세뇌당한 채 디즈니 영화를 보았다.

– 소만 차이나니Soman Chainani, NPR 인터뷰

디즈니가 아이들, 특히 여자아이들이 '언젠가 백마 탄 왕자가 나타 날 것'이고 모든 이야기가 성대하고 하얀 결혼식으로 끝맺어야 한 다고 믿게 만든다는 글은 이미 많이 나왔다. 대부분의 관련 연구에 서는 디즈니의 로맨스 서사와 캐릭터의 성별 특징이 시간이 지나면 서 변화했음을 보여준다. 여성 캐릭터들이 자기주장 같은, 전통적 으로 남성적인 특징을 보이도록 말이다. 디즈니 영화가 계속 로맨 스를 '성인기'의 초석으로 위치시키고 아이들이 그런 문화 대본에 큰 영향을 받는다는 증거도 많다.[20] 드림웍스나 픽사의 〈토이 스토 리〉나 〈몬스터 주식회사〉처럼 딱히 로맨스를 다루지 않더라도, 디즈 니 영화는 아이들에게 사랑과 로맨스뿐만 아니라 젠더, 인종, 성, 노 력, 홀로서기 등도 교육한다.[21] 더 중요한 사실은, 디즈니와 그 밖의 어린이 영화들이 '깊이 생각할 필요가 없는 단순한 오락'이므로 신 경 쓰지 말라면서도 어른과 아이들에게 로맨틱한 주체가 되는 법을 가르친다는 점이다. 그런 영화들은 헨리 지루Henry Giroux가 거대한 '교수 기계teaching machine'라고 부른 것과 같다.[22] 캐리 코클리Carrie Cokely는 말했다.

디즈니가 만드는 마법은 대개 로맨스와 진정한 사랑, 하얀 결혼식의 개념 과 얽힌다. 모험과 젊음의 반항, 성장 이야기라고 홍보되지만 디즈니 애니 메이션 영화의 다수가 진정한 사랑과 그 필연적 결과인 사랑을 찾는 결혼 플롯을 주제로 한다.

우리는 디즈니에 주의를 기울여야 한다. 디즈니의 '마법'은 항상 우리와 아이들을 주시하고 있으니까.[23]

디즈니는 사회화의 매개체일 뿐만 아니라 높은 이윤을 창출하는 기업이기도 하다. 디즈니는 정말로 많은 것을 판다. 젠더 규범에 잘 부합하고, 가장 백인다운 외모를 지닌 사람이 진정한 사랑과 행복을 찾을 수 있고, 젠더 규범에 부합하지 않거나 백인이 아닌 사람은 벌을 받는다는 이데올로기만 파는 것이 아니다. 여행과 크루즈, 저렴한 공주 드레스, 공주가 된 듯한 엄청나게 비싼 결혼식도 팔고, 근래 손을 떼기 전까지 플로리다주 셀레브레이션이라는 도시를 통해 생활방식도 통째로 팔았다. 디즈니의 수익은 연간 550억 달러가 넘는다. 여기에는 테마파크들이 벌어들이는 30억 7,700만 달러, 여러 다양한 소비재로 올리는 20억 달러, 디즈니 미디어 네트웍스Disney Media Networks가 버는 69억 달러가 포함된다.[24] 디즈니는 로맨스 선전을 퍼트리는 주범일 뿐만 아니라 이윤 창출을 위해 존재하는 기업이다.

트윈 로맨스

순수함은 당신이 생각하는 것보다 섹시하니까요.

- 러브스 베이비 소프트Love's Baby Soft 향수 광고, 1975년

아이들이 어려서부터 로맨틱한 존재가 되도록 가르치는 데는 디즈니가 주요 역할을 하지만, 그것은 트윈tween 세대(10대 초반-옮긴이)가 접하는 러브 주식회사의 준비운동에 불과하다. 아이들이 사춘

기에 가까워지면서 로맨스 명령은 무시할 수 없는 것이 된다. 트윈 세대에 팔기 위해 만든 하위장르가 있을 정도로 로맨스는 트윈 세대의 중심이다. 6학년 여학생이 중학교에서 남학생들을 애완견처럼 훈련시킬 수 있음을 알게 되는 레슬리 마골리스Leslie Margolis의 《소년들은 개다Boys Are Dogs》도 트윈 세대를 위한 소설이다. 좀 더 문학성을 추구하는 아이들이라면 《오만과 편견》에서 영감을 받은 사라 맥클린Sarah MacClean의 《더 시즌The Season》을 읽을 수 있다. 귀족의 삶에는 관심 없고, 잘생긴 게빈과 함께 아버지를 죽인 범인을 찾는 데 열중하는 귀족 여성 레이디 알렉산드라의 이야기다. 이처럼 10대 청소년이나 성인 여성이 아닌 트윈을 겨냥한 로맨스 소설이 넘쳐난다.[25]

비교적 신선한 인기 소설 시리즈 《선과 악의 학교》처럼, 디즈니가 지난 90년 동안 미국 어린이들에게 제공해온 지나치게 단순한 사랑 이야기에서 벗어나려고 애쓰는 작품들도 있다. 이 시리즈를 쓴 작가 소만 차이나니는 어려서 디즈니 영화를 보면서 자랐다고 말한다. "내 삶은 디즈니였다. 내가 아는 서사의 모든 것이 디즈니에서 나왔다." 하지만 그는 디즈니보다 훨씬 복잡한 캐릭터와 이야기를 보여주고도 싶었다. 다시 말하자면 로맨스에서 벗어나 "결국 로맨스를 해체하고…… 디즈니의 선악 구조를 초월한다."[26] 차이나니는 성공한 편이다. 그가 쓴 이야기는 아름다운 외모의 악한 소녀와 흉측한 외모의 선한 소녀의 우정을 중심으로 펼쳐지기 때문이다. 차이나니는 아름다움이 곧 선이라는 문화 속 깊숙이 자리한 믿음을 반전시키지만 로맨스의 손아귀에서 탈출하지는 못한다. 못생겼지만 선한 캐릭터 아가사가 왕자와 함께 해피엔딩을 맞이하지만, 외모는 공주이고 내면은 마녀인 소피는 직업을 선택하기 때문이다. 아가사와 그녀의 왕자 테드로스의 사랑이 시리즈 2~4권 서사에서 대부분을 차지하는 것도 사실이다. 로맨스는 지배 이데올로기다. 벗어났다고 생각해도 로맨스는 여전히 책과 삶의 이야기를 만든다. 차이나니는 트윈 세대 독자들에게 기존과 다른 이야기를 제공했지만 결과적으로 트윈의 로맨스였다. 그런데 트윈 세대는 도대체 누구이고 어떻게 탄생했을까?

빅토리아 시대 사람들이 아이와 아이 문화를 발명했다면 20세기 중반의 광고주들은 '트윈'을 발명했다. 대니얼 쿡Daniel Cook과 수잔 카이저Susan Keiser는 설명한다.

여성성의 구현으로서 트윈은 성숙함과 성, 젠더에 관한 사회적 모호성을 표명한다. 이러한 모호성은 상업의 표현 양식에 나타난 '적절한' 몸을 알리는 도덕적 긴장을 드러낸다. 전기적 인물과 상업적 페르소나로서 시장의 담론을 통해 만들어진 트윈 소녀는, 사회적 정체성이 모호하기 때문에 '그녀'가 누구인지에 대한 다의적이고 다목적적인 변주를 청하고 용인하기까지 하는 불안정한 문화 공간에서 살아간다.[27]

트윈은 빅토리아 시대의 아이처럼 하얗고 부유하다. 트윈은 광고주들이 내놓는 모든 유행에 설득당하고 구매할 수 있는 존재지만 이미 잠재적으로 성적인 존재이기도 하다. 1960년대 이후 트윈은 스포츠 브래지어에서 패드가 들어간 브래지어로, 주니어용 거들에서 실크 티팬티로 옮겨갔지만 여전히 광고뿐 아니라 로맨스 이데올로기의 표적으로 남아 있다. 그 이데올로기는 러브 주식회사에 정서적 노동을 하고 돈도 쓰라고 트윈 세대에게 요구한다.

아이가 트윈 세대로 진입하자마자 무수히 많은 책과 영화, TV 프로그램, 대중가요가 뒤에서 슬그머니 다가와 깊숙한 로맨스의 세계로 밀친다. 디즈니는 성욕 과다와 성적 순수를 동시에 상징하는, 대개 백인이고 잘생기고 예쁘고 어린 팝스타들을 트윈 세대에 선보인다. 예전에는 조나스 브라더스Jonas Brothers나 마일리 사이러스Miley Cyrus가 있었고, 요즘은 캘럼 워시Calum Worthy, 파이퍼 커다Piper Curda가 있다. 디즈니의 트윈 스타들은 성의 선과 악, 혼란에 관한 여러 복잡한 메시지를 상징하지만 그 모든 중심에는 로맨스가 있다.

마일리 사이러스는 지금은 2013년 MTV 비디오 뮤직 어워드 무대에서 선보인 '트워킹twerking(상체를 숙이고 엉덩이를 내밀어 빠르게 흔들며 추는 춤 옮긴이)'처럼 지나치게 선정적인 공연으로 유명하지만, 한때는 디즈니의 〈한나 몬타나〉에서 성적으로 순수한 트윈 소녀를 연기했던 시절이 있었다.[28] 한나 몬타나는 극 중에서 'He Could Be the One'이라는 노래를 불렀다. 하나뿐인 진정한 사랑을 찾았다는 뜻일 수도, 처음으로 성관계를 맺은 상대에 관한 노래일 수도 있다. 어느 쪽이건 아직 앳된 소녀의 삶에서도 로맨틱한 사랑과 갈망이 중심을 차지한다는 사실을 보여주는 이 노래는 빌보드 핫 100 차트 2위까지 오르며 엄청난 인기를 끌었다.[29] 마일리 사이러스와 한나 몬타나가 성애화된 처녀로서 누린 인기는 문화 속에서 트윈 로맨스가 실제로 감정을 자극한다는 사실을 보여주는 한 보기일 뿐이다. 처녀성을 연구하는 일부 학자들은 성애적 처녀를 젊은 여성으로 정의하지만, 디즈니는 갈수록 어린아이와 10대 초반의 사춘기 이전 또는 갓 사춘기에 접어든 소년이나 소녀로 성애적 처녀라는 개념

을 팔았다.[30]

지난 20년 동안 미국에서 트윈 문화는 거대한 사업으로 자리 잡았다. 《해리 포터》나 《헝거 게임》 같은 시리즈의 인기는 10대 초반을 미국 대중문화의 중심에 놓았다. 그런 모험 이야기에서도 일부일처제를 따르고 생식 능력이 있는 이성애의 사랑 이야기와, '행복한' 결말이 중요한 부분을 차지하지만 언뜻 보기에 로맨틱한 주체로 성장하는 방법을 알려주는 대본은 아니다. 트윈 세대를 위한 다른 시리즈 《트와일라잇》은 로맨스를 주 무기로 내세웠다. 나는 《트와일라잇》 시리즈의 인기가 절정에 달한 2010년에 《트와일라잇》이 만든 관광명소 위싱턴주 포크스와 이탈리아 볼테라를 방문했다. 영화 〈트와일라잇〉의 개봉 첫날 트윈 세대와 그 엄마들을 인터뷰하고(아빠들은 하나도 없었고 남자아이들도 드물었다) 소설책을 전부 다 읽고 열성적인 팬들의 이야기도 수집하는 등 '사랑법'에 관한 가장 강력한 문화 대본에 완전히 스며들었다. 막대한 부와 백인종이 바람직할 뿐만 아니라 죽음을 불사할 정도로 가치 있다는 자본주의의 주장을 강화하는, 《트와일라잇》의 로맨스 이데올로기에 대해 살펴보기로 하자.

에드워드와 벨라의 영원한 사랑

운명을 믿소? 단 한 가지 목적을 위해 시간의 힘마저 변할 수 있다는 것을? 세상에서 가장 행복한 사람은 진정한 사랑을 찾은 사람이라는 것을?

- 브램 스토커, 《드라큘라》, 1897년

에드워드 컬렌과 벨라 스완의 이야기는 1억 1,600만 부가 판매되었고 37개 국어로 번역되었다.[31] (네 권의 원작 소설로 만든) 다섯 편의 영화는 약 34억 달러의 흥행 수익을 올리며[32] 세계적으로 가장 흥행한 영화 시리즈 가운데 하나가 되었다. 〈해리 포터〉 시리즈보다는 약간 뒤처지지만 〈스타 트렉〉 시리즈보다 더 큰 인기를 얻었다.[33]

에드워드와 벨라의 사랑 이야기는 꽤 상투적이다. 평범한 소녀가 암울한 삶에서 구해줄 왕자를 만난다. 첫눈에 반하는 사랑이자 영원한 열정과 사랑, 헌신이다. 이 서사는 〈신데렐라〉와 〈인어공주〉, 〈백설 공주〉 같은 디즈니 영화와 거울처럼 닮았다. 〈트와일라잇〉에서 벨라는 약간 무책임한 엄마를 떠나 경찰인 아버지와 살기 위해 워싱턴주 포크스로 가는 지극히 평범한 여학생이다. 포크스는 늑대인간인 원주민 부족과 (인간의 피를 먹지 않는) '채식주의' 뱀파이어 컬렌가 같은 위험하고 신비로운 존재들로 가득한, 어둡고 암울한 산동네다. 독자는 에드워드 컬렌과 벨라 스완이 처음 만날 때부터 그가 그녀의 평범한 삶을 마법처럼 바꿔줄 왕자님이라는 사실을 알아차린다. 벨라는 첫눈에 에드워드를 (그의 뱀파이어 '형제자매들'도) 알아본다. 그가 그녀를 바라보는 순간 우리는 두 사람이 운명임을 알아차린다.

에드워드 컬렌의 등이 굳어졌고 서서히 돌아서서 나를 노려보았다. 짜증이 날 만큼 황홀하게 아름다운 그의 얼굴. 증오심 가득한 날카로운 눈길에 꿰뚫릴 것만 같았다. 짧은 순간이었지만 정말 공포심이 스치는 걸 느꼈고 팔에 소름이 돋았다. 몇 초 안 되는 그의 차가운 시선은 얼음처럼 싸늘한 겨울바람보다 훨씬 더 나를 떨게 했다.[34]

그 순간부터 마지막 권 《브레이킹 던》까지 독자들은, 벨라와 에드워드가 결국 결혼해 현대판 성에서 돈 걱정 없이 살 것이며 두 사람의 결합이 아이의 탄생으로 마무리되리라는 사실을 알 수 있다.

《트와일라잇》 시리즈와 그 메시지에 관해 많은 글이 쓰였다. 작가 스테파니 메이어Stephenie Meyer는 모르몬교 신자고, 소설에서도 혼전순결과 성의 위험성, 낙태의 비도덕성 등 모르몬교의 가르침을 반영하는 주제를 많이 다룬다.[35] 벨라와 에드워드는 (벨라가 고등학교를 졸업하자마자) 결혼하고 그때까지 기다렸다가 성관계를 맺지만, 그들의 섹스는 그 자체로 위협을 상징한다. 에드워드의 초인적인 힘과, 벨라의 피를 원하는 그의 동물적인 욕망 때문에 두 사람의 섹스는 평범한 10대들의 섹스보다 훨씬 더 걱정스러운 일 투성이이기 때문이다. 첫날밤을 보내고 일어난 벨라는 행복하고 평화롭다. 자신이 마땅히 있어야 할 곳에 있다고 느끼며, 뱀파이어 남편 때문에 멍이 들고 이리저리 부딪혔다는 사실은 전혀 개의치 않는다. 에드워드의 강력한 욕망 때문에 침대가 망가졌다는 사실을 깨닫고 벨라는 자신의 몸을 살핀다. "내 창백한 팔에 커다란 자줏빛 멍이 피어나고 있었다. 팔에서 어깨로, 갈비뼈 전체로 이어진 자국을 차례로 보았다." 남편이자 힘을 가한 장본인 에드워드는 아내를 아프게 한 사실을 미안해하지만, 벨라는 폭력적인 섹스에 "완벽하게 행복했다. 너무도 완전한 행복을 맛보았다"라는 반응을 보인다.[36]

첫날밤의 성적 결합은 임신으로 이어진다. 절반은 뱀파이어인 배 속 아기는 문자 그대로 벨라를 산 채로 먹어치운다. 아이를 계속 품으면 엄청난 고통과 함께 결국 죽음에 이를 것이다. 낙태는 절대로 안 된다는 가르침이 드러나는 부분이기도 하다. 에드워드는 임신한 아내를 보기가 괴로워 낙태를 고민한다. "아기가 벨라의 생명을 빨아먹는 모습을 무기력하게 보고 있어야만 한다니! 그녀가 생명을 빨아먹히고 죽어가는 모습을. 아기가 그녀를 아프게 하는 모습을." 하지만 벨라는 목숨이 위험한데도 낙태를 입에 담기조차 거부한다.[37]

《트와일라잇》 시리즈에는 모르몬교의 가르침 말고도 성과 젠더, 인종, 계급에 관한 빅토리아 시대의 믿음이 스며들어 있다. 진정한 여성은 결혼 전까지 순결을 지켜야 하고, 자신의 목숨을 포함해 그 무엇보다도 엄마라는 역할을 가장 소중하게 여겨야 하며, 성은 어둡고 위험한 것이라고 말이다. 남성이 괴물이라서가 아니라 원래부터 폭력성이 성의 본질이므로 멍들고 여기저기 부딪힌다고. 실제로 다수의 고딕 로맨스에서 그러하듯 여성의 순결과 헌신이 괴물을 왕자로 바꿀 수 있다. 벨라=벨, 에드워드=야수다. 《트와일라잇》에는 인종과 계급에 관한 그다지 미묘하지 않은 교훈도 들어 있다. 벨라는 두 남자 중에서 한 명을 선택해야 한다. 나이는 훨씬 많지만 엄청나게 현대적인 대저택에 살고 고급 차를 모는 부유한 백인 에드워드, 원주민 보호구역의 오두막에 살고 고물을 주워 만든 오토바이를 타고 다니는 가난한 퀼렛 부족 늑대인간 제이콥 블랙이다. 벨라가 백인 남성 에드워드를 선택할 것이고, 대단히 부유하고 호화로운 삶은 물론이고 인종 순수성이 보상으로 주어지리라는 것에는 의심의 여지가 없다.

모르몬교 경전에서 가르치는 자유의지를 반영하듯, 캐릭터들은 섹스를 갈망하지만 결혼하기 전까지는 관계를 맺지 않는 의지를 발휘한다. 페미니스트학을 연구하는 다니엘 보르지아Danielle Borgia는 말한다. "《트와일라잇》에서는 성욕을 매혹적으로 표현하면서도 결혼이 빠진 사랑의 완성은 약점이라며 금지한다."[38] 사랑의 완성은 벨라의 존재 이유를 나타내므로 그녀에게 나머지 부분은 중요하지 않다. 보르지아는 벨라가 에드워드와 결혼하면서 과거의 모든 관계를 끊은 것에 대해 말한다. "사랑하는 사람을 만나기 전의 가족과 친구 관계는 물론이고 자아의식도 아무런 의미가 없고 중요하지 않다는 사실을 암시한다. 따라서 결혼이 그녀의 정체성을 좌우하는 측면이 된다."[39]

《트와일라잇》 시리즈에는 빅토리아 시대와 모르몬교의 메시지가 새겨져 있지만, 평론가 대부분과 심지어 작가 본인마저도 혼합된 메시지가 들어 있다고 지적한다. 적어도 젠더와 욕망에 관해서는 그렇다. 예를 들어 섹스가 위험하고 심지어 치명적일 수도 있다고 표현되지만 에드워드에 대한 벨라의 욕망은 서사의 중요한 부분이다. 《트와일라잇》과 샬레인 해리스Charlaine Harris의 《트루 블러드》 같은 최근에 나온 뱀파이어 소설 시리즈들은, 여자는 사냥감이고 남자는 포식자라는 공식을 흥미롭게 비틀어 욕망을 인간인 여자 주인공에게 위치시킨다. 원조 브램 스토커의 《드라큘라》에 나오는 괴물/피해자 유형론이 뒤집혔다. 여기에서 주체할 수 없는 것은 에드워드를 향한 벨라의 욕망이다. 뱀파이어가 순수한 여자를 타락시키는 포식자가 아니고 인간 여자가 뱀파이어를 욕망하고 타락시킨다. 1990년대 TV 드라마 〈뱀파이어 해결사〉도 비슷할지 모른다. 뱀파이어 해결사의 운명을 타고난 소녀 버피와 마침내 자고 난 뒤 뱀파이어 엔젤은 버피에 대한 사랑을 포함해 인간의 감정을 전부 잃어버린다. 버피는 엔젤의 심장에 막대를 꽂는 것이 아니라, 그가 자신과 사랑에 빠져 자아를 잃게 만드는 방법으로 파괴한다. 이런 식으로 로맨스와 뱀파이어에 매혹된 소녀들은 남성/뱀파이어가 성적으로 위험하지만 여성이 성적 공격자라는 사실을 배운다. 다시 보르지아의 말을 인용한다.

《트와일라잇》 시리즈는 노골적인 성은 신중하게 검열하지만 자신의 성적 욕망을 토대로 기꺼이 뱀파이어의 희생양이 되려는 10대 여성 주인공을 보여준다. 실제로 《트와일라잇》의 충격적인 메시지는 포식자와 피식자의 전환에서 나온다. 치명적인 뱀파이어는 독자의 연민을 받을 자격이 있는 존재로, 오히려 그 뱀파이어로 인해 위험에 놓인 여성은 그를 위험에 빠뜨리는 존재로 묘사되기 때문이다.[40]

뒤바뀐 포식자와 피식자가, 성적 존재로서의 여성에게 페미니스트적인 변화가 적용된 것이고 성적으로 순결한 빅토리아 시대 여성상에 대한 저항이라고 볼 수 있을지도 모른다. 하지만 여성이 남성보다 더 성욕에 민감한 초기 유대-기독교 개념으로의 회귀이기도 하다. 이러한 면에서 벨라는 이브고 에드워드는 아담이다. 실제로 《트와일라잇》 1권에서 벨라가 두 손에 빨간 사과를 든 이미지가 사용되었다. 《트와일라잇》뿐만 아니라 현대 뱀파이어 소설들이 성과 젠더에 관해 혼합된 메시지를 전달하고 다양하게 해석되는 것은 분명하다. 스테파니 메이어는 여성들에게 스스로 인생을 결정하는 힘을 주려는 의도라고 주장한다. 그녀는 웹사이트에서 다음과 같이 설명한다.

벨라가 반페미니스트 캐릭터라고 주장하는 이론들은 대부분 그녀의 선택에 근거한다. 처음에 벨라는 모든 것을 제쳐놓고 로맨틱한 사랑을 선택한다. 결국 어린 나이에 결혼을 선택하고 그다음에는 예상치 못한 위험한 출산을 선택한다.

페미니즘의 토대는 선택할 수 있다는 것이다. 반대로 반페미니즘의 핵심은 오로지 여자라는 이유만으로 무언가를 할 수 없다고 말하는 것이다. 성별을 이유로 선택권을 빼앗는다. 현대 페미니즘의 이상한 점 가운데 하나는 일부 페미니스트들이 스스로 여성의 선택에 한계를 두는 듯하다는 점이다. 내 눈에는 역행으로 보인다. 스스로 가족을 선택하지 못하는데도 강한 여성이라고 말하는 것과 마찬가지다. 그것이 어째서 권한 부여인가? 여성이 사랑과 결혼과 출산을 언제, 어떻게 하는지, 하기는 할 것인지에 대한 규칙이 존재하는가? '진정한' 페미니스트에게 가능하거나 불가능한 직업이 정해져 있는가? 그런 제약 자체가 반페미니스트적이라고 본다.[41]

메이어는 페미니즘에서 중요한 것은 선택이라고 본다. 젊은 여성이 가부장제에서 해방되지 못하도록 만드는 선택이라도 말이다. 그녀의 견해는 제3물결 페미니즘에서 말하는 '선택'과 비슷하다. 여성의 선택은 직접 경험에서 나오기에 항상 유효하다는 것이다. 또 경험은 사람마다 다르기에 서로 다른 선택으로 이어진다. 하지만 제니퍼 바움가드너Jennifer Baumgardner와 에이미 리처즈Amy Richards의 《선언: 젊은 여성들, 페미니즘, 그리고 미래Manifesta: Young Women, Feminism and the Future》에서 제시된 이러한 유형의 페미니즘은 선택이 의식적으로 이루어져야 한다고도 주장한다. 작가인 메이어가 페미니스트적 의식을 주장하지만 그녀가 만든 캐릭터는 그렇지 못하다.[42] 어쩌면 작가가 벨라 스완을 스스로 운명을 개척하는 여성으로

의식하기 때문에, 《트와일라잇》이 백인 여성의 성적 순결에 집착하는 지극히 전통적이고 빅토리아 시대적인 동시에, 좀 더 현대적이고 심지어 페미니스트적인 특징을 띠는지 모른다. 처녀인 채로 고등학교를 졸업하자마자 결혼하는 빅토리아 시대 여인 벨라와, 같은 학교의 최고 인기남과 자고 싶어 하는 평범한 미국 10대 여학생 벨라 사이의 강력한 갈등이, 수많은 독자가 이 소설에 매력을 느낀 이유라는 점은 확실하다.

언젠가 백마 탄 왕자님이 나타날 거야

옛날에 공주가 살았습니다. 공주는 사랑에 빠졌어요. 그럴 수밖에 없었어요! 왕자는 누가 보기에도 잘생겼거든요. 오직 나만을 위한 사람.

－《백설 공주》

이데올로기가 효력을 발휘하려면 계속 '적중'해야 한다. 그런 면에서 《트와일라잇》은 디즈니와 할리퀸 로맨스 소설, 로맨틱 코미디 영화에 이미 들어 있는 로맨스의 교훈을 훌륭하게 복제한다. 그 교훈에는 여자는 무력하고 약해야 남자에게 구원받으며, 그 남자는 괴물일 수도 있지만 진정한 사랑과 아름다움이 그를 신사로 바꿔줄 수있다는 생각이 포함된다. 로맨스 이데올로기 법칙은 러브 주식회사의 대표적인 선전 조직에 의해 성문화된다. 바로 미국 로맨스 작가협회Romance Writers of America, RWA다. RWA에 따르면 로맨스에는 두 요소가 있다. 첫째는 "사랑에 빠지고 관계를 이끌어나가려고 애쓰는 사람들을 중심으로 이루어지는 주요 플롯"이고 둘째는 "서로를 위해 위험을 무릅쓰고 분투하며 정서적 정의와 조건 없는 사랑으로 관계를 보상받는 연인들"이다. 추가로 모든 로맨스에는 "정서적으로 만족스럽고 낙관적인 결말"이 있다.[43]

앤시아 테일러Anthea Taylor가 지적하듯 에드워드가 항상 벨라를 지켜주리라는 확신은 《트와일라잇》의 사랑 이야기가 주는 정서적 만족의 일부분이다.

아마 10대의 불안과 고뇌를 담으려는 시도겠지만, 화자의 불안한 심리와 낮은 자존감은 그녀를 측은한 존재로 만든다. 1권에서 달려오는 차에서 구해주었을 때부터 벨라는 전적으로 에드워드에게 의지하게 된다. 그가 그녀를 구하는 횟수는 그녀가 그의 (가부장적) 보호 없이는 평범한 일상에서도 존재할 수 없음을 암시한다. 벨라에게는 에드워드의 '동물적' 욕구로 인한 위험 말고도 그녀를 죽이려고 하는 뱀파이어들이 있다. 따라서 에드워드는 (그 자신이 초래하는) 위험한 상황뿐만 아니라 미국 소도시에 사는 여성적인 10대 소녀의 평범한 일상에서도 항상 벨라의 구원자가 된다.[44]

〈인어공주〉에서 에리얼이 우슬라를 무찌르는 에릭 왕자를 지켜보던 모습을 떠올려보자. 〈잠자는 숲속의 공주〉에서 필립 왕자가 말레피센트를 무찌르는 장면과 비슷하다. 모든 디즈니 영화에서 왕자가 불운한 여주인공을 사악한 캐릭터에서 구해주는 결말로 끝나는 건 아니지만 대부분이 그러하다. 때문에 이는 로맨스의 두드러지는 비유가 되고, 스테파니 메이어도 소설에서 이를 계속 활용한다.

《트와일라잇》이 현대의 대표적인 로맨스인 이유는 단지 벨라가 무력하기 때문이 아니라 로맨틱한 주인공의 기능을 완벽하게 수행하는 능력 때문이기도 하다. 벨라는 에드워드가 '운명의 상대'임을 단번에 알아보고 2권 《뉴 문》에서 버림받은 뒤에도 함께하고자 노력하며, 마침내 분노 많고 정서적 교감이 떨어지는 연인이자 대리석처럼 차가운 남자(음울하고 소유욕 강하고 스토커 기질도 있다)를 헌신적이고 사랑 넘치는 아빠이자 남편으로 변신시키는 능력을 얻는다. 남자를 괴물에서 왕자로 바꾸는 능력은 디즈니 영화뿐만 아니라 일반 로맨스 소설에서도 일반적으로 등장한다. 로맨스 독자에 관한 재니스 래드웨이Janice Radway의 대표 연구가 보여주듯, 로맨스 독자들은 남자를 바꾸고자 노력하는 여성 캐릭터와 실제로 변화하는 남성 캐릭터가 나오는, 정서적으로 만족스러운 서사를 계속 원한다. 그들이 원해야 시장에서 팔린다. 로맨스 소설은 그 어떤 소설보다 많이 팔린다. 논픽션을 포함해서 미국에서 판매되는 책들은 다섯 권 중에 한 권이 로맨스 소설이며 연간 10억 달러 이상의 판매고를 올리고 있다. 다시 말해서 《트와일라잇》이 팔리는 이유는 로맨스가 팔리기 때문이고 《트와일라잇》이 완벽한 로맨스이기 때문이다.[45]

로맨스의 중심에는 경제적 환상도 자리한다. 사랑에 빠지면 물질 세계에 관한 걱정이 사라지므로 미래가 안전해질 수 있다는 환상이다. 《트와일라잇》에서 벨라는 문자 그대로 초인superhuman이 된다. 늙지도 않고 신의 힘과 속도를 가진 인간이다. 또 엄청난 부자가 된다. 아빠는 경찰, 엄마는 유치원 교사였던 평범한 경제 상황에서 벗어난다.[46] 원래 벨라는 청바지와 체크무늬 셔츠를 입고 1953년식 쉐

보레 고물 픽업트럭을 몰았다. 가장 친한 친구 제이콥은 남는 부품으로 직접 조립한 폭스바겐 래빗 오토바이를 타고 다닌다. 에드워드와 결혼한 후 벨라의 이동 수단은 〈신데렐라〉의 호박 마차처럼 페라리 F430으로 바뀌고 초라한 옷은 명품 원피스로 바뀐다.[47] 그것은 《트와일라잇》이 성애 (그리고 인종) 자산을 경제적 안정으로 바꾸는 여성의 환상을 보여주기 때문이다. 벨라와 에드워드의 사랑이 원초적이고 운명적이라고 표현되므로 독자들은 벨라가 언제나 에드워드에게서 경제적으로 지원받으리라는 사실을 알 수 있다. 그녀가 언제나 완벽할 것이므로 그는 절대로 더 어린 뱀파이어에 빠져 그녀를 떠나지 않을 것이다. 이러한 경제적 환상은 젊은 미국 여성 대부분이 처한 경제 현실보다 훨씬 낫다. 대학생 평균 학자금 대출이 2만 9천 달러인 데다 출산과 결혼, 내 집 마련이 늦어지고 교육 수준에 상관없이 남성보다 훨씬 적은 임금을 받는 현실보다 말이다.[48]

어른이 된 트와일라잇

'영화관에서 〈그레이의 50가지 그림자〉를 보며 자위하다 체포된 여성'

- 2015년 2월 24일 〈코스모폴리탄〉 기사 제목

미국의 트윈 세대뿐만 아니라 성인, 특히 성인 여성도 물론 로맨스가 하는 약속을 사랑한다. RWA에 따르면 로맨스 소설을 읽는 여성은 남부에 살고 독서를 자주 하며 배우자나 파트너가 있는 경우가 많다. 연간 가구 소득은 5만 달러에서 10만 달러다.[49] 2012년에 출간된 《트와일라잇》의 팬픽션 《그레이의 50가지 그림자》를 크게 성공시킨 것은 바로 로맨스에 잘 훈련된 그 성인 여성들이었다. 《그레이의 50가지 그림자》는 인터넷 사이트에 공개되는 팬픽션에서 시작되었다. 나중에 나온 3부작을 오스트레일리아의 출판사 라이터스 커피숍The Writer's Coffee Shop이 사들여 전자책으로 출간했다.[50] 그 뒤 판권을 손에 넣은 빈티지 출판사가 6주 만에 60쇄에 걸쳐 1,000만 부를 판매했다. 다시 말해서 《그레이의 50가지 그림자》는 당시 성인 소설 시장의 약 25퍼센트를 장악했다.[51] 나는 그 소설을 샅샅이 파헤치고자 세 권의 책을 전부 읽고 영화도 보고 이야기의 배경인 워싱턴주 시애틀도 연구차 방문했다. 출판업계에 경이로운 현상을 일으킨 그 책이 러브 주식회사에서 어떤 기능을 하는지 단서를 찾으려고 팬 사이트와 페이스북 페이지의 글도 읽었다.

《그레이의 50가지 그림자》 시리즈는 엄청나게 평범하고 경제적으로 어려운 대학교 졸업반 아나스타샤 스틸과 젊은 나이에 엄청난 부와 권력을 지닌 크리스천 그레이의 운명적인 사랑 이야기를 그린다. 그레이는 《트와일라잇》의 에드워드와 마찬가지로 통제적이고 소유욕이 강하며 아나스타샤를 보자마자 운명임을 알아본다. 아나스타샤도 《트와일라잇》의 벨라처럼 약간 서툴고 평범하고 힘이 없으며 자신보다 훨씬 더 강한 그레이에게 기꺼이 굴복한다.

두 작품의 가장 큰 차이는 《그레이의 50가지 그림자》의 서사가 초자연적 요소가 아닌 에로틱한 요소에 따라 진행된다는 점이다. 철저하게 남성의 지배와 여성의 굴복이 주는 쾌락을 중심으로 이루어지는 《그레이의 50가지 그림자》의 서사는, 아나스타샤가 크리스천이 지닌 독특한 성적 취향에 점점 노출되는 과정을 따라간다. 크리스천의 성적 취향은 에드워드가 뱀파이어라는 사실과 마찬가지로 그를 상대 여성과 근본적으로 다른 존재로 만드는 한편 그녀를 평범한 여성에서 특별한 여성으로 변화시킨다. 크리스천은 로맨스나 키스, 눈 맞춤 없이 그저 섹스만 원한다. 전적으로 자신이 통제권을 쥐려고 한다. 아나스타샤에게 '주인님'이라고 부르게 한다. 집에는 가죽과 라텍스가 많은 부분을 차지하는 놀이 공간이 있다. 결박과 체벌 같은 변태적 성행위 장면이 나오고 특정 연령대 여성 사이에서 큰 인기를 얻어, '엄마의 포르노'라는 별명이 붙었다. 《트와일라잇》보다 《그레이의 50가지 그림자》가 훨씬 더 노골적이지만 두 커플 사이에 이루어지는 섹스는 놀라울 정도로 비슷하다. 남성은 항상 강력하고 위험하기까지 하며 여성은 그것을 원한다. 크리스천이 BDSM 관련 물건으로 가득한 비밀 공간을 보여주었을 때 아나스타샤는 다음과 같은 반응을 보인다.

"난 도미넌트야." 그의 눈은 불타오를 듯 강렬한 회색빛이다.
"그게 무슨 뜻이에요?" 내가 속삭인다.
"당신이 항상 나에게 굴복해주길 바란다는 뜻이야. 나에게 쾌락을 주기를……."
그에게 쾌락을 준다고! 그는 내가 자신에게 쾌락을 주기를 바란다! 나는 그 순간 깨닫는다. 그래, 그게 바로 내가 하고 싶은 일이야.[52]

아나스타샤는 벨라와 마찬가지로 자신이 진정 원하는 일은 비록 신체적 고통이 따르더라도, 아니 어쩌면 바로 그 이유 때문에, 자기 남자의 과도한 욕망에 굴복하는 것임을 깨닫는다.

또한《그레이의 50가지 그림자》는《트와일라잇》과 마찬가지로 여주인공에게 두 남자 가운데 한 명을 선택하게 한다. 크리스천 그레이는 백인이고 부자이며 호세 로드리게스는 라틴계에 평범한 사진작가다. 두 작품 모두 비백인 남성이 백인 여주인공에게 적극적으로 구애하며 백인 남성은 그 갈색 피부 남성의 원치 않는 성적 접근으로부터 여주인공을 구한다. 제이콥과 벨라의 키스를 떠오르게 하는 장면에서 아나스타샤는 자격 미달인 구애자 호세의 접근을 물리쳐야 하는 상황에 놓인다. 호세가 술을 잔뜩 마신 아나스타샤에게 억지로 키스하려고 한다.

"안 돼, 호세, 그만해. 안 돼." 밀어내려 하지만 단단한 근육질인 그는 꿈쩍도 하지 않는다. 그가 한 손으로 내 머리카락을 파고들고 머리를 받친다. 턱을 따라 부드럽게 키스하며 입가로 올라온다. 나는 너무 당황스럽고 술에 취했고 통제 불능이다. 숨이 막힐 것 같다.

"호세, 하지 마. 싫어……." 내가 애원한다.

"여자분이 싫다잖아." 어둠 속에서 조용한 목소리가 들린다. 크리스천 그레이다……. 호세가 나를 놓아준다.[53]

작가이자 저널리스트인 케이티 로이프Katie Roiphe는《그레이의 50가지 그림자》의 인기 비결은, 페미니즘이 여성들에게 굴복을 갈망하게 만들기 때문이라는 유명한 주장을 펼쳤다. 로이프에 따르면 교육 수준이 높아지고 경제적으로도 안정되면서 그 어느 때보다 많은 여성이 완전한 굴복과 책임을 지지 않아도 되는 성적 욕망의 환상에 끌린다. 로이프는 말한다. "남성의 지배가 역사상 그 어느 때보다 불안정한 시대에 우리는 여성의 굴복이라는, 로맨스가 되고 에로스로 가득한 준포르노적 사상에 끌리는지도 모른다."[54] 그러나 로이프의 분석은 에로스에 너무 집중되어 있으며 두 작품의 중심을 차지하는 경제적 환상을 고려하지 않는다. 《그레이의 50가지 그림자》와 《트와일라잇》의 인기는 페미니즘 때문이라기보다 로맨스 이데올로기를 경제 불안정의 탈출구로 제시하기 때문이다. 두 작품은 완벽한 로맨스다. 벨라와 아나스타샤는 모두 남성의 라이프스타일(BDSM/뱀파이어)에 완전히 굴복함으로써 그를 차갑고 성난 연인에서 사랑 넘치고 지적인 남편으로 변화시켜야 한다. 그리고 그들은 굴복을 통해 영원한 경제적, 정서적 안정을 보상으로 받는다.

대부분 여성으로 이루어진 독자들은 딸들이 《트와일라잇》에 빠진 것과 똑같은 이유로, 여자아이들이 〈신데렐라〉와 〈잠자는 숲속의 공주〉에 끌린 것과 똑같은 이유로 《그레이의 50가지 그림자》를 비롯해 해마다 10억 달러 넘게 팔리는 로맨스 소설에 끌렸다. 첫눈에 반하는 진정한 사랑을 가치 있게 여기도록, 평범한 여자가 힘 있고 부유한 남자를 욕망함으로써 특별한 공주로 변할 수 있다고 믿도록 배우기 때문이다. 우리는 이러한 로맨스 대본에 따라 성장한다. 대여섯 살만 되어도 사랑이 어떻게 이루어지는지 안다. 그 뒤에는 그런 사랑 이야기를 스스로 계속 주입한다. 천국과 마찬가지로 현실에서 이루어지지 않을지라도 하나의 약속이기 때문이다.

하지만 《트와일라잇》과 《그레이의 50가지 그림자》가 경제적 붕괴에서 벗어나는 가능성에 관한 이야기라는 점도 중요하다. 전 세계 사람 대부분은 경제적 어려움을 겪고 있고 점점 더 적은 소수에게 더 많은 부가 몰린다. 《그레이의 50가지 그림자》는 앞서 나온 《트와일라잇》과 마찬가지로 신자유주의 선전을 제공한다.[55] 아나스타샤는 라틴계의 부유하지 않은 호세가 아니라 엄청난 부와 권력을 지닌 크리스천을 '선택'할 뿐만 아니라 그 선택을 평생의 경제적 안정으로 바꾼다. 행복하게 오래오래 살았다는 해피엔딩에 등장하는 언덕 위의 성은 시애틀 해안에서 떨어진 개인 소유 섬에 있는 저택으로 바뀌었다. 영화가 촬영된 1932년에 지어진 저택에는 황금색 백조 모양의 수전이 있고 (선전 문구: '백조는 한번 맺은 짝과 평생을 함께한다') 우연이 아닐지도 모르지만 디즈니 아티스트들이 장식한 아기 놀이방도 나온다.[56]

어떤 면에서 《그레이의 50가지 그림자》의 마법 같은 결말은 독자들에게 뱀파이어와 늑대인간이 나오는 《트와일라잇》보다도 더 마법 같은 생각을 요구한다. 독자들은 미국 내 순위 138위인 워싱턴주 밴쿠버에 있는 워싱턴주립대학교에서 영문학을 전공한 아나스타샤가 졸업 후 시애틀의 여러 출판사에서 취업 제의를 받았다는 사실을 믿어야 한다. 그다음에는 그녀가 자신보다 약간 연상이고 훨씬 부유한 크리스천과의 결혼으로 출판사의 신입사원에서 소유주로 신분이 상승했다는 사실을 믿어야 한다. 크리스천이 엄청난 부자인 (양)부모를 둔 백인 이성애자 남성에게 주어지는 특권이 아니라 본인의 노력 덕분에 성공했다는 사실도 믿어야 한다. 실제로 아나스타샤가 그의 부유함이 '행운' 덕분이라고 말하자 크리스천은 자본주의에서 처음 이루어진 부의 막대한 재분배와 연관된 기업가의 말을 인용한다.

난 운이나 우연을 믿지 않습니다, 스틸 양. 열심히 일할수록 운도 좋아지는 것 같아요. 팀에 제대로 된 사람들을 두고 에너지를 제대로 지휘하는 게 중요하죠. 하비 파이어스톤이 한 말인 것 같군요. "사람의 성장과 계발은 리더의 가장 큰 소명이다"라고.[57]

고무 타이어 기업의 창시자로 유명한 하비 파이어스톤Harvey Firestone은 제품 생산으로 부를 축적했다. '글로벌 통신 기술'과 관련된 일이라는 것 말고 크리스천의 회사가 정확히 무엇을 생산하는지는 분명하게 나오지 않는다. 하지만 독자는 그가 노력으로 막대한 부를 축적했다는 사실을 믿어야 한다. 《그레이의 50가지 그림자》에는 '열심히 일하는' 사람은 부를 축적할 자격이 있다는 이미지로 가득하다. 그 책에 나오는 몇 안 되는 정말로 가난한 사람 중 한 명은 크리스천의 친어머니인데, 전형적인 '나쁜 엄마'이자 '마약에 중독된 창녀'였고 '나쁜 선택'으로 죽음에 이르렀다. 아들을 부잣집에 입양시켰지만 뒤틀린 성적 취향을 갖게 했다.

결혼할 남자를 위해 순결을 지키고 그에게 인생을 맡기는 성적으로 순결한 여자 아나스타샤가 헬리콥터와 고급 자동차, 요트, 유럽여행처럼 좋은 인생의 신호라고 할 모든 것을 보상으로 받게 되는 것은 놀라운 일이 아닐지도 모른다. 《그레이의 50가지 그림자》의 결말이 《트와일라잇》과 마찬가지로 아들과 배 속 딸의 부모가 된 커플이 동류同流가 사는 안전한 공동체에 정착한 모습을 보여주는 것도 놀랍지 않을 것이다.

올림픽 반도 뒤쪽으로 해가 저무는 모습을 바라본다.
바다 위로 땅거미가 지는 모습이 너무도 아름답다. 크리스천이 나를 끌어당겨 안는다.

"정말 아름다워요."

"그래." 답하는 크리스천을 올려다보니 그도 나를 바라본다. 내 입술에 부드럽게 키스한다.

"우리 집이야."

그가 씩 웃으며 다시 키스한다. "사랑해, 그레이 부인."

"나도 사랑해요, 크리스천. 영원히."[58]

로맨스 독자들은 열심히 노력했으므로 부를 얻을 자격이 있다는 사실을 안다. 자신들도 돈과 권력을 갖춘 남자에게 완전히 굴복함으로써 자신에게 길든 왕자님의 두 팔에 안긴 채, 구름 위 성에서건 바다가 내려다보이는 저택에서건 완벽한 안정을 얻을 수 있음을 배운다.

사랑을 돈으로 살 수 있을까

설문 조사 결과에 따르면 사랑은 돈으로 살 수 있다.
- 〈뉴욕 포스트〉 2018년 2월 11일 자 기사 제목

종교 이데올로기와 마찬가지로 로맨스는 우리를 행동하게 만든다. 하지만 로맨틱한 행동은 대개 감정과 소비의 이상한 조합으로 일어난다. 인생에 로맨스라는 마법을 걸어주기를 바라는 물건을 구매하는 것이다. 《트와일라잇》을 사랑하는 사람은 아마존에서 벨라와 제

이콥, 에드워드의 액션 피규어(3개 세트 39.99달러)나 17인치 에드워드 컬렌 인형(160달러), 심지어 (가상의) 컬렌가 문장이 새겨진 베개(199.99달러)를 살 수 있다. 소유욕 강하고 거친 뱀파이어 연인이 한밤중에 지켜보고 있어야 안전하게 느낄 것 같다면, 엣시Etsy에서 실물 크기의 에드워드 실루엣을 사서 벽에 붙일 수 있고, 엔터테인먼트 주얼리Entertainment Jewelry에서 벨라의 결혼반지를 단돈 149.99달러에 구매해 연인을 기쁘게 해줄 수도 있다.

《그레이의 50가지 그림자》 시리즈는 여성들에게 책뿐만 아니라 책에 나오는 섹스 용품도 사게 했다. 한 성인용품 업체 임원은 "세계적으로 플레져 볼 재고 부족 현상"이 일어났다고 말했다. 영화가 개봉된 뒤 섹스 용품 업체들은 바쁘게 움직여 섹스 용품은 물론 눈가리개와 수갑을 포함한 '좀 더 부드러운' 액세서리도 생산했다. 미국에서 가장 사랑받는 대형 마트 '타겟Target'에서는 《그레이의 50가지 그림자》 공식 섹스 용품을 판매했고, 베이브랜드Babeland 같은 소매업체들도 BDSM 액세서리에 대해 커진 관심을 이용했다.[59] 러브허니Lovehoney 웹사이트에서는 '부드러운 쌍둥이 눈가리개 세트'(14.99달러)부터 19.99달러짜리 '조절 가능 니플 클램프'까지, 《그레이의 50가지 그림자》에 나오는 액세서리를 전부 살 수 있다.[60] 성인용 장난감으로 충분하지 않기라도 한 듯, 버몬트 테디 베어 공장에서는 2015년 밸런타인데이 '한정판'으로 《그레이의 50가지 그림자》 테디 베어 인형을 판매했다. "이글거리는 회색 눈동자에 양복과 새틴 넥타이, 가면, 심지어 작은 수갑"까지 갖춘 곰 인형이었다.[61] 이것이 성인 여성의 완전한 유아화를 뜻하는지, 아동의 성애화를 뜻하는지는 모르지만, 러브 주식회사가 일으키는 실제 감정을 돈벌이에 이용할 수 있다는 사실은 확실하다.

법률학자 알렉스 다이목Alex Dymock은 《그레이의 50가지 그림자》에 나타난 성의 상업화를 다룬 에세이에서 말한다.

《그레이의 50가지 그림자》가 약속하는 초월적인 '내적 경험'은 성적 금기를 깨뜨리는 쾌락이나 여성의 성적 욕망을 드러내는 행위가 아니라 쇼핑이라는, 죄책감을 동반한 쾌락으로 드러난다. 넥타이와 가면, 열쇠 같은 익명의 물건이 들어간 표지에서도 책 내용이 드러난다.[62]

다이목이 한 말이 맞다. 《그레이의 50가지 그림자》를 비롯한 로맨스 소설은 매우 인위적이고 상업적이지만, 내가 어린 딸과 이탈리아 볼테라로 떠난 여행에서 배웠듯 매우 실제적이기도 하다.

가장 로맨틱한 밸런타인데이

볼테라에는 뱀파이어 팬들을 매혹하고 '평범한 사람들'에게도 전혀 무섭지 않은 훌륭한 '뉴문' 투어가 있다. 볼테라에서 당신은 목은 위험하지 않다. (볼테라에는 볼투리가 살지만 마늘을 목에 걸면 된다!)
- 볼테라 투어 가이드, visittuscany.com

2010년 밸런타인데이에 당시 11살이었던 딸과 이탈리아 볼테라로 떠나 《트와일라잇》 뱀파이어 투어에 참여했다. 볼테라는 스테파니

메이어가 쓴 뱀파이어 소설에서 가장 흥미진진한 장면의 배경이다. 당시 딸은 인간 벨라 스완과 뱀파이어 에드워드 컬렌의 사랑 이야기에 푹 빠져 있었다. 두 딸 모두 《트와일라잇》 시리즈를 읽고 영화 1, 2편을 보았고 그해 개봉하는 3편 〈이클립스〉를 애타게 기다렸다. 10대 소녀 팬들의 방문으로 볼테라가 《트와일라잇》 관광명소가 되었다는 소식에 우리도 도저히 가만히 있을 수 없었다.

연구차 볼테라로 떠나는 여행은 나나 딸에게 가장 로맨틱하고 흥미진진한 밸런타인데이가 될 터였다. 구불구불한 산길 위에 들어선 그림 같은 중세 마을에 해가 저물 무렵 우리는 《트와일라잇》 팬 열두 명과 정해진 장소에 모였다. 대부분 20대와 30대 이성 커플이었다. 기다란 검은색 망토 차림을 한 투어 가이드가 우리를 맞이했다. 그녀의 빛나는 눈동자와 붉은 입술은 창백하게 칠한 얼굴과 대조적이었다. 투어 가이드는 볼테라가 약 3,000년 전 에트루리아인이 정착한, 토스카나에서 가장 오래된 도시라는 사실을 언급하지 않았다. 로마인들이 세운 극장이나 목욕탕의 폐허를 가리키지도 않았다. 우리의 뱀파이어 가이드는 그 유명한 분수 장면을 볼테라에서 촬영했다면서, 분수가 어디에 있었을지 일러주었다.[63] 그다음에는 로마의 하수구를 지나 가파른 계단을 내려가 어두운 방으로 데려갔고, 그곳에서 뱀파이어로 분장한 현지 주민들이 우리를 공격하는 척 연기했다. 딸과 나는 손을 꼭 잡은 채 즐거워하면서도 무서워했고 토스카나와 《트와일라잇》, 로맨스와 속절없는 사랑에 빠졌다. 투어는 적색 포도주와 훈제 고기, 치즈로 가득한 전형적인 토스카나식 만찬으로 끝났다. 우리 모녀와 《트와일라잇》 관광객들은 '최고의 밸런타인데이'라며 축배를 들었다.

볼테라 상공회의소 대변인 에바 제텔메이어Eva Zettelmayer는 토스카나에서 가장 오래된 도시 볼테라가《트와일라잇》시리즈에 등장한다는 사실을 몰랐다.[64]

2007년에 스테파니 메이어가《뉴문》이탈리아판 출간 기념으로 방문했을 때 우리는 그게 뭔지도 몰랐습니다. 그런데 이탈리아 각지에서 엄청나게 많은 버스가 몰려왔어요. 사람들이 포스터와 사과를 들고 작가를 보러 왔죠. 나는 볼테라에서 처음 일하게 되었을 때《트와일라잇》팬들이 무슨 말을 하는지 몰랐는데 2008년 11월부터 트와일라잇 관광 붐이 일어났어요. 볼테라에서〈뉴문〉을 촬영한다는 기사가 떴죠. 결국 촬영은 몬테풀치아노에서 했지만 볼테라의 호텔 예약이 꽉 찼죠. 볼테라는 영화가 아니라 책에 나옵니다. 현재 볼테라를 찾는 관광객 4분의 1이《뉴문》때문에 와요.

제텔메이어도 관광객들이 갑자기 쏟아지기 전에는《트와일라잇》시리즈를 읽어본 적이 없었지만, 일단 읽기 시작한 뒤에는 멈출 수가 없었다. 그녀도 내 딸을 포함한 전 세계 수백만 명과 마찬가지로 평범한 10대 소녀와 특별한 뱀파이어의 사랑 이야기에 중독되었다. 하지만 다른 주민들과 마찬가지로 그녀는《트와일라잇》이 일으킨 관광 붐이 당황스러웠다. 볼테라의 풍성한 실제 역사가 아니라 가상의 역사와 문화를 소비하려고 구불구불한 산길을 지나 고대 에트루리아 도시까지 찾아오다니, 도무지 이해되지 않았다. 하지만 볼테라는 관광업에 의존하는 지역이므로 주민들은 트와일라잇 관광객의 수요에 맞춘 제품을 공급할 수밖에 없었다. 시리즈 1권에 나오는 사과를 본떠 만든 설화석고 사과를 팔기 시작했다. 숙박업소에서는 트와일라잇 로맨스 위켄드 상품을 내놓았고 누군가 뱀파이어 투어 아이디어를 떠올렸다. 제텔메이어는 이렇게 농담했다. "볼테라에는 경비가 철저한 교도소가 있는데, 재소자들이 식당과 공공화장실 등 시내 곳곳에서 일합니다. 1970년대까지는 정신병원도 있었기 때문에 이곳 주민들은 재소자와 정신병 환자들이 돌아다니는 모습에 익숙하지요. 그래서 《뉴문》 관광객들이 돌아다녀도 별로 거슬리게 생각하지 않아요." 농담은 제쳐두고 어쨌든 《트와일라잇》은 볼테라의 관광업을 크게 끌어올렸다. 상공회의소는 관광객 4명 중 1명이 《트와일라잇》 때문에 볼테라를 찾는다고 추정한다. 주민과 상점 주인들은 허구의 역사가 사람들을 볼테라로 끌어당기는 것에 엇갈리는 반응을 보였다. 한 상점 주인은 뱀파이어 요소는 무시하고 볼테라의 전통과 역사를 《트와일라잇》과 연결한다고 말했다. "우리는 관광업으로 먹고살지만 뱀파이어의 도시가 되고 싶진 않아요."

갈림길: 경제적 현실 vs 로맨틱한 환상

포크스

인구 3,175명

뱀파이어 8.5명

- 워싱턴주 포크스의 기념품용 인구 안내 표지판

《트와일라잇》 시리즈에 나오는 또 다른 배경인 워싱턴주 포크스 여행에서도 비슷한 이야기가 드러났다.

볼테라와 마찬가지로 포크스도 찾아가기 쉽지 않은 곳이다. 오래된 숲과 산, 바다로 이루어진 멋진 자연풍경과 함께 이어지는 텅 빈 급커브 도로를 한참 지나야 한다. 하지만 정작 도착해보면 정지 신호등 두어 개와 약간 후줄근한 모텔, 트와일라잇 기념품점 두 군데를 빼고 볼거리가 별로 없다. 한 기념품점에서 일하는 직원에 따르면 팬들이 전 세계에서 찾아오지만 특히 오스트레일리아와 일본, 영국, 독일이 가장 많다. 30대 초반의 젊은 백인 남성인 직원은 10대 청소년부터 80대 할머니에 이르기까지 연령대가 다양하다고 설명한다. "이야기의 실제 배경을 느껴보고 싶어서 오는 거지요." 그는 《트와일라잇》 시리즈를 별로 좋아하지 않는다. 몇 장 읽고 그만두었지만 이렇게 말한다. "누구나 영원히 변치 않는 진정한 사랑을 원하죠. 저는 여자 친구를 단 1분도 참아줄 수 없을 때가 많지만, 진정한 사랑을 찾을 수 있다는 가능성을 마다할 사람은 없겠죠."

나머지 트와일라잇 기념품점에서 일하는 직원도 누가 이곳을 왜 찾는지에 대해 비슷한 이야기를 전한다. 그녀는 《트와일라잇》 시리즈를 사랑하고 각 권을 적어도 10번은 읽었으며 또 읽을 생각이다. 진정한 사랑을 보여주는 이야기라고 생각한다.

누구나 일생에 한 번뿐인 진정한 사랑을 원해요. 《트와일라잇》은 이기적으로 변한 요즘 사람들에게 중요한 교훈을 가르쳐주죠. 엄청나게 예쁘거나 최고의 육상선수일 필요가 없다는 걸요. 벨라는 그 무엇도 최고가 아니에요. 에드워드에게 가장 중요한 건 사랑이죠. "네 얼굴이 마음에 들어. 같이 자자"식인 요즘 세상에 《트와일라잇》은 진정한 사랑을 기억하게 해줘요.

《트와일라잇》이 일으킨 관광 붐은 볼테라는 물론이고 포크스도 완전히 바꿔놓았다. 포크스 상공회의소 소장 마샤 빙엄Marcia Bingham에 따르면 방명록에 서명한 관광객만 7만 명에 이른다. 실제로 포크스를 방문해 목재 가격 폭락으로 충격에 빠진 지역 경제에 도움을 준 사람은 그보다 훨씬 더 많았다.[65]

《트와일라잇》관광산업의 중심지인 포크스는 무엇이든 가능한 세계다. 그것은 로맨스가 이데올로기로서 하는 약속이다. 언젠가 진정한 사랑을 찾을 수 있다는 믿음으로 희망을 버리지 않으면 누구에게나 가능하다고. 왕자가 평민과 사랑에 빠지고 특별한 뱀파이어의 운명적인 사랑이 평범한 여학생일 수 있다고. 볼테라와 포크스는 실존하는 장소지만 로맨스 이데올로기라는 개념의 현현이기도 하다. 루르드Lourdes가 실제 장소이면서도 가톨릭교에서 가장 신성한 믿음의 현현인 것처럼 말이다. 작고 외딴 마을에서 《트와일라잇》시리즈 같은 로맨틱한 현상은 실제 장소와 초국가적 관광산업과 충돌해, 밸런타인데이의 뱀파이어 투어처럼 매우 현실적인 경험을 만든다. 느낌은 허구가 아니다. 정말로 존재하는 사람이 온몸으로 로맨스와 해피엔딩을 갈망하며 포크스와 볼테라를 체험한다. 자가 출판한 사랑 이야기가 세계적인 인기를 끌어 제3의 시장과 이야기를 만들고, 그것이 또 실제 사람이 허구와 소비와 충돌하는 실제 장소가 되는 이 세계에서는 무엇이든 가능하다. 첫눈에 반하는 초월적이고 영원한 사랑조차도.

하지만 마법 같은 로맨스의 꿈을 현실적으로는 자본과 신자유주의 경제정책으로 파괴된 장소에 놓으면 전혀 다른 뱀파이어가 드러난다. 나는 그 현상을 온전히 이해하기 위해 《그레이의 50가지 그림자》가 일으킨 관광산업을 체험하고자 시애틀로 떠났다. 시애틀은 포크스와 볼테라처럼 하나의 캐릭터에 가깝다. 《그레이의 50가지 그림자》에서 시애틀은 막대한 부의 상징이자 젊은 아나스타샤를 위한 기회의 땅을 상징한다. 하지만 현실의 시애틀은 로맨스가 상상하는 곳과 다르다. 적어도 아나스타샤처럼 영문학을 전공한 경력 없는 여성을 위한 곳이 아니다. 《그레이의 50가지 그림자》 속 가장 놀라운 부재는 여성의 욕망이 아니라 가난한 사람이다. 하지만 현실의 시애틀에서는 가난이 눈에 띄지 않을 수가 없다. 2014년을 기준으로 시애틀 거주자 상위 20퍼센트의 연간 소득은 평균 24만 8천 달러로 증가했지만 하위 20퍼센트는 연간 1만 3천 달러에 불과했다.[66] 2010년에 에드 머레이Ed Murray 시장은 점점 늘어나는 노숙자 수에 대처하고자 노숙자 야영지를 아홉 군데로 늘린다고 발표했다. 주거지가 없는 사람이 3년 전보다 30퍼센트나 늘어났다.[67]

시애틀은 미국이나 세상 대부분이 그러하듯 극단의 땅이다. 노숙자들의 텐트와 펜트하우스가 공존한다. 훨씬 더 가난한 지역인 볼테라와 포크스와 달리 시애틀은 《그레이의 50가지 그림자》가 일으킨 관광산업으로 북적거리지 않았다. (시내 관광과 헬리콥터 투어가 포함된 에지워터 호텔에서의 로맨틱한 《그레이의 50가지 그림자》 주말 패키지를 제공하는) 몇몇 업체가 있었지만 찾기가 매우 힘들었다. 에지워터 호텔에 따르면 《그레이의 50가지 그림자》 패키지는 고객들 요구가 아니었고 관광객을 충분히 모으지 못해 지속할 수 없었기에 투어 가이드들은 섹스 투어를 권유했다.[68] 시애틀은 《그레이의 50가지 그림자》 관련 상품 대신 소설에 묘사된 소비로 호황을 이루었다. 15달러짜리 칵테일, 600만 달러에 팔린 크리스천 그레이의 에

스칼라 아파트, 발라드 애비뉴에서의 파격적인 드레스 쇼핑 등. 시애틀은 상상조차 하기 힘들 정도로 부유한 땅, 펜트하우스와 개인 섬의 대저택에 사는 사람들이 있는 땅, 그런 사람들이 비슷한 사람들에게만 둘러싸인 땅이다.[69] 세상의 많은 곳과 마찬가지로 소득 불평등이 점점 커지는 땅이기도 하다. 대다수가 점점 심해지는 경제적 어려움 속에서 살아간다. 《그레이의 50가지 그림자》에 나오는 시애틀은 우리의 현실, 심지어 시애틀의 현실에서 벗어나, 자수성가한 잘생기고 젊은 억만장자와 함께 헬리콥터 투어를 하는 환상에 젖을 수 있는 꿈의 땅이다.

러브 주식회사의 관점에서 흥미로운 점은 《트와일라잇》과 《그레이의 50가지 그림자》가 풍요로운 (백인의) 땅을 꿈꾸게 한다는 것이다. 두 작품은 모두 로맨스 장치를 이용해 벨라와 아나스타샤가 경제적 어려움에서 벗어나 상위 2퍼센트가 아니면 꿈조차 꿀 수 없는 부를 누리게 해준다. 로맨스를 이데올로기로 활용해 소득 불평등을 '개인의 선택'으로 바꾼다. 아나스타샤는 WSU 밴쿠버 캠퍼스에 다니는 다수의 학생과 달리 4년 만에 학교를 졸업할 수 있었다.[70] 그리고 마법과도 같이 WSU 밴쿠버 학생의 평균 학자금 대출금 2만 3천달러를 떠안지 않고 졸업했다.[71] 더욱 마법과도 같은 일은 그녀가 비싼 월세로 열 손가락 안에 드는 도시 한복판에 있는 절친의 멋진 아파트에서 거주할 수 있었다는 사실이다.[72] 그런가 하면 벨라는 (제이콥이나 자립이 아니라) 에드워드를 선택했고 그 선택은 노란색 페라리(가격: 23만 9천 달러)와 숲속의 아름다운 집(가격: 300만 달러)이 있는 삶으로 이어진다.[73] 마법 같은 로맨스가 없는 현실에서라면 벨라는 1년에 약 3만 달러를 벌 운명이었다.[74] 에드워드와 벨라가 평범한 인간으로 자녀를 낳고 워싱턴주 포크스에서 살려면 연간 3만 6천 달러를 벌어야 한다. 물론 고급 차와 여행, 좋은 집은 포함되지 않는 생활이다. 끊임없는 배고픔이나 노숙 생활을 경험하지 않아도 되는 생활만 보장된다.[75]

현실은 로맨스의 마법을 망친다. 《그레이의 50가지 그림자》와 《트와일라잇》의 로맨스는 현실에 놓으면 믿기지 않는 것이 된다. 그러면 대다수가 처한 경제적 현실을 견디기가 어려워진다. 로맨스를 믿는 사람이라면 알겠지만, 현실은 정말 뭣 같다.

2장

사랑을 찾다

틴더, 오케이큐피드, 잠수 등
현대의 만남과 데이트 이야기

LOVE, INC.

가끔 사랑은 평범한 삶의 한가운데에서 동화를 선사한다.
- 생활용품 할인점 홈굿즈 매장의 작은 벽 플래카드에 적힌 작자 미상의 글

아무리 동화라도 진정한 사랑으로 가는 길에는 고난이 따른다. 〈잠자는 숲속의 공주〉에서 필립 왕자는 100년 동안 지하 감옥에 갇혔고 그다음에는 가시덤불을 헤쳐 나가야 한다. 마침내 사랑하는 사람이 잠들어 있는 숲에 이르러서는 사악한 말레피센트와 맞서야 한다. 왕자가 가시덤불을 무사히 헤치고 왔다는 사실에 화가 난 말레피센트는 용으로 변신해 소리친다. "넌 이제 날 상대해야 한다!" 진정한 사랑의 입맞춤은 미국 문화에 가득한 다른 이야기에서도 좀처럼 쉽지 않다. 〈인어공주〉의 에릭 왕자는 거대한 괴물로 변한 바다 마녀 우슬라를 물리쳐야 한다. 알라딘도 마법으로 거대한 괴물로 변한 자파를 물리쳐야 한다. 디즈니 이외의 로맨스에는 거대한 괴물은 없을지라도 진정한 사랑에 이르는 길은 여전히 험난하다. 《트와일라잇》에서 벨라와 에드워드는 엄청나게 많은 뱀파이어를 상대해야 한다. 《그레이의 50가지 그림자》에서 크리스천은 자신에 대한 집착과 정신병, 노숙자 신세로 살의를 품고 괴물이 되어버린 옛 연인으로부터 아나스타샤를 구해야 한다.

하지만 그 이야기들은 오늘날 짝짓기 의식에서 진정한 공포라고 할 수 있는 것을 보여주지 않는다. 데이트 과정 말이다. 진정한 사랑에 관한 허구의 이야기에서는 처음부터 '운명의 대상'을 알아본다.

그저 방해물을 물리쳐야 하는 문제만 있을 뿐이다. 하지만 현실에서 '운명의 대상'은 절대로 명백하지 않으며, 수백 명 또는 수천 명의 프로필을 살피고 수많은 '첫 데이트'를 해야 한다. 일하는 시간이 그 어느 때보다 늘어나 여유 시간이 매우 값진 상품이자 '낭비'되기 쉬운 매우 바쁜 생활 속에서 말이다.[1] 다시 말해서 우리는 '운명의 대상'이라는 형태로 안전한 미래를 찾아야 하는 압박감을 느끼지만, 현대의 기술과 경제는 왕자(공주)로 변하기를 바라며 개구리에게 키스하는 일을 훨씬 더 큰 대가가 따르는 시도로 만든다.

게다가 미국 젊은이의 다수가 대학가에 만연한, 전혀 로맨틱하지 않은 훅업 문화를 통해 로맨스의 세계에 도달한다. 데이트보다 게임 속에서 용을 사냥하는 쪽을 택하는 이들도 많다. 훅업 문화에서는 정서적 애착이나 심지어 데이트 과정도 없이 섹스할 수 있다. 파티에서 처음 만난 사람과 섹스를 하고 다음에 마주쳤을 때 아는 척도 하지 않는 것이 드물지 않다. 사회학자 리사 웨이드에 따르면, 훅업 문화는 "이제 미국 역사의 일부분이며 젊은 사람들이 성적 만남을 시작하고 로맨틱한 관계를 이루는 가장 새로운 방법이다."[2] 그렇다고 요즘 대학생들이 예전 세대보다 섹스를 더 많이 하는 것도 아니다. 적어도 반세기 동안은 그렇다.[3] 달라진 점은 섹스가 인간적인 감정과 철저히 분리되어야 한다고 주장하는 문화가 대학가에 만연하다는 것이다. 고등학생과 대학생들은 사랑을 포함한 정서적 애착을 "느낌에 휩쓸린다"라고 전염병과 비슷하게 표현하는 경우가 많다. 훅업 대상에 로맨틱한 감정이나 미래를 함께한다는 생각, 심지어 인간적인 친절함조차 느끼지 않는다는 주장도 있지만 그것은 많은 대학생이 느끼는 듯한 '진정한' 관계를 맺고자 하는 욕망과 대립

한다. 대학생 2만 4천명을 분석한 사회학자 아리엘 쿠퍼버그Arielle Kuperberg와 조셉 E. 파제트Joseph E. Padgett의 최근 보고서에 따르면 훅업 문화는 인간관계에 대한 대학생들의 욕망과 다른 모습을 띤다. 여학생의 67퍼센트와 남학생의 71퍼센트가 장기적인 관계를 맺을 기회를 원한다고 답했다. 로맨스를 원하는 것이다.[4] 안타깝게도 훅업 문화는 현대 로맨스와 연관 있는 '미래 시제'의 관계에 도움이 되지 않는다.[5]

미국의 많은 젊은이가 어려서부터 디즈니를 접하면서 욕망하도록 배운 동화를 대학 졸업 후 현실에서 어떻게 실현해야 하는지 알지 못한다. 레베카 트레이스터Rebecca Traister는 《싱글 레이디스》에서, 미국 여성들은 굳이 결혼하지 않는 경우가 많으며 결혼을 하더라도 예전보다 훨씬 늦게, 친밀한 친구들로 이루어진 인맥을 갖춘 독립적인 성인의 삶을 구축하고 한참 지난 뒤에 한다고 지적한다.[6] 하지만 대부분 자료에서는 미국인들이 감소하는 결혼율에도 불구하고 여전히 결혼 비슷한 관계를 원한다는 사실이 나타난다. 사랑하는 두 사람이 일부일처제 안에서 함께 살고 어쩌면 아이도 낳고 영원히 이어가는 관계 말이다. 로맨스적 인간homo romanticus은 로맨틱한 주체로 태어난 후로 한 세기 동안 거의 변하지 않았다.[7] 우리가 로맨틱한 사랑을 찾는 방법이 바뀌었다. 이제 우리는 친구나 가족의 소개, 직장이나 교회에서의 만남이 아니라 온라인이나 스마트폰을 통해 동화 같은 결말을 찾으려 한다. 그 디지털 데이팅의 세계는 '운명의 사랑'과 정반대인 훅업 문화와 비슷한 점이 많다. 구애자가 잠재적 결혼 대상의 집을 방문하던 것에서 섹스는 물론 로맨스의 파트너를 '매칭'해주고 돈을 버는 틴더Tinder 같은 기업이 나오기까지의 과정을 한번 살펴보자. 진정한 사랑을 찾고자 하는 바람으로 온라인 데이팅 서비스를 이용하던 사람들을 대상으로 2016년에 실시한 20건의 심층 인터뷰를 바탕으로, 러브 주식회사의 데이트 역사를 살펴볼 예정이다.

데이트, 소비주의, 20세기

미국 식민지들에 번들링bundling 또는 침대 구애bed courting가 생겼다. 진지하게 교제하는 커플이라면 여성의 침대에서 하룻밤을 함께 보내 궁합을 확인해봐야 한다는 것이었다. 기본 원칙이 있었다. 속옷을 계속 입고 있을 것, 부적절한 성적 행위를 하지 말 것. 이를 위해 두 사람 사이에 커다란 나무판을 놓아두었다.

– 앤드루 G. 가드너Andrew G. Gardner, '구애, 섹스, 미혼의 식민지 주민'

당연한 말이지만 인간이 처음부터 데이트를 한 것은 아니다. 데이트는 약혼이나 순백의 결혼식 같은 여러 로맨스 의식과 마찬가지로 비교적 근래의 발명품이다. 우애결혼이나 배우자 선택에 어느 정도의 자유가 생기기 전에는 데이트가 필요하지 않았다. 결혼은 부모가 중매를 서거나 아니면 허락하는 것이었다. 물론 '방문'과 '혼담', 심지어 젊은 커플의 '번들링' 같은 초기 의식은 존재했다. 역사 기록에 따르면 초기 미국의 로맨티스트들은 결혼 전에 섹스를 많이 했지만 그러한 관행을 데이트라고 묘사하기는 힘들다.[8] 데이트가 등장하기까지 몇 가지 경제, 사회적 변화가 필요했다. 우선 소비자 문화의 발달, 돈을 들여 여흥을 즐기러 세상 밖으로 나간다는 의식의 발달이 필요했다. 젊은 사람들이 새로운 세상에서 소비할 돈도 충분해야 했다. 그다음에는 도시화, 집단 이주, 이민, 산업화가 데이트에 필요한 소비의 공간과 궤도를 만들었다. 하지만 그런 상황이 갖추어졌어도 누구나 '놀러 나갈 수' 있는 것은 아니었다. 이성애자고 같은 인종의 커플이어야만 했다. 물론 커플의 가처분 소득도 비슷해야 했다. 가난한 노동자 계급에서는 놀러 나가는 것이 짝으로 이루어지는 일이 아니었고, 저녁 식사나 영화 관람처럼 데이트하면 곧바로 떠오르는 소비도 이루어지지 않았다.[9] 따라서 데이트는 기본적으로 중산층에서 상류층 문화로 발달했고 20세기 초반에 대학교 캠퍼스에서 가장 활발했다. 1950년대에 데이트는 주로 결혼의 잠재적 경로인 '진지한 교제'로 비추어졌다. 1960년대와 1970년대에 이르러 데이트는 이제 진정한 사랑을 찾기 위한 시운전이 아니라 로맨스와 성적인 만남, '자유연애'의 혼합이었다. 그것이 20세기 말에 이르러 '훅업' 문화로 변화했고 2010년대에는 여러 성적인 만남을 규정한다.

로맨스 주체는 한 세기 전과 마찬가지로 시장의 영향에 따라 소비를 통해 로맨스를 추구한다. 오늘날 연인들은 저녁 식사나 콘서트보다 데이팅 앱, 온라인 데이팅 서비스, 심지어 결혼정보회사에 돈을 쓴다. 끝없는 첫 데이트와 첫 데이트에 필요한 옷과 화장품에 돈을 쓴다. 무엇보다 가장 소중한 상품인 시간에 돈을 쓴다.

디지털 사랑

e하모니 연구팀은 인간관계에 대한 과학적 이해를 돕고자 노력합니다.

– e하모니, '사랑의 과학 연구'

인간은 컴퓨터가 등장하자마자 컴퓨터를 커플 탄생에 이용할 방법을 고민하기 시작했다. 1959년에 스탠퍼드 대학교 수업에서는 초기 IBM 컴퓨터를 이용해 49명의 남성과 49명의 여성을 짝지어주었다. 커플 대부분이 헤어졌지만 한 커플은 결혼까지 골인해 학생들에게 A를 안겨주었다. 1995년에는 최초의 온라인 데이트 사이트 매치닷컴이 생겼다. 매치닷컴은 이용자가 직접 완벽한 짝을 검색하는 안내 광고 같은 원리였다. 머지않아 검색 필요성을 없애고 이용자들에게 잠재 파트너를 선별해 제공하는 사이트들이 생겼다. 2000년에는 구독자 만 명의 데이터 포인트를 분석해 '운명의 대상'을 찾아주는 알고리즘을 만드는, '과학적 로맨스'를 내세운 e하모니가 등장했다. 좀 더 최근에 이르러 온라인 데이팅 사이트들은 이용자가 자신과 잘 맞는 상대를 찾을 수 있도록 유전과 생체 인식 지표를 제공하기 시작했다.[10] 예를 들어 '사랑은 우연이 아니다'라는 문구를 내세우는 진파트너GenePartner는 249달러에 유전자 테스트 서비스 '진파트너 테스트'를 제공한다. 물론 그 테스트를 구매하기 전에 데이팅 사이트에서 잠재적 파트너를 먼저 찾아야 한다. 진파트너는 '과학'으로 이용자와 잠재적 파트너에게 '끌림의 대칭성'은 물론 '성공적인 임신 가능성'을 구축한다.[11]

온라인 데이팅의 인기는 부정할 수 없다. 미국인의 15퍼센트가 온라인 앱이나 데이팅 사이트를 이용해본 적이 있고 대학생 연령대에서 그 수치는 27퍼센트에 이른다. 짝을 온라인에서 만나는 것은 점점 새로운 표준으로 자리 잡아간다.[12] 10년 전만 해도 내 동료는 남편과 온라인에서 만났다는 사실을 알리기가 부끄러워서 그냥 모임에서 만났다고 거짓말을 했다. 이제 그런 부끄러움은 옛날 일이 된 듯하다. 2016년에 시행된 설문 조사에 따르면 미국인의 59퍼센트가 온라인 데이팅이 사람을 만나는 좋은 방법이라고 생각한다. 2005년의 44퍼센트에서 늘어난 것이다. 결혼했거나 장기 관계를 맺는 미국인의 5퍼센트가 온라인에서 만난 사이다.[13]

온라인 데이팅 사이트는 인간이 한 번도 해본 적 없는 경험을 제공한다. 바로 잠재적 파트너의 풀pool이 무한대라는 점이다. 전 세계 70억 인구의 약 30퍼센트가 인터넷을 사용할 수 있다. 북아메리카에서는 거의 80퍼센트가 온라인에 접속한다. 인터넷 시대 이전에는 자격 요건이 맞는 10명 중에서 또는 안내 광고의 100명 중에서 선택했지만 이제는 수천 또는 수만 명의 잠재 파트너 중에서 선택할 수 있다.[14] 대부분의 미국인이 온라인이나 스마트폰에서 펼쳐지는 세상을 만났고, '과학'이 진정한 사랑을 찾도록 도와준다고 약속하는 신기술에 매료되었다.

e하모니는 가장 인기 있고 오래된 온라인 데이팅 사이트 중 하나다. 미디어 보도에 따르면 e하모니에는 80만 명의 유료 이용자가 활발하게 활동한다.[15] e하모니 이용자들은 1년에 이용료로 최고 700달러를 낸다. 웹사이트에 따르면 e하모니는 사랑의 최신 과학을 효율적으로 이용하며 '특허받은 궁합 매칭 시스템Compatibility Matching System®'[16]으로 매일 438명을 결혼시킨다. e하모니가 결혼에 골인한

2만 명을 대상으로 시행한 설문 조사에 따르면 이혼율도 낮다.[17] e하모니의 '궁합 매칭 시스템' 알고리즘은 특허 정보이자 사랑의 비밀 재료라 그 정체를 정확히 알 수 없다. 35년 동안 임상 심리학자로 일하다가 e하모니를 설립한 닐 클라크 워런Neil Clark Warren은, 그 알고리즘이 유사성 매칭을 토대로 한다는 점을 분명히 밝혀왔다. 그는 "정반대되는 사람들은 서로 끌리지만 그다음에는 서로 공격한다"라고 믿는다.[18] 웹사이트에 따르면 e하모니는 핵심 가치, 지성, 자녀관 등 29가지 궁합을 토대로 이용자들을 매칭한다.

워런은 이성 결혼이 필수적이고 선하다는 복음주의 기독교인의 깊은 신념으로 e하모니를 설립했다. 동성 커플을 차별한다는 이유로 기소된 뒤 그는 2009년에 컴패티블 파트너스Compatible Partners를 설립했다. 워런에 따르면 그 회사는 점점 더 높은 성공률로 남녀 동성애자들이 사랑을 찾도록 돕는다. '여성을 원하는 여성'이나 '남성을 원하는 남성' 아이콘을 (분홍색과 파란색 화장실 간판처럼 되어 있다) 눌러 이용할 수 있다. 여성을 원하는 남성을 클릭하는 것과 똑같다. 컴패티블 파트너스 같은 제휴 사이트들은 e하모니의 메인 페이지가 아니라 맨 아래쪽에 아시아인, 흑인, 유대인, 라틴계 데이팅, 노인 데이팅, 지역 데이팅 메뉴와 함께 들어간다. e하모니 웹사이트의 '회사 소개'에는 커플 6쌍의 사진이 나온다. 흑인 커플 한 쌍, 아시아인 여성 한 명을 빼고 모두 이성애자 커플이고 백인이다. 모든 커플은 서로 나이가 비슷해 보인다. 모두 탄탄한 몸매에 가지런한 하얀색 치아를 드러내며 웃고 있다. 미국에서 날씬한 몸매와 환한 미소는 부를 상징한다.[19] e하모니의 회사소개 페이지는 백인이고 이성애자이고 부유한 커플을 위해 '결혼을 실현'한다는 문화적 사상을 강화하는 것으로 해석할 수도 있다.

e하모니는 백인종과 부유함뿐만 아니라 과학과 기술을 이용해서도 상품을 판다. 예를 들어 e하모니 웹사이트의 '둘러보기'에서는 "우리의 매칭 과정에는 과학이 많이 활용됩니다"라는 말이 나온다. "관계의 성공에 필수적인 핵심 영역을 토대로 수백만 명의 미혼을 검색합니다. 우리는 최신 과학을 이용해 여러분이 어떤 사람인지, 누구와 가장 잘 어울리는지 알 수 있습니다"라고 한다. 하지만 e하모니는 '마법', '불꽃', '평생의 사랑' 같은 대표적인 로맨스 이데올로기 용어도 사용한다.

이용자는 e하모니가 제공하는 마법과 과학의 혜택을 보려면 "친구들이 당신을 어떻게 표현하는가?", "당신은 무엇에 열정을 느끼는가?" 같은 질문이 담긴 질문지를 작성해야 한다. 약 20분에 걸려 다 작성하고 나면 한 달에 16.95달러에서 34.95달러에 이르는 유료 서비스에 가입한다. 그 뒤에는 추천 상대의 사진이 뜨고 다른 사람들의 프로필을 보고 연락도 할 수 있다. 전화통화로 '전문가의 1:1 도움'을 한 차례 받을 수도 있다.

소비자들에게 사랑의 과학을 토대로 해피엔딩을 찾을 수 있다고 약속하는 온라인 데이팅 사이트들은 과학보다는 희망과 낙관주의를 이용해 해피엔딩 가능성을 판다. 과학은 검증할 수 있지만 온라인 데이팅 사이트 가운데 알고리즘과 데이터 검토를 외부에 맡기는 곳은 없다. 회의적 탐구 위원회Committee for Skeptical Inquiry의 연구원 벤저민 래드포드Benjamin Radford의 주장처럼 과학은 e하모니의 홍보 전략이다. 래드포드는 '과학'과 '과학자', '과학적' 같은 단어가 자주 사용된다는 점에 주목한다. 과학을 활용한다고 주장하지만 e하모니의 '과학' 연구는 관련 분야 전문가들의 검토를 거치는 학술지에 실린 적이 한 번도 없다. 또 e하모니는 자료의 외부 검토를 허용하지 않는다. 따라서 e하모니의 사랑의 과학은 (과학을 이용해 서비스를 판매하는 다른 온라인 웹사이트들도) 실제로 유사과학이다.[20] 이론적으로 상품의 효능은 '과대광고'를 금지하고 광고에서 주장하는 바가 유지될 것을 요구하는 연방거래위원회법Federal Trade Commission Act의 규제를 받아야 한다. 하지만 e하모니를 비롯한 데이팅 사이트들은 엄중한 감시를 받지 않으며 대중이나 적어도 정부 규제 기관에 서비스 효능 평가에 필요한 정보를 제공해야 하는 법적 조건도 충족하지 않는다.[21]

기본적인 진실 원칙을 위반하는 것이지만 e하모니 같은 사이트들이 왜 과학의 마법을 끌어들여서 소비자들에게 서비스를 이용하라고 권유하는지는 문화적인 측면에서 쉽게 이해할 수 있다. 과학은 로맨스와 마찬가지로 마법 같고 형이상학적인 특징도 있다. 주관적이고 부분적인 진리에서 벗어나 더욱 크고 진실한 무언가를 보여주겠다고 주장한다. 과학은 로맨스, 자본주의와 함께 발달했으며 함께 움직인다. e하모니 같은 사이트에서 한데 얽혀 있는 과학과 로맨스, 자본주의는 하늘이 맺어준 스리섬과도 같다. 행복으로 가는 길에서 과학을 진실과 로맨스의 원천으로 제시하고 이익을 취하는 것은 러브 주식회사의 가장 명백한 발로인지도 모른다. 사랑을 파는 행위를 국가가 지나치게 간섭하지 않는다는 사실도 놀라운 일이 아닐 것이다. 규제에 드는 비용이 사랑이라는 마약을 필요로 하는 수많은 시민을 실망시킬 테니까. 국가가 개입해 "사랑을 찾는 과학적인 방법은 세상에 존재하지 않는다"라고 말한다면 "배후에 누가 있는지 봐라"라고 말하는 것과 똑같으리라.

이렇게 볼 때 사랑은 종교와 비슷하다. 미국에서 교회와 국가는 분리되어야 하지만 종교 지도자들이 영생의 희망으로 영리를 취해도 국가가 신이 존재하지 않는다고 발표할 일은 절대 없을 것이다.[22] 마찬가지로 국가는 로맨스가 죽었고 보다 나은 미래에 대한 희망이 이윤 추구에 이용당하고 있다고 발표할 수 없다. 하지만 이제 사람들은 굳이 과학적 로맨스의 약속이 없어도 온라인에서 사랑을 찾으려고 한다. 2008년 아이폰에 앱이 도입되면서 러브 주식회사는 우리의 주머니 속으로 뛰어들었고 데이트 방식에도 큰 변화가 일어났다. 주스크Zoosk 같은 데이트 앱들이 발 빠르게 개발되었다.[23] 현재는 데이트 앱이 너무 많고 이용자도 너무 많아, 낸시 조 세일즈Nancy Jo Sales 같은 저널리스트들은 '데이트의 종말'이라고 표현한다. 세일즈의 시적인 표현을 한번 살펴보자.

극지방의 빙하가 녹으면서 지구에 여섯 번째 대멸종이 휘몰아칠 때 성의 영역에도 전대미문의 현상이 일어나고 있다. 혹업 문화가 공룡 같은 구애 의식에 쏟아진 유성과도 같은 데이트 앱과 충돌했다.[24]

데이트 앱이 과연 세상을, 적어도 기존의 로맨스를 파괴할 것인지, 인기 데이팅 앱 틴더와 범블Bumble, 그라인더Grindr를 통해 알아보도록 한다. 데이팅 앱들이 어떤 약속을 하는지, 해피엔딩도 그중 하나인지 살펴보자.

틴더와 범블, 그라인더는 사랑으로 이어질 수 있다

세상에 널린 게 남자라는 말도 있지만 내 남자가 1,946명이나 있었다. 내가 딱 한 명과 데이트하고 싶어 한다는 것이 우스꽝스럽게 느껴질 정도였다.

– 로렌 피터슨Lauren Petersen, '1,946명의 남자가 대기하고 있는데 일부일처제를 원하다'

영국 SF 드라마 〈블랙 미러〉의 한 에피소드에서는 미래의 유토피아가 사실은 동네 커피숍의 바리스타, 직장 동료, 배우자나 파트너 등 하루에 이루어지는 모든 사람과의 접촉에서 '좋아요'를 받기 위해 투쟁하는 디스토피아임이 드러난다. 주인공 레이시(브라이스 달라스 하워드Bryce Dallas Howard)는 집을 사려면 '좋아요'로 소셜 미디어 점수를 올려야 한다. 이 에피소드는 소셜 미디어로 인한 끊임없는 관찰과 판단이 가져오는 극심한 사회적 압박감을 반영한다. 레이시는 진정한 자신이 될 수 없으며 완벽하게 계산된 모습으로만 살아야 한다. 완벽하게 계산된 모습을 계속 이어가는 것은 불가능하다.[25] 이 에피소드는 2010년대 데이트 문화에 관한 이야기라고도 볼 수 있다. 우리는 미래를 스마트폰에 쥐고 왼쪽이나 오른쪽으로 '스와이프'하며 데이트를 한다. 굳이 프로필을 읽거나 '과학적인' 궁합을 알려주는 질문지를 작성하지 않고 그저 상대의 2×2인치 사진을 본다. 내가 인터뷰한 젊은 여성들은 누군가 자신들의 프로필을 오른쪽으로 스와이프해서 선택해줄 때마다 자신감이 올라간다고 말했다. 그런 과정이 비인간적이라는 사람들도 있었다. 어느 쪽이든 우리는 남이 나를 얼마나 '좋아해'주는지 모를 수가 없는 세상에 살고 있다. 하지만 그런 '좋아요'가 인간적인 교감에 어떤 영향을 끼칠지는 아직 알지 못한다.

주로 이성애자를 위한 앱이지만 비이성애자들도 이용하는 틴더는 2014년에 설립되었고 현재 전 세계에서 매일 1천만 명이 접속한다.[26] 매일 앱을 내려받는 사람이 2만 명에 달할 정도로 빠른 인기를 얻고 있다.[27] 다운로드는 무료지만 주로 유료 서비스로 연간 8억 달러가 넘는 소득을 올린다.[28] 이용자 약 100만 명이 유료 회원이며, 틴더는 2017년 제1분기에만 총 수익이 25퍼센트 가까이 증가하리라고 예상했다.[29] 틴더는 페이스북 정보 통합으로 이용자들에게 사진 여섯 장과 나이, 함께 아는 페이스북 친구 수 등으로 프로필을 만들 수 있게 한다. 원래 휴대전화기 앱으로만 가능했지만 2017년에 "교수님의 악몽. 강의 시간에 휴대전화기를 사용할 수 없습니까? 노트북으로 몰래 스와이프 하세요. 사무실에서 갑갑한가요? 이제 서류와 슈퍼 라이크를 순식간에 오갈 수 있습니다"라는 광고로 온라인 버전을 내놓았다.[30] 에바 일루즈의 주장대로 현대의 사랑에 대한 "환상이 깨졌다"면 틴더는 이용자들에게 일상의 지루한 학교와 직장생활에 스와이프하고 스와이프 당하는 황홀감을 제공한다.[31]

다른 이들도 지적하듯이 틴더에서는 인종차별과 여성차별이 자주 일어난다. 인종차별과 성차별적 행동으로 이용 금지당하는 사람들도 있다. 샌프란시스코에 사는 닉 베도비Nick Vedovi라는 이용자는 '답장을 너무 늦게 한' 여성에게 보낸 메시지 때문에 이용 정지를 당했다.[32] 하지만 나쁜 행동을 하는 사람들은 대부분 이용 정지를 당하지 않는다. 틴더 같은 데이팅 앱에서 나쁜 행동이 많이 일어나는 이유는, 모든 소셜 미디어와 마찬가지로 감시의 눈길이 없다는 생각 때문이다. 페미니스트 이론가 C. L. 메이슨C. L. Mason은 틴더에서 일어나는 좀 더 미묘한 형태의 인종차별과 백인성에 대해 다음과 같이 말한다.

> 그것은 이미지에 의해 확인된 열망이자 환상이다. 백인성에 대한 환상은
> 흑인성의 에로티시즘 안에 불가분하게 박혀 있다. 흑인성은 백인에 대한
> 환상과 욕망, 쾌락의 배경이라기보다는 몸의 흑인성이 백인성을 욕망하는
> 에로틱한 가능성을 상징한다.[33]

여성 혐오는 틴더에서 거의 흔하다. 페미니스트 이용자들은 트위터의 feminister_tinder나 인스타그램의 Tindernightmares 같은 캠페인으로 힘을 모아 싸우려고 시도했다. 바이 펠리페Bye Felipe도 페미니스트들이 데이팅 앱의 '남성 중심 문화'에 저항하는 사이트다. 바이 펠리페는 사회적으로 망신 주기와 페미니스트 평론 행위로써 데이팅 앱 이용자들의 성차별적 발언을 모아 인스타그램에 올린다. 페미니스트 학자 프랜시스 쇼Frances Shaw는 바이 펠리페 같은 사이트가 '남성의 특권의식에 뿌리박힌 폭력적이고 공격적인 위협을 페미니스트 비평이라는 좀 더 안전한 공간에서 억제할 수 있는 일종의 페미니스트적 저항'이라고 주장한다. 그녀는 그런 사이트들이 "업체들의 문제 대처 능력 격차에 반응하는 것"이라고도 말한다.[34] 데이팅 앱들은 다른 형태의 소셜 미디어와 마찬가지로 이용자들에게 관찰이 이루어지지 않는다고 생각하게끔 만든다. 하지만 기업들이 거부하더라도, 용인 가능한 행동 의식을 강화하는 공동체가 만들어질 수 있다. 데이팅 앱들이 새로운 데이트 문화의 시대를 열었지만 현대 데이트 문화는 성적 강압과 폭력이 흔했을 뿐만 아니라 대체로 합법적이었던 1950년대의 지배라는 진흙탕에 섞여 있을 뿐이다. 지

배 집단은 새로운 테크놀로지를 이용해 더 많은 사람이 더 큰 익명성으로 나쁘게 행동할 수 있도록 만든다. 그런가 하면 새로운 테크놀로지는 그런 행동을 당하는 사람들이 모여 사회적 망신 주기를 통해 저항할 수 있게도 한다.

2014년에 휘트니 울프Whitney Wolfe는 페미니스트 성향의 데이팅 앱 범블을 창업했다. 아이러니하게도 그녀가 범블을 창업한 돈은 자신이 몸담았던 회사 틴더를 성희롱으로 고소한 후 승소해서 받은 것이었다. 틴더의 여성 혐오 기업 문화는, 남성 이용자들이 여성 이용자들에게 포르노 사진과 언어폭력이 담긴 메시지를 쉬지 않고 보내는 것을 틴더가 그대로 둔다는 많은 사람의 비판과도 맞아떨어진다.[35] 적어도 나와 인터뷰한 사람들에 따르면 데이팅 앱에서 이루어지는 남녀의 상호작용은 '매칭'이 이루어지자마자 남성에게서 '성기 사진'이 도착하면서 진행된다. 그 이유는 데이트할 여성을 찾으려는 것이 아니라 남성의 특권의식을 보여주려는 것과 관계 있을 것이다.

범블은 "여성이 먼저 말을 거는" 기능만 가능하게 함으로써 온라인의 여성 혐오를 줄이고자 노력한다.[36] 어떤 이용자를 차단하거나 매칭을 취소할 수 있는 신고 시스템도 있다. 월회비 9.99달러를 내면(매칭 유효 시간을 24시간보다 연장해주는 비지비BusyBee 같은 특수 기능은 비용이 추가된다) 여성에게 가해지는 언어폭력이나 시각적 폭력을 겪을 가능성이 낮은 상태로 데이트를 할 수 있다. 범블은 21세기 초반의 페미니즘 욕구는 물론이고 더 오래된 로맨스적 인간의 로맨스 욕구까지도 성공적으로 활용한다. 일부는 하늘이 맺어준 완벽한 인연을 만나기도 하고 어쨌든 범블은 훅업과 어느 정도 안전한 섹스를 촉진하는 새로운 형태의 데이트 문화를 제공하면서 깔끔

하게 수익까지 창출한다.[37]

남성 동성애자 데이팅 앱 그라인더는 2009년에 출시되었다. 자사의 설명에 따르면 190개 국 이상에 700만 명의 이용자를 거느리고 있는 남성을 위한 세계 최대 데이팅 앱이다. 그라인더는 틴더나 e하모니 또는 오프라인의 성 시장에서 발견되는 사회 계층제를 그대로 복제한다. 그라인더의 이용자 프로필에는 남성 동성애자에 대한 성 시장의 인종차별, 여성 혐오, 나이 차별, 몸매 차별의 특징이 흔하게 나타난다. '향신료/쌀 사절'은 라틴계나 아시아계 미국인을 사양한다는 흔한 표현이다. '여자, 돼지 사절'은 비표준적 젠더 이미지나 '날씬하지 않은' 몸매에 혐오감을 드러낸다.[38] 이런 행동이 너무 흔하다 보니 오프라인에서 허용되지 않지만 온라인에서는 공공연하게 이루어지는 차별을 기록하는 '그라인더의 쓰레기들Douchebags of Grindr' 같은 사이트들이 생겼다.[39]

하지만 그라인더가 다른 데이팅 앱들과 다른 점은 잘생기고 근육질인 남자들의 사진과 함께 명백한 정치적 메시지를 전달한다는 것이다. 한 예로 2017년 6월 13일에 그라인더는 트럼프 집권 후에 일어난 여러 프라이드 행진과 마찬가지로 '저항 행진'으로 바뀐 LA 프라이드 행진Pride March을 화면에 실었다. 명백하게 정치적인 그라인더는 그 행사에 대해 "퍼레이드가 좀 더 강력한 무언가가 되면서 평등이 거리를 밝혔다"라고 보도했다. 그라인더는 LGBTQ(성 소수자)에 가해지는 폭력에 관한 이야기도 다루었다. 펄스 나이트클럽Pulse Nightclub 총기 난사 사건을 제외하고도 2016년에 LGBTQ를 겨냥한 폭력 범죄가 가장 자주 발생했다는 것이었다. 그라인더는 인간관계와 로맨스가 아니라 남성과의 섹스에만 관심 있는 남성을 위한 앱이지만 사랑과 관계에 대한 조언도 싣는다. 재커리 제인Zachery Zane은 "힘든 사랑: 당신이 운명의 상대를 만날 수 없는 이유"라는 제목의 기사에서 얼마나 오래 지속하느냐가 아니라 얼마나 큰 행복을 주느냐로 관계를 판단해야 한다고 주장한다. "'운명의 상대'를 영원히 만나지 못할지도 모르지만 지금을 위한 사람은 만날 수 있으며, 어쩌면 당신에게 필요한 것은 그것이다."[40] 이런 식으로 그라인더는 로맨스를 통해 안정된 미래를 찾을 수 있다는 주장을 피하고, 성을 정체성과 행동으로 명백하게 정치화한다.

그라인더는 오늘날의 백인우월주의와 여성 혐오 문화의 일부일 수도 있지만 확실히 러브 주식회사의 일부는 아니다. 그라인더가 이용자들에게 파는 것은 로맨스와 해피엔딩의 약속이 아니라 인간적 교감과 공동체 구축의 희망이다. '운명의 상대를 만나는 것'보다 안정적이고 보다 나은 내일을 만드는 매우 새로운 개념이다. 그라인더는 위태로운 현재에 개인적인 해결책을 제시하지 않는다. 대신 진보 정치와 사회 정의에 대한 헌신을 희망의 장소로 활용해 이용자들에게 '대화와 만남'의 기회뿐만 아니라 '환영하는 분위기의 열정적이고 진보적인 라이프스타일 창구'를 제공한다. 너무도 많은 남성에게 소외감을 느끼게 하는 데이팅 앱을 찬양하려는 의도는 아니지만, 그라인더는 기업이 로맨스의 거짓된 약속으로 물들지 않은 인간적이고 육체적인 교감을 판매할 수 있음을 보여주는 모델인지도 모른다. 그라인더는 이용자들에게 매우 현실적이고 어려운 정치적 행동을 보다 나은 미래에 대한 희망으로써 제공한다.

로맨스는 로맨틱하지 않은 공간에조차 자주 스며든다. 내가 인터뷰한 사람 일부는 파트너를 만나고 싶은 바람으로 그라인더를 이용한다면서, 훅업이 지속적인 관계로 이어질 수도 있다고 말했다. 한 동성애자 남성은 섹스만 원할 때는 스크러프Scruff를 이용한다고 했다. 스크러프는 그라인더와 비슷한 남성용 데이팅 앱으로, 위치 정보 기술로 이용자들을 연결해준다. 하지만 남성들이 그라인더를 떠나는 이유에 관한 연구 결과는 좀 다르다. 그라인더 이용을 그만둔 사람들과의 인터뷰에서는 그들이 섹스 이상을 원하며 그라인더가 친밀한 교감을 쌓기에 좋은 공간이 아니라는 언급이 일관적으로 나왔다.[41] 하지만 사실 그 연구에 참여한 남성들은 그라인더에서 '섹스 이상'을 찾지 못했는데도 계속 '그 이상'을 찾으려고 했다. 흥미롭게도 내가 인터뷰한 동성애자 남성 가운데에는 그라인더가 더 나은 미래를 만드는 실용 전략을 제공한다고 말한 사람이 한 명도 없었다. 중간 선거에 대해 생각해볼 목적으로 그라인더에 접속하는 사람이 소수여서인지도 모른다. 아니면 로맨스가 절대로 벗어날 수 없는 강력한 이데올로기라서일 수도 있다.

사랑은 전쟁터: 전장에서의 이야기

이 탈성화된 세상에서도 사랑과 사랑의 창녀들—욕망, 욕정, 에로티시즘, 쫓고 잡히고 집어 삼켜지는 것—이라는 개념은 완강하게 유지되는 힘을 가졌다. 살아남은 우리들의 마지막 소원은 권력이나 돈, 부동산, 명예도 아니었다. 모두의 마지막 소원은 사랑이었다.
- 리디아 유크나비치Lidia Yuknavitch의 소설《조안의 책The Book of Joan》

로맨스는 '잔혹한 낙관주의'일지도 모르지만, 환경과 정치, 경제 상황이 '종말'에 가까워졌다고 느껴질 때 낙관주의밖에 동원할 것이 없을 때도 있다. 리디아 유크나비치의 소설《조안의 책》에서는 세상이 멸망하자 소수의 최상류층만 하늘에 떠 있는 커다란 우주선으로 탈출했다. 주인공들은 생식 능력도 사라지고 무성無性이 되었는데도 로맨틱하고 성적인 사랑에 대한 깊고 지속적인 욕망을 느낀다.[42] 멸망 이후의 미래보다 로맨스의 디스토피아인 현재와 더 닮은 듯한 세상에서 화자와 서사를 움직이는 것은, 교감에 대한 욕망이다. 현재의 데이트 문화는 고의가 아닌가 싶을 만큼 로맨스와 정반대다. 로맨틱한 결말을 약속하는 기업들도 있지만 전혀 알지 못하는 사람과 데이트하는 테크놀로지와 문화는 우리가 그 어느 때보다 공동체의 표준과 친구 관계에 덜 얽매여 있음을 뜻한다. 사회과학 연구에 따르면 사람은 주변에서 알지 못할수록 나쁜 행동을 하는 경향이 있다. 온라인 탈억제online disinhibition라고 하는 현상이다. 상대방을 모르고 직접 얼굴을 보는 것이 아니고 행동에 아무런 또는 강력한 결과가 따르지 않는다고 생각될수록 나쁘게 행동한다.[43] 일부 연구에서는 틴더 사용자의 30퍼센트가 기혼자고 42퍼센트는 이미 파트너가 있는 것으로 나타났다.[44] 실제로 기혼자를 위한 온라인 데이팅 사이트 애슐리 매디슨Ashley Madison이 만들어진 것도, 온라인에서 데이트 상대를 찾는 사람들의 대다수가 이미 결혼했거나 파트너가 있는 사람들이기 때문이었다. 애슐리 매디슨은 "인생은 짧다. 바람을 피워라!" 같은 문구와 "각자 따로 결혼한 사람들"의 뜨거운 정사를 보여주는 불미스러운 광고로 그 사실을 이용했다.[45]

거짓말하면서 불륜을 저지르는 사람들보다 훨씬 더 무서운 것은 온라인 데이팅의 세계에 도사리는 범죄자들이다. 그들은 가상 인물을 만들어 로맨티스트들에게 접근해서 돈을 보내라고 '사기'를 친다. 인터넷 범죄 신고 센터Internet Crime Complaint Center의 자료에 따르면, 미국에서 "온라인 데이트 로맨스 사기"는 인터넷 범죄 5위 안에 들며 해마다 무수하게 많은 신고가 들어온다. 가상현실에서 이루어지는 만남이므로 범죄자들은 로맨틱한 사랑의 완벽한 주체를 만들고 점점 더 큰 친밀감을 제공해 상대를 길들인다. 한 번도 만나본 적이 없는데도 못 말리는 로맨티스트들에게 부탁이나 협박으로 돈을 뜯어낸다.[46] 그리고 여성들은 온라인이건 오프라인이건 데이트를 시도할 때마다, 원치 않는 성폭력이라는 매우 현실적인 위협에 놓인다.[47]

하지만 오늘날 로맨스의 현실이 아무리 암울해도 인간은 세계 종말 이후를 배경으로 하는 유크나비치의 소설에 나오는 캐릭터들처럼 여전히 사랑을 원한다. 2016년 여름에 20명을 대상으로 데이트 문화에 관한 인터뷰를 했다.[48] 한 달 동안 페이스북에 광고해서 모집한 사람들이었다. 데이트를 하고 있지만 장기적 관계를 원하는 사람과 이야기하고 싶다는 점을 광고에서 분명히 밝혔다. 다시 말해서 로맨스적 인간을 찾는다는 것이었다. 인터뷰 대상자들과는 전부 모르는 사이였지만 페이스북에서 시작했으므로 함께 아는 친구가 있었다. 인터뷰는 스카이프나 직접 만남을 통해 각각 3시간 동안 진행되었다. 테크놀로지의 도움으로 만난 낯선 두 사람이 가장 깊은 욕망과 꿈에 관해 이야기한다니, 여러모로 2017년 데이트 문화의 현주소와 닮은 인터뷰였다.

인터뷰 대상자들은 대부분 백인(백인 15명, 라틴계 1명, 흑인 여성 1명, '기타' 3명)에 여성(여성 14명)이었고 이성애자이거나 최소한 이성애자와 비슷했으며, 다수가 이성 관계를 원하지만 '제한적 동성애 허용'이나 '이성애자/제한적 동성애자'라고 표현하는 사람들도 있었다.[49] 모두 과거에 장기적 관계를 맺은 경험이 있었는데 기간은 2~25년까지 다양했다. 나이는 24~63세로 평균 34세였다. 모두가 최소 대졸이고 몇몇은 대학원을 나왔으며 박사학위 소지자도 한 명 있었다. 어떤 대표성을 지닌다고 말하기는 어렵지만 러브 주식회사는 바로 이런 사람들을 위해 존재한다. 백인이고 학력이 높은 미국인일수록 결혼했을 가능성이 크고('동성 결혼' 포함) 이혼율이 낮다.[50]

나이에 따른 차이가 약간 있었는데 나이가 많은 사람일수록 "술집에서의 만남"과 "첫눈에 느끼는 호감" 같은, 인터넷 이전의 데이트 문화가 그립다고 말했다.

성적 지향sexuality에 따른 차이도 있었다. 이성애자들이 약간 불쾌한 젠더 역할을 경험했다. 대부분 남성이 먼저 연락하고 데이트 계획과 비용 부담을 해야 한다는 기대가 있었다. 한 젊은 여성은 말했다. "항상 내가 내겠다고 말은 하지만, 속으로는 정말 돈을 내야 한다면 짜증 날 거라고 생각해요. 지금까지 데이트에서 돈을 내야 했던 적은 한 번도 없는 것 같아요."

인터뷰 대상자 모두가 온라인 데이팅 사이트나 데이팅 앱을 사용하거나 사용한 적이 있고, 한 명은 결혼정보회사를 이용한 경험이 있었다.[51] 그리고 모두 미래의 행복이 장기적 관계를 맺는 데 달려 있다고 믿었다. 63세인 동성애자 남성이 말했다.

오래 관계를 이어갈 수 있는 사람을 만나고 싶어요. 나는 장기적인 관계를 맺을 때 더 잘 지냅니다. 지금 싱글로 지낸 지 3년째고 열다섯 살 이후로 싱글로 지낸 가장 긴 시간인데, 내가 누군가와 커플일 때 더 잘 지낸다는 사실을 확실히 깨달았어요.

나는 다른 누군가와 있을 때가 훨씬 더 낫습니다. 누군가의 남자 친구로 세상에 보여질 때 더요.

인터뷰 대상자들은 사랑을 찾고 있었다. 그러나 그들은 데이팅 앱 같은 테크놀로지와 여가가 점점 줄어드는 오늘날 경제 상황 덕분에 로맨스를 찾기가 더 쉬워졌지만 실제로는 훨씬 더 어려워졌다는 사실을 분명히 알았다. 앞으로 내 인터뷰에서 나온 주제들에 관해 살펴보기로 하겠다. 놀랍지 않은 일이지만 내가 인터뷰한 사람들은 냉소적이면서도 낙관적이고 실용적이면서도 충동적이었다. 또한 그들은 대다수가 그러하듯 서로 교감하고 행복하고 안정적인 미래를 함께할 운명의 상대를 언제든 만날 수 있다는 로맨스가 흥미로운 동화가 되어버린 시대라는 것에 약간 우울해했다. 그들은 동화가 현실이 아니라는 사실을 알았다.

황홀한 저녁

여러분의 심장을 비닐 포장도 뜯지 않고 한 번도 사용하지 않은 액션 피규어처럼 대하지 마세요.

– 에이미 포엘러Amy Poehler, 2011년 하버드 대학교 졸업식 축사

인터뷰 대상자들에게 "로맨틱한 데이트는 무엇인가?"를 물었을 때 레스토랑에서의 완벽한 저녁 식사나 열정적이고 뜨거운 성 접촉은 언급되지도 않았고, 인간적 교감, 특히 '대화'라는 답이 나왔다. 32세의 브라질 출신 이성애자 여성은 말했다.

> 이 남자와의 데이트가 최고였어요. 평일에 술집에서 술 한잔하려고 만났죠. 저녁 7시에 만나서 술집이 문 닫을 때까지 이야기를 나눴어요. 거의 다섯 시간 동안 대화를 나눈 거죠. 다음 날 일하러 가야 하니까 자정에 그를 택시에 태워 보냈어요. 우린 한 번 더 그렇게 했어요. 마침내 세 번째 데이트 때 '에라 모르겠다', 내가 그에게 키스했죠.

범성애자라고 밝힌 27세 백인 남성도 대화가 가장 로맨틱한 상호 작용이라고 말했다.

> 여유롭고 편안한 느낌이 드는 데이트가 가장 즐거워요. 많이 웃고 흥미롭고 열띤 토론이 이루어지죠. 주제는 뭐든 상관없어요. 〈더 머펫〉, 가장 최근에 한 데이트, 〈더 머펫〉에 나오는 말도 안 되는 인물 관계. 미스 피기와 커밋. 한마디로 대화죠. 대화가 좋아요.

24세 백인 동성애자 남성은 말했다.

"그 남자와의 데이트가 최고였어요. 장소는 형편없는 레스토랑이었지만 멋진 대화를 오래 나누었죠. 아일랜드식 술집이었거든요! 그곳에 세 시간을 앉아 있었어요. 채식주의자인 저는 배가 고파 죽을 지경이었죠."

영화관, 근사한 저녁 식사, 전철로 코니아일랜드에 가서 롤러코스터 타기 등 과거의 데이트 코스가 어땠든 간에 오늘날 '완벽한 데이트'에는 소비가 아니라 교감이 더 중요하다. 미국 성인의 약 80퍼센트가 페이스북에 가입하고 하루에 평균 17회씩 소셜 미디어를 확인하는 2010년대이니 충분히 이해되는 일이다.[52] 현재 미국인은 하루에 다섯 시간 동안 휴대전화기를 사용한다(데이팅 앱의 프로필을 스와이프하는 것도 포함해서).[53] 하지만 그렇다고 해서 영화 관람이나 저녁 식사 같은 일을 원하지 않는 것은 아니다. 24세인 백인 여성이 말했다.

열네 살인가 열다섯 살 때 했던 제 생애 첫 데이트가 최고의 데이트였어요. 고등학교 1학년 때였는데, 상대 남학생과 영화를 보러 갔죠. 손도 잡고 단둘이서만 함께하는 시간이었다는 게 기억나요. 우리가 본 영화는 애니메이션 〈해피 피트〉였어요!

내가 인터뷰한 사람들 모두가 현실에서의 인간적 상호작용을 갈구했다. 섹스가 현대의 데이트에 포함되지 않는다는 뜻은 아니다. 하지만 섹스가 데이트에서 가장 중요한 부분은 아니다.

섹스와 싱글 남녀

내가 인터뷰한 사람들은 모두 온라인에서 만난 사람과 성관계를 맺어본 경험이 있었다. 50세 백인 이성애자 여성은 몇 년 전까지 결혼 생활을 유지했기에 온라인 데이팅 세계에 입문한 지 얼마 되지 않았지만, 여러 사이트와 앱에서 다양한 섹스 파트너를 만났다. 일회성 만남도 있었고 정기적으로 만난 섹스 파트너도 있었으며 사귀는 사이로 발전하기도 했다. "내가 만나본 남자의 90퍼센트가 장기적인 관계를 원하지 않더군요. 내 첫 데이트는 사실 어느 커플과 함께한 거였어요." 하지만 그녀는 한계를 분명히 정해두었다. 변태적인 섹스에는 관심이 없었다. "발 사진을 보내달라는 남자들이 많아요. 그런 사람은 무조건 거절하죠! 그런 걸 원하면 펫라이프FetLife(BDSM이나 페티시즘, 변태적 행위에 관심 있는 사람들을 위한 소셜 네트워크 사이트-옮긴이) 같은 데나 가보라고 해요."[54] 하지만 그녀는 로맨스와 분리해 섹스를 충분히 즐기고 있었다. "꼭 사랑하지 않아도 섹스를 할 수 있어요. 하지만 상대가 마음에는 들어야죠."

63세 백인 남성 동성애자도 성과 테크놀로지에 실용적인 태도를 보였다. 그도 최근에 장기적인 관계를 끝내고, 그라인더 같은 동성애자 남성용 데이팅 앱에 입문한 터였다. "좋은 섹스를 한 번 경험하려면 훅업을 열 번은 거쳐야 합니다. 열 번 중 여섯 번은 그럭저럭이고 세 번은 끔찍하죠. 나쁜 섹스를 많이 겪어야 좋은 섹스를 한 번 겪을 수 있어요." 그는 확률 게임에 익숙해질수록 '의미 없다'라는 생각이 들었고 장기적인 파트너를 만나고 싶었다. 그라인더에서 처음 만나 오랫동안 인연을 이어가는 동성애자 커플을 알기에 충분히 가능하다고 믿었다. 물론 모든 사람이 아무런 조건 없는 섹스를 하는 것은 아니다. 62세 백인 동성애자 여성은 관계가 아니라 섹스에만 집중하는 틴더 같은 데이팅 앱에는 관심이 없다고 말했다. 그녀는 온라인에서 주어지는 무한한 선택권을 피하고자 결혼정보회사로도 눈을 돌렸지만 온라인 데이팅 사이트보다 나을 것이 없었다.

놀랍게도 섹스는 베이비 붐 세대보다 젊은 세대에게 그 인기가 덜한 듯하다. 온라인 데이팅 사이트 매치닷컴이 2016년에 미혼남녀 5,500명을 대상으로 벌인 설문 조사에 따르면, 1982년~2004년에 태어난 사람들은 1946년~1964년에 태어난 사람들보다 단순히 섹스 파트너를 찾는 경우가 적다. 마찬가지로 밀레니얼 세대는 첫 데이트를 하기도 전에 섹스하는 경우가 훨씬 많은데(48퍼센트), 상대를 계속 만날 것인지 결정하는 방법일 수도 있고 혹업 문화가 그런 방법을 통해 섹스에서 지속적 관계로 발전하게 해주기 때문인지도 모른다. 섹스를 먼저 한 다음에 데이트로 이어질 가능성이 있는 것이다.[55] 그 설문 조사에 따르면 "밀레니얼 세대는 최신 테크놀로지를 적극 이용해 사랑을 찾는다. 그리고 꽃 선물 건너뛰기, 휴대전화는 주머니에 넣어두기 같은 새로운 데이트 법칙과 금기사항을 만든다." 2017년에 밀레니얼 세대는 관계relationship를 원하는 경우가 다른 나이대보다 30퍼센트나 더 높았다.[56] 남녀 모두와 섹스를 해본 27세 백인 남성은 익명의 섹스에 너무 집중된 데이팅 앱의 사용을 그만두었다고 말했다. "첫 만남에서 섹스를 하고 싶지 않아요. 그건 내 진정한 관심사가 아닙니다." 많은 사람이 정서적 교감을 찾고 싶어서 데이팅 앱과 사이트를 이용한다는 것은 충분히 이해되는 사실이다. 33세 라틴계 여성이 한 말에서도 알 수 있다. "익명의 섹스를 원한다면 그냥 밖으로 나가기만 하면 돼요." 하지만 낯선 타인과 정서적 교감을 나눌 수 있게 되기까지는 시간이 걸린다. 미국인에게는 시간이 없다.

사랑보다 비싼 시간

점점 심해지는 시간의 기아 속에서 단체와 정책 입안자들은 경제적 풍요뿐만 아니라 시간의 풍요도 촉진해야 한다.

— 애슐리 V. 휠런스Ashley V. Whillans 외, '시간을 사면 더 행복해진다'

미국인은 유럽인보다 약 25퍼센트 더 많이 일한다. 하지만 처음부터 그렇게 일을 많이 한 것은 아니었다. 40년 전만 해도 미국인의 노동 시간은 독일인이나 이탈리아인과 비슷했다.[57] 하지만 변화가 나타났다. 세계적으로 부가 상류층으로 집중되고 미국의 사회안전망이 무너지면서 대다수가 경제적으로 더 어려워졌기 때문인지도 모른다. 이유가 무엇이든 미국인에게는 데이트 같은 여가 활동에 쓸 시간이 점점 줄어든다. 내 인터뷰에서도 시간 부족 현상이 계속 드러났다.

20대 백인 남성은 온라인 데이트가 '너무 많은 시간을 잡아먹어' 스마트폰에서 데이팅 앱을 전부 삭제했다고 말했다. 하루에도 몇 번씩 확인하기 때문이었다. 50세 이성애자 여성은 한 남성과 잘되는가 싶었는데 그가 직장 업무로 너무 바빠서 진전이 없었다는 이야기를 전했다. 섹스도 좋았고 강한 정서적 교감도 느꼈지만, 자신이 싱글 맘이고 직장 일로 바쁜 데다, 남성도 연구를 위해 자주 해외로 떠나는 바쁜 학자였다. 게다가 두 사람의 집이 자동차로 한 시간이나 떨어져 있어서 좀처럼 시간을 맞추기가 힘들었다. 두 사람이 그 문제에 대해 직접 대화를 나눈 것은 아니었지만 문자메시지로 문제가 드러났다. "요즘은 다들 전화통화나 직접 만나서 이야기하지 않고 전부 문자메시지로 해결하잖아요."

인터뷰 대상자들은 데이팅 사이트에 시간을 '낭비'하지 않는 다양한 전략을 찾아내게 되었다. 그들은 로맨스 '선별' 전문가가 되었다. 후보자를 좁히기 위해 규칙을 만들었다. 상의를 벗고 있거나(자아도취) 거울 앞에서 셀카를 찍었거나(친구 없음) 강아지나 고양이 사진을 올렸거나(아이를 간절히 원함) 장식이나 배경으로 돌고래가 있는 경우(너무 조잡함)에는 오른쪽으로 스와이프하지 않고 탈락시킨다. 첫 만남에서는 식사를 하지 않고(시간이 오래 걸리고 상대가 마음에 들지 않을 때는 어색하다) 술이나 커피를 마셨다. 꼭 식사를 해야 할 때는 한 시간 이상 걸리지 않도록 평일 점심 식사로 했다.

젊은 라틴계 여성은 오래 독신으로 지내다가, 30세가 되었을 때 슬슬 결혼해야 할 때라고 생각했다. 그녀는 여러 앱을 시도해보고 틴더로 정착했다. 페이스북을 사용하므로 함께 아는 친구들이 있는지 알 수 있고 매칭을 양쪽에서 모두 해야 한다는 이유에서였다. 즉 마음에 들지 않는 아무나 연락해올 수 없으니 '시간 낭비'를 피할 수 있다. 그녀는 최대한 효율적으로 남편감을 찾기 위해 '틴더 전략'을 만들었다. 정복을 앞둔 장군처럼 현장을 둘러보고 경쟁자들(자기 또래와 같은 지역 여성들)을 살펴본 뒤 돋보이게끔 프로필을 작성했다. 가벼운 섹스에는 관심이 없다는 점도 분명히 밝혔다. "관계를 이어갈지는 여전히 남자 소관이고 여자는 섹스로 주도권을 쥐죠. 그런데 뭐하러 온라인에서 가벼운 섹스 상대를 찾으려고 하겠어요?" 그것은 시간을 효율적으로 사용하는 방법이 아닐 터였다. 그녀에게 남편감 찾기는 숫자 게임이었다. 오른쪽으로 스와이프를 100번 할 때마다 약 30회의 매칭이 이루어졌다. 그중에서 15명이 연락을 해왔다(그녀는 틴더를 이용하는 여성이 대부분 그러하듯 절대로 남자에게 먼저 연락하지 않았다). 몇 달 동안 일주일에 세 번씩 (짧은) 데이트를 계속했다. 사랑에 빠질 때도 있었지만 곧바로 상대가 남편감은 아니라는 사실을 깨달았다.

틴더에는 제가 걸어 다니는 부상자라고 부르는 사람들 천지예요. 이혼한 지 얼마 안 되었거나 하는 사람들이죠. 자신의 매력을 확인하려고 틴더를 이용하는 거예요. (틴더에서 만난) 한 남자에게 강하게 끌렸어요. 처음으로 소울 메이트를 만난 기분이었어요. 10대 때도 느껴보지 못했던 감정이었죠. 실제로 만났고 서로 첫눈에 사랑에 빠졌어요. 세 번 더 데이트했는데 정말 마법 같고 유혹적이었죠. 하지만 알고 보니 그 남자는 이전 관계에서 완전히 회복되지 않은 상태였어요.

'시간 낭비'를 하고 싶지 않았던 그녀는 그 사실을 알자마자 관계를 끝냈다. 그녀는 이번 싸움에서 이겨 결혼식이라는, 혹은 적어도 결혼이라는 상을 손에 넣을 작정이었다. 사실 그녀는 동화 같은 로맨스와 순백의 결혼식에 별로 관심이 없었다. 나이가 들수록 결혼식이 싫어졌는데 "좋지 않은 결과로 이어지는 경우가 많지만" 결혼에는 도전해보고 싶다고 말했다. 결혼이 안정감을 준다는 사실이 마음에 든 것이다.

사람들이 '엄청나게 많은 시간'을 요구하는 현대 데이트 문화에 대처하는 더욱 흥미로운 방법은 바로 잠수를 타는 것이다.《소셜 미디어 사전Dictionary of Social Media》은 '잠수타기ghosting'를 다음과 같이 설명한다.

> 아무런 설명도 쟁점화도 없이 모임이나 소셜 네트워크 장소에 모습을 드러내지 않는다. 극적인 퇴장으로 해석될 수도 있다. 소셜 미디어에서 잠수는 계정을 아예 삭제하지는 않는, 일시적인 것일 수도 있다.[58]

데이트 관계에서 '극적인 퇴장'은 너무 흔해서 내가 인터뷰한 사람들 거의 모두가 당해본 적도, 직접 해본 적도 있었다.

20대의 백인 남성은 너무 바빠지거나 상대방이 시간 쏟을 가치가 없는 사람이라고 생각되면 대화 기록을 전부 삭제한다고 말했다. "대화하기 싫어지면 메시지 기록을 다 삭제해요. 눈에 보이지 않으면 아예 존재하지 않는 것처럼 신경도 쓰이지 않으니까요." 그런가 하면 50대 백인 여성은 데이트하던 남성과 '로맨틱한' 교감을 강하게 느꼈는데 어느 날 갑자기 연락이 끊겼다. 또 다른 젊은 백인 남성도 정말로 깊은 교감을 나누었다고 생각한 사람으로부터 아무런 말도 없이 연락이 끊겨 큰 상처를 받았다. 그는 그런 나쁜 행동이 현대의 테크놀로지와 "사람들이 정말 바쁘기 때문"이라고 했다.

> 현대 기술의 강력한 부산물이라고 생각합니다. 요즘은 잠수타기가 정말로

쉬워졌어요. 그냥 스와이프만 하면 되는 세상이니까 나를 스와이프할 사람은 언제든 있죠. 다른 사람이 나타난 거예요. 저는 큰 상처를 받았어요. 이유도 말해주지 않고 갑자기 연락을 끊어버릴 수 있다니 더 큰 충격이었죠. 잠수타기를 당하는 건 상대의 불륜을 알게 되는 것이나 마찬가지예요. 그동안 수상한 점이 없었는지 곱씹게 됩니다. 신뢰가 완전히 무너지는 거예요.

데이트가 사랑과 장기적 관계로 이어질 수 있다는 희망이 있으므로, 잠수타기에 그렇게 강렬한 감정적 반응을 보일 만도 하다. 심리치료사 제니스 빌하우어Jennice Vilhauer는 잠수타기를 당하면 신체적 통증만큼이나 고통스러울 수 있다고 주장한다. 자신이 무엇을 잘못했는지, 어째서 눈치채지 못했는지 자책하게 된다.[59] 데이트를 딱한 번 했건 몇 달간 했건, 잠수타기는 현대의 사랑 테크놀로지가 설치해놓은 감정 지뢰와도 같다.

내가 인터뷰한 사람들 다수가 나쁜 대우를 받아보기도 했지만 자신들도 누군가를 나쁘게 대한 적이 있다고 털어놓았다. 그것은 데이팅 앱에 항상 다른 선택권이 있기 때문이기도 했다. 젊은 백인 남성은 말했다. "선택권이 너무 많으면 혼란스러워요." 미국의 슈퍼마켓에서 치약을 사본 사람이라면 알겠지만, 선택권이 많다고 꼭 좋은 것만은 아니다. 선택권은 행복을 크게 떨어뜨릴 수도 있다. 사회학자 배리 슈워츠Barry Schwartz의 말처럼 선택권이 많을수록 만족도는 크게 떨어진다.[60] 24세 동성애자 남성도 데이팅 앱이 "사람을 아무런 특징도 없고 대체 가능한 존재"로 만든다고 말한다. 중년 이성애자 백인 여성은 다음과 같이 말했다.

오케이큐피드 계정을 벌써 여러 번 삭제했어요. 사람들의 프로필 사진이 뜰 때마다 나도 모르게 '와, 되게 못생겼네'라고 생각하고는 소스라치게 놀라요. 사람을 상품처럼 취급하는 사람은 되고 싶지 않아요. 내가 지금 사람을 판단하는 방식이 부끄러워요. 외모만 보고 사람을 판단하는 자신이 최악처럼 느껴져요.

인터뷰 대상자들은 모두가 남들이, 자신이 달라졌으면 하고 데이트 문화가 달라지길 바랐다. 하지만 현실에서는 바란다고 꿈이 이루어지지 않는다. 그들은 지금도 마녀의 저주에 걸린 듯 스마트폰을 들고 좌우로 스와이프하면서 자신을 해방해줄 로맨스의 마법을 기다린다.

해피엔딩

난⋯⋯ 해피엔딩이 정말 좋아.
-〈잠자는 숲속의 공주〉(1959)의 마지막에서 요정 파우나가 하는 말

비유적으로 말하자면 데이트는 필립 왕자가 잠자는 숲속의 공주에게 가기 위해 헤치고 가야 하는 가시덤불이다. 그가 마녀 말레피센트를 무찌르고 단 하나뿐인 진정한 사랑에 다가갔지만 그녀가 잠수를 타버리는 못된 행동을 한다고 해보자. 그렇다면 그에게는 스와이프와 악당들로 가득한 가시덤불로 돌아가는 선택권밖에 없지 않

을까? 데이트의 세계로 돌아가지 않는 것은 해피엔딩이라는 희망을 포기한다는 뜻이다. 내가 인터뷰한 사람 중에 그 희망을 완전히 포기한 사람은 아무도 없었다. 세상에 단 한 명뿐인 운명의 상대를 만나 영원히 행복하게 살 수 있다는 로맨스의 약속을 의심할지언정 말이다. 물론 그들은 운명의 상대를 만나기 위해 틴더를 이용할 필요가 없는 세상을 꿈꾸었다. 62세 백인 여성은 말했다.

데이트 기술이 좀 더 다양했으면 좋겠습니다. 예전에는 그런 기술이 더 다양했지요. 하지만 요즘 사람들은 이상한 쪽으로 위험 감수를 싫어해요. 생판 모르는 사람을 만나는 위험을 감수하면서도 정서적인 위험은 감수하려 들지 않으니까요. 데이트는 소멸하고 있는 예술이에요. 그 예술이 부활했으면 좋겠어요.

모든 사람이 데이트가 결혼으로 이어지기를 바라지는 않는다. 실제로 인터뷰 대상자 다수가 결혼을 해피엔딩의 환상이 아닌 법적 권리의 집합으로 바라보았다.

젊은 동성애자 여성은 "특히 트럼프 대통령 행정부에서의 법적 권리" 때문에 파트너와의 결혼을 고려 중이라고 밝혔다. 63세 백인 동성애자 남성은 진정한 사랑을 계속 찾고 있지만 '보험 문제' 때문에 예전 파트너와 법적 부부가 되었다. 50세 이성애자 백인 여성은 "60대에도 섹스 파트너만 만나는 모습을 상상하고 싶지 않아서(물론 그것도 나름대로 괜찮겠지만)" 결국에는 장기적인 관계를 원하게 될 것 같다고 말했다. 하지만 인터뷰 대상자들은 대부분 데이트만 하는 것보다 확실히 나으므로 '올바른' 상대를 만난다면 결혼해도 괜찮을 것 같다고 가능성을 열어두었다.

만약 그들이 정말 결혼을 결심한다면 이미 데이트 과정을 통해 다음 단계에 잘 대비할 것이다. 바로 스펙터클한spectacular 약혼이다. 다음 장에서는 로맨스적 인간이 데이트라는 경계적 상태에서 '약혼'이라는 성스러운 영역으로 옮겨가는 과정을 살펴보기로 한다. 테크놀로지와 경제는 데이트 방식을 크게 바꿔놓은 것처럼 약혼 방식에도 영향을 미쳤다. 이제 프러포즈는 사적인 일이 아니고 점점 온라인화 되어가고 있다. 데이팅 사이트와 앱의 성공적인 프로필과 마찬가지로, 성공적인 프러포즈는 '좋아요'에 의존해 사랑을 확인한다.

3장

결혼해줄래요?

LOVE, INC.

당신의 여자 친구가 약혼 소식을 발표하자마자 가장 먼저 듣는 질문은 "프러포즈 어떻게 받았어?"입니다. 모든 여성은 그 질문을 받는 날을 꿈꿉니다. 저희는 당신의 여자 친구가 몇 번이고 자랑스럽게 말할 수 있는 이야기를 만들어 드리겠습니다.

– 하트 밴딧The Heart Bandits, 프러포즈 이벤트 업체

그녀 인생의 가장 스펙터클한 날

톰 베트조지Tom BetGeorge라는 남성은 '최고의 프러포즈'로 여자 친구를 놀라게 해주기 위해 6개월간 고민했다. 그 프러포즈는 배구 경기장에서 1인승 가마가 여자 친구를 태우고 거리를 지나 교회로 데려가고, 체조선수들이 뒤로 공중제비를 넘는 통로를 지나 무대에 이르자 대규모 성가대가 나타나 신이 아닌 로맨스를 기쁘게 찬양하며 노래하는 모습으로 이루어진다. 버즈피드BuzzFeed는 베트조지 씨의 프러포즈를 현대 결혼 프러포즈라는 스포츠에서 거둔 승리로 표현했다. "세상에서 가장 큰 정성이 들어간 프러포즈Go Home, Everyone, This is the Most Elaborate Marriage Proposal Ever"라는 기사에서 버즈피드는 글과 GIF, 비디오 링크를 합쳐 베트조지 씨를 프러포즈 게임의 승

자로 인정했다.[1] 치열한 경쟁과 개인 감정 노출이라는 이상한 조합은 21세기 커플이 약혼에 이르는 흔한 방법이다. 오늘날 젊은 커플들은 사적인 의식에 만족하지 않고 '스펙터클한 약혼'을 원한다. 대단히 연극적인 행동이 연출된 이미지로 생산되어, 버즈피드와 유튜브YouTube 같은 새로운 미디어를 통해 수백만 구경꾼에게 소비된다. 스펙터클한 약혼의 대단원은 여전히 비슷하다. 대개 남자가 한쪽 무릎을 꿇고 다이아몬드 반지를 내밀며 '그 질문'을 한다. 지난 한 세기 동안 사회적으로 남녀 역할에 무수히 많은 변화가 있었고 동성결혼이 합법화되고 널리 퍼졌지만, 프러포즈는 여전히 남자가 묻고 여자가 답하는 것으로 남아 있다.

하지만 달라진 점은 프러포즈가 공개적이고 재현 가능해졌다는 것이다. 100년 전에는 그런 스펙터클한 프러포즈는 결혼에 이르는 길로 상상조차 할 수 없었다. 1800년대 후기와 1900년대 초기에는 감정적으로는 똑같이 진지하지만 매우 사적이고 대화적인 방식으로 결혼에 이르렀다. 1890년에 출간된 약혼에 관한 저서에서 저자들은 다음과 같이 적었다.

살다 보면 거의 모든 남자가 심장이 방망이질 치고 목소리가 떨리고 머릿속은 혼란스러운 상태로 두 손에 운명을 쥔 채, 이성에게 아내가 되어달라고 부탁하는 순간을 맞이한다.[2]

약 900페이지에 이르는 그 책에는 레프 톨스토이Leo Tolstoy의 《안나 카레니나》부터 찰스 디킨스Charles Dickens의 《데이비드 코퍼필드》까지 문학에 등장하는 온갖 프러포즈가 나온다. 오늘날 우리가 성공적인 프러포즈의 지표라고 생각하는 것과 비슷하면서도 완전히 다른 방식으로 남자는 여자에게 결혼을 청한다.

그 책을 보면 19세기 프러포즈에는 정서적 위험성이 높다는 사실이 분명하게 드러난다. 프러포즈를 뜻하는 '질문을 터뜨리다popping the question'라는 표현은, 여성이 전혀 예상하지 못한 상태로 청혼을 받으며 남성은 여성이 수락할지 모른다는 것을 뜻한다. 프러포즈의 예상할 수 없는 시작과 끝은 독자에게도 익숙한 긴장감을 자아낸다. 이처럼 과거의 약혼은 남성이 (질문하는) 능동 행위 주체자고 여성은 (대답하는) 소극적인 대상이라는 개념을 강화한다. 실제로 오늘날 미국에서 남성이 프러포즈하는 경우는 95퍼센트에 이른다. 설문조사에 참여한 사람들 75퍼센트가 여성도 프러포즈할 수 있다고 답했지만 말이다. 그뿐만 아니라 남성이 프러포즈하는 관행은 젊은 응답자들 사이에서 더욱 강하게 나타난다.[3]

19세기 문학에 나타나는 약혼에서 가장 두드러지는 측면은 큰 규모의 사람들이 그것을 소비했고 현실에서 직접 경험하기를 기대했다는 사실이다. 1900년에 이르러 성인 인구의 90퍼센트가 글을 읽고 쓸 줄 알게 된 미국에서 소설은, 평범한 독자들의 삶을 구성하는 젠더와 사랑에 관한 수많은 문화 대본을 생산하는 장소가 되었다.[4] 약혼 방식에 관한 글을 읽는 사람이 점점 늘어났고 그들은 삶이 소설에서와 똑같이 펼쳐지는 모습을 상상했다. 오늘날 커플들이 영화 속 프러포즈를 꿈꾸는 것과 똑같다.

100년 전 프러포즈는 오늘날 스펙터클한 로맨스와 유사성은 있지만 크게 다르다. 우선 과거 프러포즈에는 반지가 거의 없었다. 다이아몬드 반지는 확실히 없었다. R. D. 블랙모어R. D. Blackmore의《로나

둔Lorna Doone》(1869)에는 반지가 등장하지만 설명이 없다. 헨리 홀리 스마트Henry Hawley Smart의 《From Post to Finish》(1884)에서 주인공은 사랑하는 돌리에게 작은 '절반 정도가 뚫린 반지'를 주며 자신을 기억해달라고 한다. 에드워드 불워 리턴Edward Bulwer Lytton의 《Kenelm Chillingly》에는 터키석의 '싸구려 반지'가 나온다. 아서 퀼러쿠치Arthur Quiller-Couch의 《The Splendid Spur》(1899)에서는 여성이 연인에게 반지를 준다.5 100년 전에는 이처럼 다이아몬드 반지가 집착적 물건으로 등장하지 않을 뿐만 아니라 무릎을 꿇는 신체 의식도 빠져있다. 수백 가지 프러포즈 가운데 남성이 무릎을 꿇는 경우는 소수에 불과하다. 새뮤얼 워런Samuel Warren의 《Ten Thousand a Year》(1841)에서 티트마우스는 실제로 한쪽 무릎을 꿇고 레이디 시슬리에 아내가 되어달라고 하고 그녀도 허락한다. 하지만 월터 베전트Walter Besant의 《Dorothy Forster》(1892)에서는 도로시가 프러포즈를 거절하자 주교가 무릎을 꿇는다. 제인 포터Jane Porter의 《바르샤바의 타데우스Thaddeus of Warsaw》(1844)에서 타데우스는 무릎을 꿇고 보퍼트 양에게 청혼하지만, 사랑하는 그녀를 불쾌하게 할까 봐 두려워 꿇었을 뿐이다.

100년 전 프러포즈에서 가장 놀라운 점은 그 의식에 부재한 것이 많다는 점이다. 19세기 후반의 문학 속 프러포즈는 행동이 아니라 대화다. 1800년대에는 결혼의 성격이 '중매'에서 '열정'으로 바뀌면서 짝을 결정하는 작업이 부모에게서 신랑에게로 옮겨 갔다. 스테파니 쿤츠Stephanie Coontz의 지적처럼 사랑으로 결혼한다는 것은 당시 급진적인 생각이었다.

사랑처럼 연약하고 비논리적인 것을 토대로 짝을 선택한 뒤 결혼의 성적이고 친밀하고 이타주의적인 욕망에 집중한다는 것은, 대부분 역사 동안 상상할 수 없는 일이었다. 인간은 항상 사랑에 빠졌다. 역사적으로 수많은 커플이 서로 깊이 사랑했다. 하지만 사랑이 결혼의 가장 큰 이유로 비치는 경우는 매우 드물었다.[6]

결혼이 '선택'이 되자 젊은 남자들은 처음으로 용기를 쥐어짜 청혼을 해야만 했다. 결혼 상대를 선택할 수 있게 된 것은 새롭게 맞이한 변화였으므로 '심장이 방망이질' 치는 것도 당연했으리라. 양측 부모 사이에서 교환되던 처지에서 해방된 여성들은 '거절' 능력이 새로운 힘이라는 사실을 알게 되었다.

약혼은 의례적인 행동이나 집착적인 물건이 개입되지 않는 남녀 구분이 확실한 대화에서 무릎을 꿇고 다이아몬드 반지를 건네고 점점 정교해진 연출과 공개 전시 문화로 진화했다. 그 과정에는 상업과 로맨스, 변하고는 있지만 고질적인 젠더 역할, 가장 중요하게는 가장 친밀한 순간까지 스며든 의사소통 방식의 변화가 있다. 이 모든 변화는 "나와 결혼해주겠어?"라는 질문을 개인적 대화에서 준공개적인semiprivate 의식으로, 매우 공개적이고 점점 더 극적으로 변하는 이벤트로 바꿔놓았다.

다이아몬드는 영원하다: 드비어스, 영원한 사랑의 발명

사랑은 나 같은 남자들이 스타킹을 팔려고 만들어낸 거예요.

- 돈 드레이퍼, 〈매드 맨〉

지난 한 세기 동안 프러포즈가 남녀 간 대화에서 매우 의례적인 이벤트로 변한 것은 이데올로기적이면서도 상업적인 여러 이유에서였다. 우선 결혼은 곧 '천생연분'이라는 의식이 생겨나면서 세속적인 일상의 영역에 놓여 있던 결혼이 거의 종교적 신앙에 가까운 성스러운 영역으로 이동했다. 좋은 결혼은 이미 운명으로 정해져 있다는 것이었다. 결혼이 성스러운 공간으로 이동하면서 당연히 젊은 커플들에게도 새로운 의식이 만들어졌다. 에밀 뒤르켐Emile Durkheim은 한 세기도 전에 의식은 우리를 세속적인 일상에서 성스러운 영역으로 이동시킨다고 적었다.[7] 하지만 현대의 사랑이 커플을 '약혼'이라는 마법의 공간으로 데려가는 의식을 요구했다면, 왜 하필 무릎을 꿇고 다이아몬드를 주는 의식이 되어야만 했을까? 그리고 어쩌다 그 의식은 커플의 가족과 친구들뿐만 아니라 수백만 명의 타인까지 소비하는, 공개 연출된 이벤트가 되었을까?

당연히 자본주의 때문이다. 연애결혼의 세계로 들어가는 의례적인 문턱에 대한 갈망이 존재했고 자본주의는 그 문턱을 넘는 데 필요한 것을 팔았다. 놀랍게도 사람들은 그것을 알면서도 '전통'이라는 이유로 다이아몬드 반지를 사고 무릎을 꿇는다. 하지만 이 프러포즈 전통은 약 70년 전 드비어스DeBeers라는 가족이 소유한 다이아몬드 기업을 위해 광고주들이 발명한 것이다.

1888년 설립된 기업인 드비어스는 (사실은 희귀하지 않은) 다이아몬드의 가치가 올라가려면 공급과 수요를 모두 통제해야 한다는 사실을 알았다. 처음에는 다이아몬드를 남아프리카에서만 널리 구할 수 있어서 비교적 공급을 통제하기 쉬웠다. 드비어스사社는 담합을 했다. 하지만 수요를 통제하려면 소비자들에게 다이아몬드에 대한 욕망을 주입할 필요가 있었다. 제2차 세계대전 이후 연합국이 남아프리카를 추축국으로 불매 운동을 벌여 소비자가 줄어들자, 드비어스는 뉴욕 매디슨 애비뉴에 있는 광고회사 N. W. 아이어 앤 손N. W. Ayer and Son을 고용했다. 프랜시스 게레티Frances Gerety라는 젊은 카피라이터가 "다이아몬드는 영원하다"라는 광고 문구를 만들면서 사랑의 역사에 대대적인 변화가 일어났다. 드비어스는 그 문구와 함께 주로 남성을 '현명한' 소비자로 겨냥하는 광고를 많이 만들었고, 당시 급성장세를 보이던 영화산업에도 돈을 주고 시나리오에 다이아몬드 반지를 끼워 넣었다. 뿐만 아니라 신문과 잡지사에 유명인사의 약혼반지에 관한 이야깃거리와 사진도 보냈다. 1948년 드비어스의 전략지에는 이런 내용이 담겼다. "우리는 영화와 연극배우들, 정계 지도자의 아내와 딸 같은 여성들이 착용하는 다이아몬드를 널리 소문내 잡화상의 아내와 수리공의 애인이 '나도 저 여자가 가진 것을 갖고 싶다'라고 말하게 만든다."[8]

　　하지만 현란한 선전에도 여전히 다이아몬드 하면 사랑이 아니라 상업적 용도가 연상되었다. 드비어스가 한술 더 떠서 약혼이 일상생활과 구분되고 1800년대~1900년대 초반 젊은 커플의 특별하지 않은 결혼 약속과도 구분되는 성스러운 이벤트로 만드는 의식을 발명해낸 것은 그 때문이었다. 한쪽 무릎을 꿇는 의식과 함께 지금은 표준이 된 벨벳 상자에 담긴 티파니앤코Tiffany & co. 스타일의 반짝이는 다이아몬드 약혼반지를 내놓은 것이다.[9] 그 후 드비어스는 남성의 연간 소득 가운데 일정한 비율을 약혼반지에 쓰는 '전통'도 만들어 냈다. 처음에는 한 달 월급을 쓰는 것이 전통이라고 했지만 1980년 대에는 "어떻게 하면 두 달치 월급이 평생 가게 할 수 있을까?"라는 질문을 던지는 광고로 가격을 두 배로 올렸다.[10]

다이아몬드 약혼반지의 높은 가격은 실물가치가 거의 없는 물건 가격을 조종하는 사례로 교과서에도 소개된다. 로힌 다르Rohin Dahr 가《프라이스오노믹스Priceonomics》에서 지적하듯, 다이아몬드는 대체가능 자산도 유동자산도 아니다. 다이아몬드는 서로 비교하기가 쉽지 않다. 다이아몬드의 가치가 4C, 즉 색상color, 투명도clarity, 무게carat, 컷cut으로 결정된다고 하지만 보석상에서의 실제 가격은 논리보다 형이상학을 더 참고한다. "다이아몬드 약혼반지는 거짓이다. 매디슨 애비뉴와 드비어스의 발명품이다. 다이아몬드는 실제로 희귀하지 않으며 투자로도 형편없고 지위 상징으로만 가치가 있다. 정교하게 말하자면 다이아몬드는 헛소리다."[11] 하지만 드비어스는 커플들에게 다이아몬드가 꼭 필요하고 가치 있다고 이해시킴으로써, 약혼반지 판매로 110억 달러 규모의 시장을 창조했다.[12] 때문에 미국에서 약혼반지가 사용된 경우는 1940년대 말 전체 프러포즈의 10퍼센트였지만, 1900년대 말에는 80퍼센트가 되었다.[13] 최근 미국 중서부 대학에 다니는 학생 2,174명을 대상으로 벌인 설문 조사에서 응답자들은 대부분 남성이 무릎을 꿇고 다이아몬드 반지를 내미는 것이 프러포즈의 요소에 포함된다고 대답했다. 이러한 '전통적' 요소들은 커플 궁합에 꼭 필요한 기표가 되었다.[14] 다시 말해서 오늘

날 프러포즈에는 현재 평균 가격이 5천 달러인 다이아몬드 반지가 꼭 필요하다.[15]

스펙터클한 프러포즈: 플래시몹, 새로운 미디어, 매우 공개적인 약혼 의식

프러포즈는 평생 기다려온 순간입니다. 미리 준비해 그 순간을 영원히 남긴다면 가족과 친구가 프러포즈를 어떻게 받았는지 물어볼 때 보여줘가며 이야기할 수 있습니다.

– 하트 밴딧, 프러포즈 이벤트 업체

드비어스와 매디슨 애비뉴 덕분에 남자들은 한 세기 전부터 한쪽 무릎을 꿇고 다이아몬드 반지를 내밀었다. 하지만 그 '전통' 관행은 약 15년 전 저렴한 소형 카메라와 소셜 미디어 플랫폼 같은 신기술이 보편화하면서 훨씬 극적으로 변했다. 어느 정도 개인적인 의식이었던 프러포즈가 매우 공개적으로 바뀐 것이다. 무릎 꿇는 것뿐만 아니라 정교한 공개적 연출도 필요했고, 유튜브와 페이스북 같은 최신 미디어를 통해 가족과 친구뿐 아니라 '전 세계'에 보여주기 시작했다.

프러포즈의 변화가 돈의 문제라는 말은 아니다. 프러포즈는 인간이 친밀한 관계를 처음 기록하기 시작했을 때부터 경제적 관계에 포함되었다. 창세기 34장에서 세겜은 디나와 결혼하고자 그 오라비들이 요구하는 예물을 얼마든지 주려고 한다.[16] 비비아나 젤라이저

Viviana Zelizer는 《친밀성의 거래》에서 지적한다. "21세기는 사회생활에 여러 끔찍한 변화를 가져올 수도 있지만 그 변화가 실제로 일어나지는 않을 것이다. 상업화가 전반적으로 친밀함을 파괴하기 때문이다. 넓은 범위의 친밀한 관계에서 사람들은 친밀함과 경제 활동이 혼재하도록 관리한다."[17] 바뀐 것은 친밀한 관계의 상업화가 아니라, 수백만 명이 소비하는 버즈피드 같은 곳에 친밀함의 구매를 공개 전시해 새로운 소비 형태를 창조하는 능력이다.

공개적으로 변한 완전히 새로운 형태의 프러포즈에 관한 얼마 되지 않는 연구 가운데 필립 반니니Phillip Vannini는 기 드보르Guy Debord의 《스펙타클의 사회》를 살펴본다. 인터넷이 등장하기 훨씬 전에 쓰인 그 책에서 그는 이렇게 적었다. "스펙터클은 자아와 세상을 구분하는 선을 지운다. 또한 참과 거짓을 구분하는 선도 지워, 외형의 구조에 의해 유지되는 거짓된 현존 아래로 직접 겪은 진실을 전부 억누른다."[18] 반니니는 "표상과 소비를 통해 사랑의 의미를 착각처럼 전시"하기 때문에 프러포즈가 스펙터클이라고 본다.[19] 영화 〈매트릭스〉에서처럼 스펙터클한 프러포즈는 원본 없는 사본이다.[20] 매디슨 애비뉴와 드비어스가 발명한 의식에 따를 뿐 아니라 조회 수와 '좋아요'가 자아 구성에 필수적인 공간인 소셜 미디어를 통해 만들어진 현대적 개념의 자아도 따라간다. 반니니는 다음과 같이 지적한다.

로맨스는 스펙터클과 소비의 논리를 모두 따라야만 한다. 대인관계의 기풍이 소비자 문화의 윤리와 점점 더 섞이게 되었기 때문이다. (예비) 신랑이 연예인이자 자신의 표상이 되어 할리우드 배우와 가수의 역할을 수행하면서 여자 친구에게 청혼한다. 배경이 마법 같고 외형과 방식이 환상적

이고 극적 요소가 '영화' 같으면 앞모습은 믿을 수 있는 현실이 된다.[21]

하지만 여성이 공개적으로 '거절'하는 일이 없다면 스펙터클한 프러포즈에 드라마도 없을 것이다. 스펙터클한 프러포즈는 포뮬러 원 경주 같다. 드물지만 불가피한 충돌과 화재가, 차들이 트랙을 계속 빙빙 도는 과정을 바라봐야 하는 지루함을 덜어낸다.

약혼의 새로운 방식은 얼마나 많은 시간과 노력을 쏟아야 하는지에 대한 기대 수준을 높였다. 공개 프러포즈를 거절당해 망신을 당하고 싶은 신랑은 없기 때문이다. 약혼에 필요한 정서적·경제적 비용도 올라가서 이제는 다이아몬드 반지와 무릎 꿇기뿐 아니라 댄스 플래시몹, 라이브 밴드, 많은 사람들, 소셜 미디어에 올리는 편집 영상, 타인의 조회(좋아요)까지 있어야만 '완벽'하다. 최근 이루어진 설문 조사에 따르면 여성 네 명 중 한 명이 프러포즈를 받고 실망했다.[22] 남성의 청혼에 기대되는 수준에 커다란 변화가 일어난 것으로 볼 때, 사람들의 기대와 현실에 큰 차이가 있는 것도 당연하다.

'특별하고' '전통적이고' '친밀하고' '공개적인' 프러포즈 방법을 찾느라 스트레스를 받는 젊은 남성의 다수가 전문 프러포즈 이벤트 업체를 이용한다. 한 보고서에 따르면 프러포즈 업체의 이용 요금은 5천 달러에서 5만 달러에 이른다.[23] 프러포즈 이벤트 업체 더 예스 걸즈The Yes Girls는 '로맨틱한 저녁 식사'보다 나은 방법을 생각해야 할 때라고 말한다.[24] 보스턴의 하트 밴딧에서는 590달러에 '로맨틱한 피크닉 프러포즈'를 제공하고 99달러로 '나와 결혼해주겠어?' 프러포즈 표지판 같은 업그레이드 기능을 추가할 수 있다. '전문가가 써주는 시'는 155달러, 기타리스트는 365달러, 사진작가는 575달러,

비디오그래퍼는 900달러로 다 합치면 무려 2,684달러가 된다. 플래시몹 서비스는 1,951달러이며 당사자(209달러)와 친구들(365달러), 추가 인원(549달러)을 더할 수 있다. 물론 사진작가와 비디오그래퍼도 추가할 수 있다. 이 패키지까지 이용할 경우 신랑은 4,768달러를 써야 한다.[25] 2014년에 동성 결혼이 합법화되면서 게이와 레즈비언 커플도 프러포즈 업체의 소비자가 되었다. 주요 프러포즈 업체에서 동성 커플을 위한 서비스도 제공한다고 명시한 경우는 소수지만, 동성 프러포즈도 스펙터클을 요구하기는 마찬가지다.[26] 스펙터클한 프러포즈는 단순히 고도로 연출되고 비용이 많이 드는 것뿐만 아니라 음악을 넣어 편집해 온라인에 오르며 가장 중요한 것은 소비된다는 것이다.

20세기에는 결정의 주체가 부모가 아닌 젊은 커플로 이동된, 변화하는 결혼 풍경과 자본주의에 대응해 약혼의 의식화가 일어났다. 21세기에는 더는 사적인 의식이 아닌 프러포즈가 다양한 이유로 로맨스의 스펙터클이 되는 더욱 큰 변화가 일어났다. 이윤 추구, 완전한 미국 시민의 자격에서 여전히 강조되고 있는 결혼의 중요성, 결혼율의 감소, 테크놀로지의 변화 때문이었다. 오늘날에는 프러포즈 업체, 카메라맨, 전문 편집자와 댄서, 가수, 체조선수 등 약혼에 필요한 상품들이 더 많아졌다. 유튜브와 버즈피드, 텀블러, 페이스북 같은 신생 미디어를 포함해 로맨스의 이상을 표현하고 소비하는 방법도 훨씬 다양해졌다. 새로운 형태로 몸을 공간에 조직하게 해주는 테크놀로지도 있다. 예를 들어 스펙터클한 프러포즈의 중요한 요소로 '플래시몹'이 있다. 플래시몹은 이메일과 문자 메시지가 보급되어 특정 장소[27]에 다수의 사람이 모이게 된 2003년에 비약적으로 발전했다.

21세기 들어 프러포즈에 엄청나게 투자하게 된 것은 시대적 모순이 가져온 결과다. 결혼율이 감소하면서 우리는 결혼이라는 의식을 완벽하게 만드는 데 점점 더 많은 돈과 시간을 쓴다. 순백의 결혼식이 점점 더 커지고 더 많은 돈과 계획을 필요로 하는 만큼, 결혼으로 진입하는 프러포즈도 멋진 레스토랑에서의 식사와 한쪽 무릎을 꿇는 것보다 훨씬 거대하고 비싸고 정교하고 극적인 것을 필요로 한다. 나는 스펙터클한 프러포즈가 급증하는 현상을 추적하기 위해 젊은 커플들에게 어떻게 약혼하게 되었는지 물어보았다. 유튜브에서 백만 단위 조회 수를 기록한 인기 프러포즈 영상도 보았다. 마지막으로 스펙터클한 프러포즈의 어두운 면도 살펴보았다. 실패한 프러포즈와 실패한 프롬포즈promposal다. 프롬포즈는 고등학교 졸업 파티 프롬에 함께 가달라고 청하는 정교한 계획을 말한다. 유튜브 같은 소셜 미디어 사이트에서 백만 단위의 조회 수를 기록한 것은 성공한 프러포즈와 프롬포즈만이 아니었다. 사람들은 약혼이라는 경쟁 스포츠에서 '성공의 흥분감'뿐만 아니라 '실패의 고통'에도 끌린다. 로맨스와 그 의식에 대한 우리의 감정이 매우 복잡하고 모순적이라는 뜻이다.

프러포즈를 어떻게 하고 어떻게 받았나요?

친구들이 샹들리에와 리넨 식탁보, 크리스털 샴페인 잔, 양초를 가지고 먼저 산으로 올라갔어. 그녀와 내가 도착했을 때는 전부 다 준비되어 있었지.
- 3일간의 등산 마지막 날에 여자 친구에게 프러포즈한 친구의 이야기

미국과 캐나다 등지의 결혼박람회에서 16쌍의 커플에게 어떻게 결혼을 약속했는지 물어보았다. 몇몇 커플은 자연스럽게 이루어졌다고 말했다. 한 사람이 결혼 이야기를 먼저 꺼냈다. 하지만 대부분 커플이 정교하게 계획된 의식을 통해 약혼이라는 신성한 공간으로 들어갔다. 인터뷰 대상자 중에 함께 울트라마라톤을 즐긴다는 젊은 백인 커플이 있었다(남성은 36세의 물리치료사, 여성은 28세의 언어치료사). 2014년에 남성은 울트라마라톤 대회에서 주최 측의 도움으로 여성의 번호판에 숫자 대신 '결혼해줄래?'를 넣었다. 안타깝게도 여성은 로맨스 본능보다 경쟁심이 더 강해서 늦게 출발하고 싶어 하지 않았다. 그녀는 사진작가들에게 프러포즈 순간을 찍히는 대신 출발선으로 급하게 달려갔다. 두 사람은 그 중요한 순간이 공유할 수 있도록 기록되지 않은 것에 대해 웃음을 터뜨렸다. 남성은 어깨를 으쓱하며 말했다. "그래도 좋은 이야기죠." 다른 젊은 남성은 디즈니행 티켓을 주머니에 넣고 프러포즈를 준비했다. 청혼 몇 시간 뒤 약혼을 축하하기 위해 함께 플로리다행 비행기에 올랐다. 매직 킹덤(디즈니랜드의 테마파크 중 하나―옮긴이)에서 청혼한 남성도 있었다. 그는 2010년 크리스마스이브에 여자 친구를 호텔 발코니로 데리고 나가 함께 신데렐라 성을 바라보았다. 그러고는 크리스마스트리가 반짝이고 거대한 장난감 기차 소리가 울려 퍼질 때 한쪽 무릎을 꿇었다. 그밖에도 사람들은 로맨틱한 주말여행, 첫 데이트 장소, 산꼭대기, 크리스마스이브에 펼친 추억의 슬라이드 사진 쇼, 워싱턴 스퀘어 파크, 필라델피아 미술관 계단, 공원에서의 보물찾기 게임 등을 이용해 프러포즈를 했다.

필라델피아의 결혼박람회에서 만난 젊은 백인 여성은 매우 로맨틱한 프러포즈를 받았다고 말했다. 약혼자가 그녀와 그녀의 가족, 친구들을 전부 스케이트장으로 불렀다. 30분 정도 스케이트를 타다가 그가 그녀를 스케이트장 한가운데로 데려갔고 다른 사람들은 전부 가장자리로 물러났다. "사랑한다면서 결혼해달라고 했어요. 할리우드 영화의 한 장면처럼 모두의 시선이 우리에게 향했죠." 그녀는 그때의 이야기를 마구 쏟아냈다. 결혼박람회에서 인터뷰한 몇몇 흑인 커플도 영화의 한 장면 같은 프러포즈를 계획했다. 적어도 남자 쪽은 그랬다. 디즈니 영화와 해피엔딩을 좋아하는 진정한 로맨티스트라고 자신을 소개한 남자는 그녀의 가족을 레스토랑으로 전부 불러 모두가 지켜보는 가운데 프러포즈했고, 두 사람의 추억이 담긴 슬라이드쇼와 라이브 음악도 준비했다.

워싱턴주 타코마의 결혼박람회에서는 스펙터클한 프러포즈를 실제로 목격할 수 있었다. 프러포즈는 이러했다. 25세 백인 여성 하이디는 남자 친구의 메이크업 아티스트 누나에게 박람회장으로 일찍 와서 부스 준비를 도와달라는 부탁을 받았다. 하이디는 모르고 있었지만, 역시 백인인 그녀의 22세 남자 친구는 박람회장에 1등으로 입장하는 사람에게 경품으로 주는 웨딩드레스를 받으려고 밤새 밖에서 기다린 터였다. 박람회장에 도착한 하이디는 양쪽 가족과 지역 신문사 기자들까지 모인 자리에서 청혼을 받았고 남자 친구가 웨딩드레스까지 내밀었다. 웨딩드레스로 갈아입고 나온 그녀는 눈부시게 빛났다. 올림머리를 한 금발의 그녀는 가장 친한 친구와 결혼하게 되어 너무 기쁘다고 말했다. 직업이 승무원이라 자주 집을 비우는 그녀는 아직 둘 다 어리지만 그가 '운명'이라는 확신이 있었다. 독실한 모르몬교 신자인 그들에게 결혼은 '평생' 반려자가 된다는

뜻이었다.[28]

내가 인터뷰한 젊은 커플들은 유튜브나 버즈피드에 올라오는 스펙터클한 프러포즈를 준비하지는 못했지만, 이제는 평범한 사람들 사이에서도 프러포즈가 무릎을 꿇는 것만으로 충분하지 않게 되었다는 사실을 안다. 남자는 어느 정도 계획과 감정 노동을 보여주는 무언가로 여자를 놀라게 해주어야만 한다. 남자는 반지를 사는 것뿐만 아니라 반지를 어떻게 줄 것인지에도 돈을 써서 특별하게 만들어야 한다. 가족과 친구뿐 아니라 마라톤 참가자들이나 아이스링크의 사람들, 디즈니 관광객 등 큰 규모의 사람들이 목격하는 공개 프러포즈가 꽤 흔해졌다. 무엇보다도 약혼을 어떻게 했는지 나중에도 계속 이야기할 수 있도록 남성은 로맨스 소설, 적어도 로맨틱 코미디 영화에서 본뜬 '이야기'를 만들어야 한다. 이야기를 다시 하는 의식에서 그들의 사랑은 마법 같은 운명으로 표현된다. 하지만 내가 인터뷰한 사람들의 프러포즈는 유튜브의 스펙터클한 프러포즈를 어설프게 모방한 것이었다. 플래시몹과 악단, 체조선수, 댄서들이 등장하는 그런 포러포즈는 조회 수가 수백만이다.

나는 이상적인 프러포즈를 알아보고자 유튜브에서 가장 인기 있는 프러포즈 영상 20건과 가장 인기 있는 레즈비언 프러포즈 5건, 가장 인기 있는 게이 프러포즈 5건을 분석했다. 가장 인기 있는 프러포즈들은 완성도가 뛰어나고, 조회 수 수천만에 댓글도 엄청나게 달렸다. 자신도 언젠가 저런 스펙터클한 프러포즈를 받고 싶다는 댓글이 많다.

영화관 모두가 질투하는 사랑

나는 영화를 통한 삶 말고는 알지 못한다.

- 장뤼크 고다르Jean Luc Godard, 1962년 인터뷰

조회 수 3,300만에 좋아요 21만 5천 개를 기록한 '최고의 프러포즈!!!Greatest Marriage Proposal EVER'라는 제목의 유튜브 영상에서 매트 스틸Matt Still은 여자 친구 지니를 영화관으로 보낸다. 스크린에서 예고편이 나오기 시작하는데, 매트가 지니의 아버지에게 결혼을 허락받는 영상이다. 매트는 약간 남부 억양이 섞인 말투로(어깨 아래만 보인다) "구식이고 불필요할 수도 있지만 그래도 여쭤보고 싶습니다. 따님과의 결혼을 허락해주시겠습니까?" 아버지의 허락이 떨어진 뒤 영상은 액션, 로맨틱 코미디 등 여러 영화 장르로 바뀌다 클라이맥스에 이르러 그가 영화관에 나타나 한쪽 무릎을 꿇고 말한다. "두 번째 데이트 때부터 내가 늘 말했지. 우린 영화관 모두를 질투나게 할 거라고."[29] 이 젊은 커플은 스펙터클한 프러포즈 덕분에 인기 토크쇼 〈엘렌 드제너러스 쇼The Ellen DeGeneres Show〉까지 출연했다.[30] 두 사람의 결혼식 영상은 조회 수가 '고작' 77만 5천에 그쳤지만, 매트가 필기체로 영원한 사랑의 서약을 적는 모습과 웨딩드레스를 입은 지니가 초록의 시골길을 걸어가는 모습을 보여주며 역시 로맨틱하게 연출되었다.[31]

오스트레일리아에서도 비슷한 영화 프러포즈가 이루어졌다. 남성이 여자 친구를 영화관으로 보내고 스크린에서 그가 출연하는 뮤지컬 코미디 예고편이 나온다. 그가 매직!의 노래 〈Rude〉에 맞춰 여자

친구의 아버지에게 '그녀와 결혼하게' 해달라고 애원한다. 뒤쪽에서는 노래 가사가 뜨고 남자와 예비 장인이 애원하고 거절하는 모습이 코믹하게 연출된다. 앞에서 말한 영상만큼은 아니지만 조회 수 950만을 기록했다.[32]

또 다른 비슷한 프러포즈로는 남자가 여자 친구에게 365일 동안 결혼해달라고 하는 영상(조회 수 2,700만)[33]과 '해적선'의 피터 팬과 웬디(조회 수 300만 이상)[34]를 연출한 영상, 다큐멘터리 스타일의 프러포즈 두 건이 있다. 각각 1,200만과 200만 가까운 조회 수를 기록한 모큐멘터리 스타일의 프러포즈에서 커플들은 두 사람의 관계와 약혼 과정에 대해 들려준다. 카메라에 대고 말하는 장면과 실제 프러포즈 장면이 섞여서 나온다.[35] 영화 프러포즈보다 뮤직비디오 프러포즈가 훨씬 더 인기다. 온라인에서 가장 인기 많은 프러포즈 20건 가운데 4분의 3이 뮤직비디오 형식으로 이루어졌다.

거리에서 춤을

나는 뮤직비디오를 정말 사랑한다. 시들해져가는 예술 형태라는 점이 안타깝다.
– 애덤 리바인Adam Levine, 팝 록 밴드 마룬5의 리드싱어

가장 인기 있는 뮤직비디오 프러포즈 가운데 하나인 '아이작의 라이브 립 덥 프러포즈Isaac's Live Lip Dub Proposal' 영상은 조회 수가 3,100만이나 된다. 그 영상에서 아이작은 여자 친구를 위한 뮤직비디오

형식으로 프러포즈를 연출한다. 그녀가 움직이는 자동차 뒤쪽에 앉아 있고 스피커에서 브루노 마스Bruno Mars의 노래 〈Marry You〉가 흘러나온다. 앉아 있는 여자 친구 뒤쪽에서 촬영이 이루어져 그녀의 시점이 영상에 담겼다. 푸르른 나무로 가득하지만 인적은 드문 교외 지역 거리에서 가족과 친구들(모두 백인)이 춤을 춘다.[36] 브루노 마스의 노래 가사는 완벽하다. 상대방에게 결혼하고 싶다고 말하는 내용이니까. 유튜브 최고 인기 프러포즈 영상 20건 중 5건에 그 노래가 사용되는 것도 놀랍지는 않을 것이다. 이런 댓글도 있다. "누가 이 노래를 프러포즈에 쓸 때마다 5센트씩 준다면 나도…… 약혼반지를 살 수 있을 텐데."

다른 뮤직비디오 프러포즈는 스포츠 경기의 중간 휴식시간에 이루어지거나 플래시몹이 들어간다. (조회 수 1,200만, 좋아요 54,315개를 기록한) 뮤직비디오 프러포즈에서는 남자가 사촌의 뮤직비디오에 출연하는 것이라고 여자 친구를 속인다. 사촌의 밴드가 노래를 부르기 시작하자 남자가 갑자기 한쪽 무릎을 꿇고 '가짜' 뮤직비디오를 '진짜' 고백으로 바꾼다. "우린 그동안 많은 걸 함께했고 지금 이 완벽한 순간에 이르렀어."[37] 아카펠라를 이용한 다른 영상에서는 여성이 무대 위로 안내된다. 대규모 합창단의 아카펠라와 미리 계획된 안무가 펼쳐지는 가운데 그녀는 예상치 못한 프러포즈를 받는다.[38]

뮤직비디오 프러포즈 가운데에서도 가장 극적인 연출은 여자 친구와 즉석에서 결혼까지 올리는 것이다. 조회 수 2,100만과 좋아요 10만 개를 기록한 프러포즈 영상에서 저스틴은 니키에게 영화 기법과 많은 사람이 거리에서 춤추는 방법을 이용해서 청혼한다. 영상은 젊고 매력적인 백인 여성 연기자가 저스틴의 얼굴에 음료수를 뿌리는 모습으로 시작한다. 그가 옷을 갈아입으러 가고 니키는 약간 감정이 고조된 상태로 혼자 남는다. 영상은 감독이 여러 스크린을 통해 지켜보면서 헤드셋으로 지시 내리는 모습과 '연기자들'의 모습을 계속 왔다 갔다 하면서 보여준다. 잘생긴 젊은 보안요원이 훌쩍이는 니키를 인터뷰하다 유니폼을 찢고 노래를 부르면서 춤을 춘다. 절반은 뮤직비디오고 절반은 남성 스트립쇼다. 그렇게 플래시몹이 시작되고 저스틴이 턱시도 차림으로 돌아온다. 이미 니키는 너무 울어서 마스카라가 흘러내리지만 끝나려면 아직 멀었다. 저스틴은 한쪽 무릎을 꿇고 반지를 내민 뒤 그 자리에서 바로 결혼하자고 제안한다. 춤추는 사람이 수백 명 정도로 보일 만큼 플래시몹의 규모가 커지고, 분수가 흐르고, 니키의 가족들도 등장하고 누군가 그녀의 머리에 웨딩드레스를 씌워 입힌다. 주례가 수백 명의 댄서와 가족, 친구들에게 '데이비스 부부'를 축하해달라고 말하면서 결혼식이 끝난다. 프러포즈에 너무 큰 노력과 돈이 들어갔다고 우려하는 댓글도 있지만 '천재적'이라는 반응도 있다. "신부가 결혼 준비하느라 스트레스받을 일도 없고 프러포즈로 결혼식과 신혼여행까지 한 방에 해결했네. 그것도 조회 수 2,000만이 넘는 최고의 인기 결혼식이 되었잖아." 단 한 명만 "만약 여자가 거절했다면 어땠을까"라고 감히 말했다.

영화 프러포즈건 음악 프러포즈건 내가 분석한 모든 프러포즈에는 공통점이 있었다. 가장 인기 있는 프러포즈들에서는 (미국의 결혼이 그러하듯) 백인 비율이 불균형하게 나타났다. 남성은 두 명만 빼고, 여성은 스무 명 중 열여섯 명이 백인이었다. 인기 프러포즈는 백인성뿐만 아니라 모든 참가자가 젊고 젠더 규범에 따르는 특징을 보였다. 예를 들어 거의 모든 여성이 날씬하고 긴 생머리였다. 유일하게 체구가 약간 큰 여성은 금발에 파란 눈동자이므로 다른 면에서 '이상적'이다. 인기 가수 테일러 스위프트Taylor Swift를 닮았다는 댓글도 보인다. 마지막으로 거의 모든 인기 프러포즈가 돈과 시간에 상당히 투자했음을 보여주었다. 다시 말해서 전문 영상제작자와 플래시몹, 악단 등을 고용할 수 있는 남성의 프러포즈일수록 인기 영상이 될 가능성이 컸다. 그렇지 않은 경우가 두 건이었는데 남자가 청혼하는 대상이 프로 치어리더다. 사회자본이라고 할 수 있는 스포츠팀과 치어리더들과의 개인적인 인맥 덕분에 따로 비용이 들어가지 않았다.

게이와 레즈비언 프러포즈도 비슷한 패턴을 따랐다. 가장 인기 있는 게이와 레즈비언 프러포즈의 주인공도 대부분 백인이었다(프러포즈하는 사람 10명 중 8명, 받는 사람 10명 중 8명). 이성애자들의 프러포즈와 마찬가지로 상당한 노력을 요구하는 계획과 촬영을 거쳐 타인의 소비를 위해 배포되었다. 게이와 레즈비언의 프러포즈는 주로 음악 프러포즈이고 이성애자들과 똑같은 노래가 사용된 경우가 많았다. 마지막에 무릎을 꿇고 다이아몬드 반지를 건네는 의식도 전부 들어가, 20세기에 시작된 관행이 21세기에도 여전히 중요하며 유연성 있게 이어지고 있음을 보여주었다.

흥미로운 패턴은 게이 프러포즈가 레즈비언 프러포즈보다 14대 1의 비율로 훨씬 더 인기가 많다는 사실이었다.[39] 레즈비언 프러포즈의 인기가 낮은 이유는 동성애자 남성보다 동성애자 여성에 대한 반감이 더 크기 때문인지도 모른다. 2010년에 학술지 〈Pediatrics〉

에 실린 15,000명을 대상으로 한 설문 조사에서는, 비이성애자 여학생일수록 경찰에 잡히거나 학교에서 처벌받는 가능성이 크다고 나타났다.[40] 프러포즈가 여성이 아닌 남성이 해야 하는 감정 노동이라고 생각하는 문화적 관점이 원인일 수도 있다.

이성애자와 남녀 동성애자의 인기 프러포즈 영상에 달린 댓글에서도 몇 가지 패턴이 나타난다. 나는 각 영상에 달린 가장 인기 있는 댓글을 50개씩 읽었다. 총 1,500개의 댓글을 읽은 것이다. 그렇게 많은 댓글을 읽을 수 있던 이유는 '사랑' 같은 한 단어나 'OMG(오마이갓)' 같은 줄임말 또는 하트 같은 이모티콘만으로 이루어진 댓글이 많았기 때문이다.[41] 댓글들을 어떤 감정을 표현하는지에 따라 나누고 '비슷한 프러포즈/로맨스 욕망', '감동', '자신이나 타인이 그런 프러포즈에 실패할까 봐 불안함', '비난' 등으로 표시했다.

댓글을 쓴 누리꾼 다수가 자신도 똑같은 프러포즈를 받고 싶다는 욕구를 드러냈다. 예를 들어 한 아이는 "열 살인데 여자 친구 있어요. 제 프러포즈도 저렇게 성공했으면"이라고 했다. 또 다른 어린 누리꾼은 "내 남자 친구도 저렇게 해줬으면. 내가 남자 친구를 사귈 수 있을 만큼 컸을 때 말이야. ㅋㅋ"라고 적었다. 어린 누리꾼들만 그런 댓글을 단 것은 아니다. 다른 누리꾼은 "두 사람이 너무 행복해 보여서 울었다. 스물아홉 싱글인 나에게도 언젠가 저런 일이 일어났으면"이라고 했다. 다수의 누리꾼이 유튜브에서 본 이상적인 프러포즈를 현실적인 기대로 바꾸었다. "내 프러포즈에 대한 기대가 높아졌다", "젠장! 나한테도 이런 걸 해줄 사람이 있을까? 없어!!!!!", "나는 이런 거 해줄 사람이 없으니 구석에서 울어야겠다." 이러한 자기연민에는 대부분 "축하해요. 정말 멋져요" 같은 말이나 하트 이모티콘과 함께 커플을 위해 기뻐하는 감정이 따라왔다.

　일부 누리꾼은 똑같은 프러포즈를 받고 싶다는 바람을 표현하지 않았고, 영상을 보고 정말로 깊은 감정을 느끼는 듯했다. "흑흑, 맷과 지니 고마워요. 지금 엄청 사람 많은 카페인데 '배고픈 아기처럼 엉엉 울지' 않으려고 온갖 방법을 다 쓰는 중. 실패했네요!" 다른 누리꾼은 이렇게 적었다.

　이거 실화인가요? 이게 진짜 프러포즈라고요? 어떤 기분인지 정확히 모르겠는데 정말 특별했어요. 내 인생 최고로 잘 쓴 26.59분이네요. 영상이 끝난 지 3분, 이제 현실로 돌아갑니다.

　어떤 누리꾼은 "힘내야 할 때마다" 볼 가치가 있다면서 스펙터클한 프러포즈를 보는 것이 훌륭한 생존 전략이라고 제안했다. 다른 누리꾼은 "슬플 때마다 이 영상을 떠올리거나 보면 기분이 나아진다"라고 했다. 감정이 '눈물'이나 '우는 중', '양파 좀 그만 썰어' 같은 간단한 말로 표현된 경우가 많았다. 이렇게 강렬한 감정 반응은 대부분 '인터넷의 바람직한 측면'이자 힘든 세상을 살아가는 데 꼭 필요한 일이라고 긍정적으로 표현되었다.

　하지만 긍정적인 반응만 있는 것은 아니었다. 스펙터클한 프러포즈를 전반적으로 비난하는 댓글도 소수 보였다. 한 여성은 "나만 소박하고 낭만적인 프러포즈를 꿈꾸나? 보는 사람 없는 정원 같은 데서 하는 프러포즈 말이야"라고 했다. 스펙터클한 프러포즈에 진정성이 빠졌다고 혐오감을 표현한 사람들도 많았다. 한 여성은 "카메라로 찍어 유튜브에 방송해야만 의미 있는 가짜 삶"을 원하지 않는다고 했다. "프러포즈가 이렇게 극적이면 이혼은 더더욱 요란하겠네!"라고 한 사람도 있었다.

사실 댓글에서 가장 많이 표현된 감정은 부러움이 아니라 두려움과 불안이었다. 사람들은 그런 로맨스를 직접 겪어보지 못할까 봐, 만약 여자가 청혼을 거절한다면 '우스꽝스럽고' '큰 상처'가 되었으리라는 두려움을 드러냈다. "남자가 불쌍하겠지만 솔직히 거절당하는 모습을 보고 싶다", "난 요란한 프러포즈는 못 미더워. 나쁜 사람이 되지 않으려면 수락할 수밖에 없잖아"라고 말이다. 남성들은 저런 프러포즈를 할 돈이 없어서 결혼하지 못하게 될까 봐 불안해하는 경우가 많았다. "저런 프러포즈를 할 수 있는 돈이 있다는 게 제일 중요하지! 난 사랑하는 여자 친구/아내를 놀라게 해주고 싶지만 돈이 없어서 못한다", "멋지지만 젠장이다. 이런 프러포즈 때문에 남자들이 프러포즈하기가 점점 힘들어진다고."

이러한 불안감은, 프러포즈의 역할이 로맨스가 우리를 불확실함에서 구해주는 마법이라고 설득하는 것만이 아님을 말해준다. '불가능한' 미래에 대한 불안도 증폭시킨다. 로맨스는 항상 양날의 검이다. 스펙터클한 프러포즈 영상에 달린 댓글들은 정서와 경제의 전적인 안정과 전적인 붕괴 사이에 미세한 경계선을 그린다. 스펙터클한 프러포즈 영상에 따라붙는 전혀 다른 유형의 영상이 존재하는 것도 그 때문일 것이다.

감정의 어두운 측면

"언젠가 내 아내가 되겠다고 약속해줄래?"

"모…… 못해." 너무 오랫동안 무서운 침묵이 계속되자 앤은 얼굴을 들어 보았다. 길버트의 얼굴이 입술까지 하얗게 질려 있었다. 그의 눈은…… 하지만 앤은 온몸을 떨며 고개를 돌렸다. 전혀 낭만적이지 않아. 원래 프러포즈는 기이하거나 끔찍한 걸까?

- L. M. 몽고메리L. M. Montgomery, 《레드먼드의 앤》

스펙터클한 프러포즈는 경제적인 이유와 정서적인 이유에서 모두 이해할 만하다. 이것은 데이트라는 세속적인 영역에서 성스러운 영역인 약혼으로 이동한다는 정서적 무게를 더한다. 스펙터클한 프러포즈는 남성이 능동적인 주체로서, 소극적인 대상인 여성에게 청혼하는 결혼의 젠더 구분적인 특징이 유지되도록 허용한다. 적어도 상징적으로는 그렇다. 또한 남성이 여성의 아버지에게 '허락'을 구함으로써 여성이 남성 사이에서 거래되는 더 오래된 젠더 역할도 허용한다. 역시 상징적인 측면이고 '악의 없는' 일이다. 스펙터클한 프러포즈는 변화하는 젠더 역할과 결혼의 중요성 감소, 스마트폰과 소셜 미디어 플랫폼 같은 테크놀로지의 엄청난 진보에 대응하여 발달했다. 다이아몬드 약혼반지에 이어 프러포즈가 결혼에 꼭 필요한 부분이라고 판매함으로써 이윤을 취하는 다양한 기업들이 등장했다. 하지만 스펙터클한 프러포즈에는 어두운 이면이 존재한다. 사랑과 밝은 미래의 약속에 관한 감정이 아니라 실패와 모방에 관한 감정이다. 이 장의 마지막 부분에서는 스펙터클한 프러포즈가 수행하는 감정 노동이 유튜브에 올라오는 로맨틱한 청혼의 또 다른 장르인 실패한 프러포즈와 프롬포즈에 의해 약화할 수 있다는 사실을 살펴보자.

프러포즈 실패

당신은 내가 당신을 사랑하듯 날 사랑한 적이 없어. 한 번도!

– 토머스 하디Thomas Hardy, 《비운의 주드》, 1895

프러포즈에는 언제나 실패 위험이 따랐다. 여자의 아버지에게는 결혼 허락을 구하는 남자를 퇴짜놓을 힘이 있었다. 1800년대부터 남성이 여성에게 직접 청혼하기 시작하면서 여성들도 거절할 권리를 종종 행사했다. 하지만 소셜 미디어를 통해 개인적 영역이 세상에 널리 공개되면서 프러포즈 실패는 수백만 명이 감상하고 댓글을 남기는 이벤트가 되었다. 실제로 유튜브에서 '프러포즈 실패'는 하나의 장르이며 버즈피드와 텀블러, 트위터에서도 다뤄지는 주제다. 프러포즈 실패는 스펙터클한 프러포즈보다 인기는 없지만 그래도 조회수가 수백만이나 된다. 대부분 편집도 잘 되지 않고(대부분 지나가는 사람이 휴대전화로 촬영) 사람들을 끌어당기는 밝은 조명과 다양한 카메라 각도, 배경 음악도 없는 영상치고는 매우 높은 숫자다.

나는 유튜브에서 '프러포즈 실패'라는 제목으로 올라온 가운데 조회 수가 가장 높은 영상 10편을 보면서, 그 '오그라드는' 순간들에서 공통점을 찾고자 했다. 대개는 스포츠 경기장 등에서 이루어진 매우 공개적인 이벤트였다. 현장에서 수만 명이 직접 목격하고 중간휴식 시간에 중계되어 더 많은 사람이 본 뒤에는 유튜브에 올라가 그보다 더 많은 사람이 소비했다. 실패한 사람들은 스펙터클한 프러포즈를 성공시킨 사람들과 크게 달라 보이지 않았다. 역시나 젊고 백인이고 젠더 규범에 따랐다. 성공할 수도 있었겠지만, 다수의 성공한 프러포즈와 달리 철저한 계획, 가족과 친구의 참여가 빠진 듯했다. '실패한 프러포즈'에는 엄청난 인파와 주인공 커플만이 등장했다. 성공한 프러포즈에서 보이는 플래시몹이나 전세 낸 레스토랑처럼 부와 소비의 전시가 없었다. 하지만 스펙터클한 프러포즈와 실패한 프러포즈의 진짜 차이는 여성이 거절한다는 것뿐이었다(프러포즈하는 사람은 전부 남자였다). 또는 경악하면서도 공공장소에서 개인의 상실을 목격하며 재미있어 하는 인파 사이를 울면서 뛰쳐나갔다.

유튜브의 실패한 프러포즈 영상에 댓글을 단 사람들은 대부분 남성을 탓한다. "프러포즈하기 전에 대화를 먼저 나눠야지. 그래야 상대방도 괜찮은지 알 수 있고 청혼도 받아들일 텐데.", "저렇게 곤란하게 만들면 안 돼. 프러포즈는 절대로 100퍼센트 서프라이즈가 되어선 안 되는 거야." 스포츠 경기장 프러포즈가 별로 로맨틱하지 않다는 지적도 있다. "경기 도중에 프러포즈 받으면 엄청 짜증 날 것 같다." 또 다른 프러포즈 실패 영상에서는 남자가 푸드 코트에서 청혼한다. 역시나 프러포즈 장소로 적합하지 않다는 댓글들이 달렸다. "푸드 코트에서 프러포즈하다니 진짜 사랑하는 거 맞아? 저런 형편 없는 프러포즈를 받아들일 사람이 어디 있어?" 청혼을 거절하는 여성을 비난하는 댓글도 눈에 띈다. 한 남성은 "남자가 몇 분 전에 로또에 당첨되었더라면" 청혼을 수락했을 것이라고 말했다. "연인이 있으면 남자에게 좋은 점이 도대체 뭔지 설명해주실 분?"이라고 묻는 사람도 있었다.

실패한 프러포즈 영상의 댓글에는 결혼의 의식과 집착적 물건에 대한 비판이 더 많이 나타난다. 다시 말하자면 러브 주식회사에 의문을 제기하는 것이다.

"바보 같은 결혼을 당장 근절하면 모든 사람이 더 나아질 듯."
"빌어먹을 결혼에 빠지지 않을 모든 사람에게 축하를."
"로맨틱 코미디를 너무 많이 본 듯."

이것은 '프러포즈 실패' 영상에 달리는 댓글들의 패턴이다. 가장 대표적인 프러포즈 실패 사례를 한데 모아놓은 영상은 거의 1,100만 조회 수를 기록했는데, 첫 수백 건의 댓글 중 13퍼센트가 일반적으로 결혼을 비판하는 내용이었다. 반대로 스펙터클한 프러포즈 영상에는 결혼이나 로맨스를 비판하는 댓글이 없었다.[42] 그리고 '실패한 프러포즈'는 보는 사람에게 '완벽한 프러포즈'에 대한 욕망을 일으키지 않는다. 실패한 프러포즈 영상은 결혼, 돈밖에 모르는 여자, 심리적 교감을 전혀 못하고 여자를 곤란하게 만드는 남자에 대한 불안을 표출시킨다.

또 다른 유튜브 장르 '프롬포즈'는 스펙터클한 프러포즈의 예행연습 같은 역할을 한다. 하지만 프롬포즈는 해피엔딩을 약속하지 않는다. "나와 결혼해서 영원히 행복하게 살래?"라는 질문 범위가 "나와 함께 프롬에 갈래?"로 줄어든다. 순백의 결혼식과 달리 고등학교 프롬은 행복하고 안정적인 미래에 대한 약속으로 비추지 않는다. 실제로 영화에서 프롬은 대부분 환상보다는 악몽으로 표현된다. 〈캐리〉(1976년 원작, 2002년과 2013년 리메이크작)에서는 프롬이 엉망진창이 되고 살인으로까지 이어진다. 〈25살의 키스〉(1999)와 〈핑크빛 연인〉(1986)처럼 공포 장르가 아닌 영화에서도, 프롬은 환상적인 저녁보다 10대의 불안으로 그려지는 경우가 많다.

프롬포즈

콜린스 선생: 토미, 캐리 화이트와 같이 졸업 댄스 파티장으로 들어가면 약간 우스꽝스러워 보일 것 같지 않니?
슈 스넬: 우린 남의 시선 같은 건 신경 안 써요. 안 그래?
토미 로스: 흠……

— 1976년작 공포 영화 〈캐리〉

고등학교 졸업 댄스파티 프롬은 역사가 거의 100년 가까이 되지만 그 인기는 사그라들었다. 놀라운 일은 아니다. 그 인기는 1970년대부터 줄어들었는데, 젊은이들의 반문화와 페미니즘이 고등학생들을 이성애라는 제도적 형태에서 멀어지게 했다. 좀 더 '로맨틱'하고 덜 비판적인 1980년대에 이르러 프롬은 다시 인기를 끌기 시작했다. 순백의 결혼식처럼 프롬은 불균형적인 백인성을 띠며 점점 더 많은 시간과 돈을 요구한다.[43] 고등학생들에게 결혼 예행연습과도 같은 프롬은, 우리를 로맨스적 인간뿐 아니라 로맨스적 소비자로 생산하는

데 중요한 역할을 한다. 2015년에 미국인 가정이 저녁 식사와 화려한 의상, 리무진 이용 등 프롬에 쓰는 비용은 평균 919달러였다. 한 설문 조사에 따르면 "연간 소득 총 5만 달러 이하인 가정은 프롬에 1,109달러를 쓰려고 계획한다. 당황스럽게도 연간 소득 2만 5천 달러 이하인 가정은 프롬에 1,393달러를 쓰며 연간 소득 5만 달러가 넘는 가정은 평균 799달러를 쓴다." 오늘날 프롬에 드는 총비용 가운데 프롬에 같이 가자고 청하는 연출에 드는 비용이 약 300달러를 차지한다.[44]

내가 가르치는 이성애 사회학 수업에서 해마다 학생들에게 프롬에 관한 설문을 한다. 약 5년 전부터 학생들 다수가 프롬포즈 경험을 적기 시작했다. 구글의 추세와도 일치한다. 구글 검색 결과에 '프롬포즈'가 처음 등장한 때는 2011년부터이며 그 뒤로 계속 증가했다. 수업을 듣는 학생 하나는 굴착기를 빌려 커다란 돌을 여자 친구의 주차 칸으로 옮겼다. 돌에 "프롬에 같이 가줄래?"라고 쓰고 여자 친구가 학교에 올 때까지 기다렸다. 친구들에게 처음부터 촬영을 시켰다. 한 여학생은 남학생이 불을 이용해 집 앞마당에 '프롬에 같이 가줄래?'라고 써서 프롬포즈를 했지만 실패로 끝난 이야기를 적었다. 남학생과 미리 입을 맞춰놓은 아버지가 불러서 그녀는 발코니로 나갔다. 하지만 남학생과 아버지는 그녀가 이미 다른 남학생과 같이 프롬에 가기로 했다는 사실을 알고 크게 실망했다. 보물찾기, 교사의 도움으로 수업 시간에 꽃을 들고 등장하기, 피자 박스에 메모를 적어 집으로 배달시키기 등도 나왔다. 이 프롬포즈들은 온라인에도 올라가 수백만 조회 수를 기록했다.

프롬포즈는 성공으로 끝난 스펙터클한 프러포즈와 실패한 프러포즈의 중간쯤에 위치한다. 프롬포즈를 하는 아직 어린 학생들은 스펙터클한 프러포즈를 모방하지만, 모든 모방이 그러하듯 프롬포즈는 성스러운 커플의 취약성과 실패 위험을 제공한다. 스펙터클한 프러포즈와 마찬가지로 프롬포즈는 매우 공개적인 이벤트다. 주로 카메라로 촬영되어 소셜 미디어에서 공유된다. 소셜 미디어와 저렴한 촬영 수단이 발달하면서 프롬포즈도 스펙터클한 프러포즈와 함께 발달했다. 때문에 같은 학교 학생에게 프롬에 같이 가자고 청하는 행동은 더욱 공개적인 특징을 띠게 되었다. 프롬포즈는 스펙터클한 프러포즈와 마찬가지로 비교적 새로운 현상인 만큼 아직 활발한 연구가 이루어지지 않았다. 얼마 되지 않는 프러포즈 연구 논문을 쓴 존 M. 리처드슨John M. Richardson은, 프롬포즈가 고등학생들에게 전통적인 젠더 역할을 구체화하고 창의성과 소비 능력을 갖춘 '신자유주의 자아'라는 것을 연출해 어른의 세계로 들어가도록 준비시킨다고 주장한다. 하지만 포커스 그룹과 고등학생 설문 조사, 온라인 영상 분석이 포함된 리처드슨의 연구에서 "눈에 띄게 부재하는 단어는 '사랑'이다. 개인이 느끼는 감정에 별다른 주의를 기울이지 않는다는 것이 가끔 문제가 되었다"[45]라고 말한다. 일각에서는 그래서 프롬포즈가 '달콤'하다고 말한다. 〈뉴욕 타임스〉 기사에서 아만다 헤스 Amanda Hess는 행복한 미래를 약속하지 않기 때문에 프롬포즈가 감동적이라고 말한다. "결혼은 영원하지만 프롬은 단 한 번 함께 추는 춤일 뿐이다"라고 그녀는 지적한다. 하지만 프롬포즈에 들어가는 엄청난 시간과 자원은 10대들이 프롬포즈에 신경 쓰는 이유를 생각해보게 만든다. 부분적으로 그 답은, 프롬포즈가 새 드레스를 사고 턱시도를 빌리는 것처럼 프롬에서 필수가 되었기 때문이다. 다른 한편으로 프롬포즈가 새 드레스 같은 자원을 필요로 하므로 프롬을 특정 학생들만 참석할 수 있는 행사로 만든다는 데도 답이 있다. 즉 '완벽한 프롬'이 되도록 비용 등을 지원해주는 어른(대개 교사와 부모)을 둔 학생들만 가능하다. 마지막으로 프롬포즈는 스펙터클한 결혼 프러포즈와 마찬가지로 성공적인 로맨스의 젠더와 계급, 인종적 특징을 공개적으로 보여준다. 즉 남학생이 여학생에게 청하며 거의 모든 남녀 학생이 백인이고 부유하다.[46]

로맨스는 빠졌지만, 프롬포즈가 대단히 성적이고 성별화된 전시라는 점에 대해 무엇을 알려주는지 알아보고자 유튜브에서 가장 인기 있는 프롬포즈 영상 10건을 살펴보았다. 그 영상의 10대들은 거의 백인이고 모두가 젠더 규범을 따랐다. 조회 수 220만을 기록한 인기 영상에서는 남학생이 엄청나게 많은 탁구공에 '프롬에 같이 가줄래?'라고 적어 여학생의 사물함에 넣는다. 여학생이 사물함을 열자 탁구공이 쏟아져 나온다. 여학생의 반응(감정 표현으로 보아 '예스')을 포함해 모든 과정을 촬영하고 음악을 넣어 편집했다.[47] 또 다른 인기 영상에서는 남학생이 교실 TV를 통해 전교에 방송되는 영상을 만든다. 그리고 나서 남학생이 여학생의 교실로 들어가 '프롬포즈'를 하며 영상은 '현실'로 바뀐다.[48] 조회 수 300만이 넘는 영상에서는 남학생과 어머니가 공모해 남학생이 자동차 사고를 당한 것처럼 꾸며 구급차에 실린 채 여학생 집으로 간다. '죽은' 헤이든이 누운 침대가 현관문 앞으로 옮겨지더니 그가 "너와 프롬에 가고 싶어 죽겠어"라고 적힌 피켓으로 여학생에게 프롬포즈를 한다.[49] 이 영상들에서는 어른의 참여(교사 또는 부모)와 자원(프롬포즈에 필요한 '준비물'뿐만 아니라 카메라, 컴퓨터, 편집 도구 등), 미래 시제의 부재가 두드러진다. 다시 말해서 프롬포즈는 어린 커플이 약혼과 결혼의 미래를 꿈꾸기 때문에 연출되는 것이 아니다. 오히려 프롬포즈 영상에는 미래가 전혀 언급되지 않는다.

프롬포즈 영상은 소비하는 사람들에게 어느 정도의 '희망' 효과를 제공하지만(보기: "내 남자 친구도 저렇게 해줬으면 좋겠다") 너무 많은 시간과 돈이 들어간다는 걱정도 일으킨다. 관련 뉴스들은 프롬포즈가 매우 사랑스러운 이벤트라고 말하면서도 경제 비용이나 점점 커지는 사회적 압박감에 대한 우려를 표현한다. 2016년 세계적으로 화제가 된 프롬포즈에서, 애리조나 템피Tempe에 사는 고등학교 졸업반 남학생은 프롬포즈를 위해 여자 친구를 데리고 하와이 여행을 떠났다.[50] ABC 뉴스는 이렇게 보도했다. "프롬포즈 이벤트는 수백만 조회 수와 공유, '좋아요'를 얻지만 일부 10대는 소셜 미디어 유명세를 위해 남들보다 돋보이려고 너무 많은 시간과 돈을 들인다."[51]

조회 수 1,400만의 최고 인기 프롬포즈는 거의 실패한 프롬포즈다. 그 영상에서 대니얼이라는 남학생은 여자 친구에게 프롬에 같이 가달라고 부탁하는 표지판을 시골 도로에 설치한다. 여자 친구는 자신을 위한 것인지 모르고 "저건 정말 형편없는 방법이야"라고 말한다. 그러나 곧바로 대니엘이 자신을 위해 준비한 것임을 깨닫고는 놀라며 눈물을 흘리고 잠시 카메라가 멈춘 뒤에 (당연히) 승낙한다.[52] 이 서투른 프롬포즈는 패러디 영상을 탄생시킬 정도로 큰 인기를 얻었다. 패러디 영상도 14만 5천 조회 수를 기록했다.[53]

인기 프롬포즈 영상 대부분이 거의 실패라고도 할 수 있는 이유는, 현상을 유지하는 동시에 엎으려는 모방의 힘과 관련 있다.[54] 프롬포즈는 로맨스를 통한 안정적이고 안전한 미래에 대한 환상에 아직 접근하지 못한 어린 커플이 '귀엽고' '무해'해 보이는 방법으로 행하는 로맨스 비슷한 표현이다. 그 표현은 행복한 미래에 가장 쉽게 접근할 수 있는 사람이 인종, 성별, 경제 자원을 가장 많이 가진 사람이 되도록 함으로써 로맨스 이데올로기가 하는 일을 수행한다. 하지만 프롬포즈는 미래의 행복을 보장해준다는 로맨스의 주장을 뒤집기도 한다. 그것을 이용하는 10대가 아직 어른의 세계에 속하지 않고 미래의 시제로 말할 수 없기 때문이다. 정말로 프롬을 행복한 해피엔딩으로 상상한다면 '좋은 결혼'의 개념은 우스울 정도로 철저하게 약해질 것이다. 10대는 결혼을 할 수 없지만 무해하면서도 해로운 방식으로 약혼을 가장할 수는 있다. 다시 말해서 프롬포즈의 당사자인 10대 커플이 행복하게 오래오래 사는 모습은 상상할 수 없지만 프롬포즈는 스펙터클한 결혼 프러포즈와 비슷한 모습으로 연출된다. 따라서 비록 해피엔딩의 약속은 빠졌더라도 사랑할 자격이 있는 사람이 누구인지를 규정짓는다.

스펙터클한 프러포즈, 실패한 프러포즈, 프롬포즈 그리고 사랑의 미래

로맨틱하다. 로맨스는 텔레노벨라의 핵심이다.

감정의 포르노다.

– 〈제인 더 버진〉에서 로델리오 델 라 베가 역의 제이미 카밀Jaime Camil

유튜브는 경제적 보상을 제공한다. 조회 수 100만당 실제로 받는 돈은 2,000달러밖에 되지 않지만 말이다.[55] 인기 프러포즈도 간접적이나마 이익을 가져다준다. 미국 드라마 〈제인 더 버진〉에 출연하는 배우 저스틴 발도니Justin Baldoni는 여러 번이나 정교하게 연출된 프러포즈를 촬영했다. 여러 번의 가짜 프러포즈가 우스꽝스럽게 실패한 뒤 '진짜' 프러포즈가 나온다. 그는 '백스테이지'에서 준비하는 동안 여자 친구에게 영상을 보게 한다(이 모습이 카메라에 담긴다). 생방송 라디오 프로에서 청혼했다가 기술적인 문제로 편집되고, 광장에서 플래시몹 댄스를 추지만 신부를 깜빡했고, 뮤직비디오도 몇 편이나 찍지만 '너무 촌스러워' 가짜 프러포즈가 계속 실패한다. 극적이지만 실패로 끝난 프러포즈는 훨씬 더 진지한 다큐멘터리로 바뀐다. 두 사람의 관계를 보여주다가 남자가 여자 앞에 나타나 청혼한다.[56] 이 영상은 제작사(웨이페어러 엔터테인먼트)의 홍보 효과도 있지만 떠오르는 젊은 스타 저스틴 발도니를 널리 알리고 호감도도 높였다. 〈제인 더 버진〉의 100만 시청자 외에도 거의 1,100만 명이 그의 '현실' 로맨스에 마음을 빼앗겼다.[57] 이런 스펙터클한 프러포즈는 여러모로 이익을 준다. 제작자와 프러포즈 장소는 물론이고 '주인공'의 부업에도 도움이 된다. 한 예로 조회 수가 거의 천만에 이르는 프러포즈 영상에는 댄스 플래시몹과 대규모 악단이 나온다. 그리고 예비 신부 앨리슨이 "제3국의 장인들을 도와주는 예쁜 침구 디자인 사업"을 홍보한다.[58]

프롬포즈와 실패한 프롬포즈, 실패한 프러포즈로도 이익을 얻을 수 있다. 유튜브 채널과 연결해 구독자 수를 늘릴 수 있기 때문이다. 가장 인기 있는 프롬포즈는 커버걸Covergirl이 후원하고 베키 G Becky G

가 주연을 맡은 유튜브 세븐틴Seventeen 채널의 프롬포즈 시리즈처럼, 10대를 위한 엔터테인먼트가 되기도 한다.[59] 사람들이 극적인 방식으로 프러포즈를 하고 수많은 사람이 소비하는 이유를 돈으로만 설명할 수 없다. 우리가 프롬포즈와 실패한 프러포즈 영상을 보는 이유도 돈으로 설명되지 않는다. 그 이유를 제대로 파헤치려면 스펙터클한 프러포즈로 어떤 문화 작업이 이루어지고 있는지 살펴봐야 한다.

요즘 젠더 역할이 크게 변하고 있지만 매우 중요한 젠더 유지도 이루어진다. 여성이 노동 인구의 절반을 차지하고 남성보다 대학 입학과 졸업률이 높다. 그뿐만 아니라 오늘날 젊은 여성은 남성보다 커리어의 성공을 더 중시한다.[60] 로맨스와 특히 스펙터클한 프러포즈가 일으키는 환상은 '전통'을 다시 붙잡으면 안전한 미래가 주어진다는 것이다. 젊은 남녀는 현실에서는 아니더라도 온라인에서 그 환상을 소비함으로써 미래에 대한 불안감에서 해방된다. 포르노 소비가 현실 관계의 짐에서 일시적으로 벗어나게 해주는 것과 마찬가지다.

백인의 특권에 대한 의문이 점점 커지는 시대지만, 인기 프러포즈에서는 분명히 지속되는 인종의 경계선이 드러난다. 로맨스를 (주로) 백인이 점유하고 완벽한 프롬을 (주로) 백인 10대가 점유하는 것은, 백인만의 밝지 않은 미래를 만든다. 유튜브 인기 프러포즈 영상 20개 가운데 비백인이 나오는 영상은 단 3개뿐이다. 하나는 디즈니에서 이루어지는 플래시몹으로 조회 수가 1,400만이다.[61] 조회 수 400만을 기록한 다른 영상에서는 흑인 남자 친구가 역시 흑인인 시카고 불스 치어리더(일명 러버불Luvabull)에게 청혼한다. 이 영상이 유명한 이유는 스펙터클한 프러포즈가 자주 이루어지는 스포츠 경기장 테마라서가 아니라, "이 사람들 이혼했음"이라는 첫 번째 댓글 때문이다.[62] 가장 인기 있는 프러포즈 영상 20개 가운데 주인공이 백인이 아닌 나머지 영상에서는, 이어지는 메모를 통해 힐튼 호텔 방에 도착한다. 흥미롭게도 그 영상에도 커플이 이혼했을 것이고 여성이 성적으로 문란할 것 같고 화장이 너무 진하다는 댓글이 달렸다. 전반적으로 비백인의 스펙터클한 프러포즈 영상에 달린 댓글은 백인의 경우보다 훨씬 더 부정적이었다.[63]

스펙터클한 프러포즈는 젠더와 인종의 계층제를 바람직하게 보이도록 만드는 작업을 한다. 우리는 영상에서 남자가 청혼하고 여자가 청혼받는 모습을 본다. 여자는 백인이고 젊고 날씬하고 여성스럽다. 남자가 프러포즈에 많은 돈을 쓴다는 것은 부유하고 매력적이라는 뜻이다. 부자는 좋은 것이니까. 스펙터클한 프러포즈 영상을 보면서 실제로 겪고 싶은 마음이 들지 않는 사람들도 많을 것이다. 영상을 보면서 어떤 여성들은 평등을 원할 것이다. 또 어떤 남성들은 통장 잔액이 아니라 한 인간으로서의 가치를 인정받고 싶을지도 모른다. 국가 전체로 볼 때 우리는 백인과 결혼에서 점점 더 멀어지고 있지만, 로맨스는 개의치 않는다. 로맨스 이데올로기는 사람들에게 욕망과 동시에 순응을 주입하는 것을 중시한다. 이상에 부합하고 싶은 욕망, 이상에 이르기 위해서라면 어떤 규칙이든지 따르려는 의지 말이다. 하지만 그 이상에는 소수만이 다다를 수 있다. 미국인 대다수는 스펙터클한 프러포즈의 주인공이 될 수 없고 안정적인 미래를 찾을 수도 없을 것이다. 하지만 진실조차도 점점 더 힘들고 불안정해지는 삶에서 벗어날 수 있다는 희망을 멈추지는 못한다. 백설 공주의 말대로 휘파람을 불며 일하고 꿈꾸면 언젠가 왕자님이 나타날 테니까. 마법 같은 미래를 꿈꾸는 동안 우리는 계속 유튜브에서 스펙터클한 프러포즈 영상을 보면서 가장 극적인 이벤트를 계획할 것이다. 바로 순백의 결혼식이다.

4장

순백의 결혼식

LOVE, INC.

어머니의 약혼반지라 저에게 무척 특별한 반지이고 케이트도 저에게 무척 특별한 사람입니다. 그녀에게 이 반지를 주는 건 자연스러운 일일 수밖에 없었죠.
– 윌리엄 왕자가 케이트에게 준 다이아몬드와 사파이어로 된 약혼반지를 설명한 말

2011년 4월 29일 금요일, 런던의 날씨조차 결혼식을 치를 준비가 되어 있었다. 아침부터 시작된 따뜻하고 화창한 날씨가 온종일 이어졌다. 나는 케이트 미들턴Kate Middleton과 윌리엄 왕자의 결혼을 보려고 오전 7시가 조금 안 되어 웨스트민스터 사원으로 출발했다. 이른 시각부터 축제 분위기라는 데 놀라며 인파를 헤쳐나갔다. 사람들은 샴페인을 터뜨리고 영국산 맥주를 위험한 속도로 빠르게 들이켰다. 대마초 냄새도 강하게 났다. 사람들은 대부분 영국 국기가 들어간 특이한 옷을 입고 있었다. 영국 국기 패턴이 들어간 2단 웨딩 케이크 모양의 모자, 영국 국기 패턴이 들어간 망토와 양말, 셔츠, 심지어 아기 담요, 빨간색과 하얀색, 파란색으로 염색한 머리, 여자들의 머리에 얹힌 '장식품'까지. 아름다운 신부와 행운의 신랑이 도착하기를 기다리며 아침이 무르익는 동안 인파는 100만 명 넘게 불어났다. 거대한 사람의 파도 속에서 그냥 흐르는 대로 움직일 수밖에 없었다. 나는 왕세손 부부와 여왕, 진정한 사랑과 결혼, 그밖에 상반되는 감정이 느껴지는 여러 가지를 위해 건배했다. 로맨스 같은 지배 이데올로기의 힘이다.

로맨스는 다른 이데올로기와 마찬가지로 물질세계를 비물질적 상징이라는 연막으로 가린다. 미국의 지정학적 관심사가 "민주주의에 안전한 세상을 만들기 위해"로 위장된 것처럼, 로맨스는 인종과 계급, 젠더, 민족, 성 지배 엘리트 같은 것들을 동화 같은 결혼식과 해피엔딩의 연기에 가려 보이지 않게 한다. 크리스 잉라함Chrys Ingraham은 《순백의 결혼식White Weddings》에서 이성애적 상상은 정말로 중요한 것을 외면하고 약혼반지와 서약 같은 집착적 물건과 의식에 집중하게 만드는 교묘한 속임수라고 지적한다.[1] 물질세계를 외면하고 상징 세계에 집중하게 만드는 이데올로기의 교묘한 속임수는 케이트와 윌리엄의 로열 웨딩에서 매우 분명하게 드러난다. 미디어가 21세기 가장 중요한 사건 중 하나로, 우리를 분열시키기보다 하나로 만들어줄 사건이라고 표현한 왕실의 결혼식은 그 중심에 백인성과 이성애 규범, 죽은 대영 제국의 부활이 있었지만 진정한 사랑이라는 마법의 커튼 뒤에 숨어서 움직였다. 7년 뒤에 이루어진 윌리엄의 동생 해리 왕자와 메건 마클Meghan Markle의 결혼식은 그 메시지를 약간 뒤엎었다. 메건의 어머니가 흑인(아버지는 백인)이기 때문이다. 트위터에 따르면 미국의 영국 성공회 흑인 주교 마이클 커리Michael Curry가 그들의 결혼식에서 설교를 맡은 것은 영국 왕실에 일어난 가장 '색이 검은' 일이었다. 메건의 지위가 비백인, 평민, 미국인, 이혼 여성에서 영국 왕실의 구성원으로 상승한 것은 확실히 흔치 않은 일이었다. 이는 인종과 관계없이 어떤 소녀라도 왕자와 결혼할 수 있다는 믿음을 주었다.[2] 하지만 메건과 해리의 결혼식을 지켜본 사람이 케이트와 윌리엄의 경우보다 훨씬 더 적다는 사실은, 결혼이 '민주적'으로 변하고 있다는 환상을 억누른다. 2018년의 세상이 2011년보다 덜 로맨틱해진 것일까. 아니면 왕실 신부의 민주적인 특징 때문에 결혼식의 '완벽함'이 덜해진 것일까.[3]

케이트와 윌리엄의 결혼식도 '민주주의'의 환상과 연관이 있다. 평민이라도 누구나(백인 여성) 왕자와 결혼할 수 있다는 믿음을 주기 때문이다. 그 결혼식에 대해 영국 왕실과 언론은 '모든 여자의 꿈은 이루어진다'라고 표현했고 세상 모두가 지켜본 결혼식이라고도 했다. 〈인스타일〉은 왕실 커플이 '세상 앞에서' 결혼식을 올렸다고 했다.[4] 〈데일리 메일〉은 웨스트민스터 사원에서 두 사람이 서약을 주고받을 때 백만 명이 '흥분감으로 포효했다'라고 보도했다.[5] 전 세계 20억 명이 TV로 중계된 결혼식을 지켜보았다. 전 세계 3명 중 1명이 본 셈이다. 그런 사건이 또 뭐가 있었을까? 1969년 아폴로의 달 착륙은 당시 세계 40억 명 가운데 50만 명이 지켜보았다. 물론 스포츠 경기도 있다. 2012년 런던 올림픽과 2010년 월드컵도 비슷한 숫자의 사람들을 TV 앞에 앉혔다. 윌리엄 왕자의 어머니 다이애나비의 장례식도 물론이다. 하지만 역사상 케이트와 윌리엄의 결혼식은 여전히 가장 중요한 결혼식 가운데 하나였다.

전 세계 인구의 3분의 1이 지켜보았지만 모두가 똑같은 열의로 지켜본 것은 아니었다. 그 결혼식은 세계적인 이벤트였지만 결코 보편적인 이벤트는 아니었다. 똑같이 해석되는 일련의 기표들로 가득한 이벤트였다. 세계의 수많은 사람이 지켜보았지만 그들이 느낀 주요한 감정이 사랑이라는 증거는 별로 없다. 전 세계적으로 '모두를 위한' 결혼식이라고 홍보되었지만 그날 인파 속 사람들을 보면 진실이 아님을 알 수 있었다. 결혼식 관계자도 구경꾼도 거의 모두가 백인이었다. 나는 그 사실을 거의 즉각 알아차렸다. 웨스트민스터 사원으로 향하는 지하철 안은 인종이 좀 더 다양했다. 인구의 3분의 1 이상이 비백인이고 영어 이외에 300개가 넘는 외국어가 사용되는 도시 런던다웠다. 하지만 결혼식을 보러 온 백만 명 틈에서는 그 다양성이 눈에 띄지 않았다. 그들은 백인이었다. 프랑스어, 이탈리아어, 스페인어를 쓰는 소수를 제외하고 마지막 한 남자까지 모두 다 영어 사용자였다. 아니, 그날 여성이 압도적으로 많았으니 마지막 한 여자까지라고 해야 할까.

나는 케이트와 윌리엄의 결혼식이 모든 화려한 순백의 결혼식과 마찬가지로 민족과 인종, 계급까지 지배하는 성 지배 엘리트들의 이익을 진전시켰다는 사실을 보여주고자 한다. '전 세계가 사랑하는 결혼식'이라는 주장과 정작 결혼식에 참석한 사람들은 보편성과 거리가 먼 현실의 모순을 살펴봄으로써 말이다. 그들의 로열 웨딩은 소외당하는 사람들조차도 그런 사랑 이야기가 누구에게든 가능하다고 믿게 했다. 로열 웨딩을 보러 나온 열광적인 인파 속에서 동화 로맨스가 대다수에게는 불가능하다는 사실을 인정하는 사람들도 있었다. 가치가 없다고 생각해서가 아니라 그런 로맨스는 부와 백인성, 이성애, 완벽한 젠더 규범에 따르는 젊은 육체를 요구하기 때문이다. 다르게 표현하자면 대부분은 마법의 수호요정이 그들과 주변 환경을 더 밝고 하얗게 바꿔주지 않는 한 꿈이 이루어지기를 기대할 수 없다. 대신 사람들은 모순된 방법으로 그런 이벤트를 소비한다. 눈물을 흘리거나 손에 술을 들고 진심으로 그리고 냉소적으로. 포스트로맨틱, 하이퍼로맨틱 시대를 살아가는 우리는 순백의 결혼식을 사랑하고 증오하기도 한다. 케이트와 윌리엄의 결혼식도 예외는 아니었다.

모든 여자의 꿈

모든 여자는 어릴 때부터 결혼식 날을 꿈꾼다.

- Meaghanleigh13의 핀터레스트 보드 게시물

윌리엄과 케이트의 결혼식에서 내가 가장 많이 들은 말은 "모든 여자아이는 순백의 결혼식을 꿈꾼다"였다. 현장조사 기록에 22회나 등장한다. 로열 웨딩으로 한바탕 들뜬 사흘 동안 거의 100명에 가까운 사람들을 인터뷰했는데 약 4분의 1이 똑같은 말을 한 것이다. 우리가 철저하게 문화적 대본을 따른다는 신호다. 어쨌든 어린 소녀들을 위한 대본이다.

검색창에 "모든 여자아이는 순백의 결혼식을 꿈꾼다"를 쳐보았다. 암으로 죽어가는 아홉 살 여자아이가 마지막 소원으로 '결혼식을 올리고 싶은 꿈'을 이루었다는 기사가 보였다.[6] 온라인 게임에서는 여자아이들이 화장과 헤어스타일, 웨딩드레스를 선택해 가상의 결혼 잡지 표지에 실린 모습을 보여준다.[7] 아이폰으로 이용 가능한 결혼식 준비 앱 화이트 웨딩스White Weddings는 말한다.

모든 여자는 완벽한 결혼을 꿈꿉니다. 하루 동안 공주가 되어 아름다운 하얀 드레스를 입고 장미 꽃잎을 밟고 걸어가서 왕자와 춤을 추는 날이죠. 화이트 웨딩과 함께 꿈의 결혼식을 이루세요! 특별한 그날을 위한 작은 디테일까지 준비하세요.[8]

웨딩 101Wedding 101, 웨딩드레스Wedding Dresses 같은 앱도 있다. 모

두가 여자아이들과 성인 여성들이 완벽한 하루를 꿈꾸도록 돕는다. 최근 뉴스 보도에 따르면 미혼 여성 10명 중 6명이 이미 결혼식을 계획해두었고 대부분이 초등학교 때부터 꿈을 꾸기 시작했다.[9]

어린 소녀가 꿈꾸는 것이 나쁜 일은 아니다. 사실 누구나 성대하고 하얀 결혼식을 좋아한다. 좋아할 수밖에 없지 않은가? 춤, 화려한 의상, 케이크, 술까지 있다. 순백의 결혼식은 완벽한 의식이다. 하지만 중요한 그날로 성급하게 달려가기 전에 중요한 질문을 떠올려봐야 한다. 지금의 결혼식은 왜, 어떻게 생겼을까? 순백의 결혼식은 언제 시작되고 어떻게 전파되었으며 어째서 엄청나게 많은 돈과 노동이 필요해졌을까?

여왕의 결혼식과 난쟁이 스타의 결혼식

즐겁고 행복하고 자유로운 여자아이를 떠올린 뒤에 결혼의 형벌이라고 할 수밖에 없는 괴롭고 아픈 상태에 처한 젊은 아내를 보면, 저런 것을 다 알고도 결혼할 여자아이는 없으리라고 확신한다.

– 빅토리아 여왕

지금 우리가 아는 하얀 결혼식은 빅토리아 여왕의 결혼식부터 시작되었다고 할 수 있다.[10] 1840년 2월 10일에 치러진 빅토리아 여왕과 앨버트 공의 결혼식은 어느 모로 보나 매우 훌륭했다. 케이트와 윌리엄의 결혼식과 달리 앨버트와 빅토리아의 결혼식 날은 지극히 영국다운 음산한 날씨였다. 그래도 왕실의 결혼 행렬을 보려고 새벽부터 수많은 인파가 모여들었다. 빅토리아는 순수함과 처녀성을 상징하는 하얀 웨딩드레스를 입었고 손가락에서는 다이아몬드와 에메랄드가 들어간 뱀 모양의 약혼반지가 반짝였다.[11]

앨버트와 빅토리아의 결혼식과 결혼생활에는 현대의 사랑이 철저하게 스며 있었다. 처녀 신부, 하얀 드레스, 약혼반지, 우애결혼, 자녀, 상당한 돈을 들여야만 실행할 수 있는 이상의 창조. 더욱 현대적인 것은 빅토리아의 결혼식이 매우 공개적인 행사라는 사실이었다. 전보를 통해 전 세계로 전해진 최초의 결혼식 가운데 하나로, 이것은 영국과 미국의 평범한 사람들에게 이상적인 형태가 되었다. 그 결혼식은 소비자 문화와 광고, 대중매체, 대중문화가 탄생한 시기에 이루어졌다. 사회의 모든 계층에서 모방하도록 여러 다양한 매체에서 다뤄진 최초의 '유명인사 결혼식'일 것이다.

빅토리아와 앨버트의 결혼식에서 불과 20년 뒤에 로열 웨딩이 또 있었다. 이번에는 미국에서 치러졌다. 바로 대중문화계의 왕자 톰 썸 장군General Tom Thumb, 본명은 찰스 스트래턴Charles Stratton이 아름다운 라비니아 워런Lavinia Warren과 한 결혼이다. 신장이 각각 91센티미터와 81센티미터에 불과한 이 커플은, 미국이라는 나라의 자의식과 유명인들이 앞다투어 하객으로 초대되고 싶어 하는 이상적인 결혼식의 탄생에 매우 중요한 역할을 했다. 에이브러햄 링컨Abraham Lincoln 대통령은 부부가 신혼여행을 백악관에서 즐길 수 있도록 했다. 신랑의 가장 친한 친구이자 유명 흥행업자인 P. T. 바넘P. T. Barnum이 피로연 티켓을 판매했고 남북전쟁으로 산산이 조각난 나라는 짧은 순간이나마 두 스타의 사랑 이야기에 감동해 눈물을 흘렸다. 그 결혼식 이후 미국인들은 너도나도 어린아이들에게 어린 신부와 신랑 역할을 맡겨 야외 행렬과 교회 모금 행사, 즐거운 시간으로 이루어진 '톰 썸 결혼식'을 연출하기 시작했다.[12]

여왕과 인기 연예인의 이 두 결혼식은 앞으로 순백의 결혼식이 이 시대의 가장 중요한 의식이 되려는 신호였다. 빅토리아 시대부터 사람들은 부유하고 유명한 사람들의 결혼식에서 삶을 이끌어줄 단서를 찾으려 했다. 하얀 드레스, 다이아몬드 반지, 성대한 피로연, (재산이나 소비주의가 아니라) 로맨스와 진정한 사랑에 관한 이야기가 우리의 중요한 꿈이 되었다. 유명인사와 왕족의 결혼식은 물론 심지어 영화와 책에 나오는 가상 결혼식까지도 대중의 상상을 지배하고 실생활에서 영화배우와 공주처럼 행동하게 했다. 교회 행사이자 자산 교환이었던 전통 결혼식은 그 뒤로 사라졌다. 지난 한 세기하고도 반 동안, 유명인사의 결혼식과 영화에 나오는 결혼식의 표상이 완벽한 '결혼식'을 꿈꾸는 사람들의 여정을 이끌게 되었다.

웨딩드레스를 비롯한 로맨스의 집착적 물건

클라인펠드 브라이덜Kleinfeld's Bridal에서 저와 함께 웨딩드레스 수천 벌을 둘러보고 싶으신 분?

– 랜디 페놀리Randy Fenoli, 미국의 리얼리티 TV 프로 〈세이 예스 투 더 드레스Say Yes to the Dress〉에서

빅토리아 시대가 저물고 20세기로 접어들면서 여왕과 기인 쇼 배우의 꿈 같은 결혼식이 평범한 미국인의 삶으로 들어가게 되는 변화가 여러 형태로 일어났다. 첫째는 웨딩드레스의 산업화였다. 20세기 초반 이전에는 하얀 웨딩드레스를 마련할 형편이 못 되는 사람이 많았으므로 가장 좋은 '나들이옷'을 입고 결혼했다. 대개는 어두운 색깔의 원피스였다. 하지만 대량 생산으로 가격도 훨씬 저렴해진 하얀 웨딩드레스가 꽉꽉 채워진 백화점이 등장하면서 변화가 일어났다. 단 한 번만 입을 웨딩드레스에 돈을 쓰는 것이 인기를 끌면서 보편화되었고 세계 곳곳으로 퍼졌다. 덕분에 여러 국가에서는 의식이 두 차례 거행된다. 한 번은 전통 의상을 입고, 또 한 번은 웨딩드레스를 입는다.13 3장에서 설명한 것처럼 미국인들은 웨딩드레스뿐만 아니라 다이아몬드 약혼반지에도 매료되었다. 그 뒤로 다이아몬드 약혼반지는 전 세계에 '필수품'으로 널리 퍼졌다. 드비어스는 다이아몬드가 조만간 꼭 필요한 물건이 되리라고 일본의 신혼부부들을 설득했다. 1968년에 약혼반지를 받는 일본인 신부는 5퍼센트 미만이었지만 불과 10년 만에 거의 전체로 퍼졌다.14 이제 다이아몬드는 중국에서도 결혼 필수품이 되었다. 최근 상하이의 웨딩 컨설턴트는 BBC와의 인터뷰에서 말했다. "10~15년 전만 해도 다이아몬드가 어디에 쓰이냐고 물으면 다들 전동공구라고 말했을 것이다. 하지만 이제 중국은 세계에서 가장 대표적인 다이아몬드 시장, 특히 다이아몬드 결혼반지 시장이다."15 이처럼 다이아몬드와 하얀 웨딩드레스의 시작은 다분히 상업적이었지만 예비 신부와 신랑의 행복한 꿈에 가려졌다. 이 물건들이 저렴한 가격에 팔릴 수 있는 이유가 수 세기에 걸친 제국과 인종 착취로 인한 '값싼' 노동력 덕분이라는 사실 또

한, 인생에서 가장 중요한 날을 위한 전통이자 필수품이라는 믿음이 가려버렸다.[16]

이 시대의 멋진 결혼식에는 하얀 웨딩드레스(평균 1,500달러)와 다이아몬드 반지(평균 5,764달러)와 생화(평균 2,379달러)가 꼭 있어야 한다. 완벽한 결혼식을 위해 아낌없이 돈을 써야 할 뿐만 아니라 피로연도 완벽해야 한다. 흥미롭게도 유명인사의 결혼식 피로연을 직접 접할 수 없는 우리는 피로연에 무엇이 필요한지를 영화에서, 최근에는 리얼리티 TV 프로그램에서 배웠다. 피로연에서는 DJ와 밴드를 불러 춤을 추어야 한다. 멋진 웨딩 케이크(평균 540달러)도 있어야 하고, 신랑과 신부가 케이크를 잘라 서로의 얼굴에 던지는 것을 비롯한 특정한 의식도 치러야 한다. 적어도 결혼식 역사학자에 따르면 이 '전통'은 1980년대 로맨틱 코미디 영화에서 학습된 것이다. 특히 영상 촬영 기술이 결혼식에 도입되면서 신부와 신랑은 로맨틱 코미디 영화의 주인공이 된 상상을 하게 되었다. 서로의 얼굴에 케이크를 던지는 것은 사랑에 빠진 행복한 모습을 표현하는 방법이 되었다.[17] 영상과 사진 촬영에는 4,542달러가 든다. 2017년에 약혼반지나 신혼여행을 제외하고 결혼식에 드는 비용은 무려 평균 34,000달러였다. 대도시라면 2배, 3배까지 올라갈 수 있다.[18] 결혼식의 본질은 '사랑'이라고 주장하는 사람들도 있을 것이다. 하지만 결혼식이 미국과 전 세계에서 각각 연간 550억 달러와 3,000억 달러 규모에 이르는 산업이라는 사실은, 경제와 문화가 함께 생산하는 실재적인 감정과도 관련 있음을 보여준다.[19] 케이트와 윌리엄의 3,300만 달러짜리 결혼식보다 실재적인 감정을 효과적으로 생산한 결혼식은 없었다. 영국 경제에 약 600억 달러의 비용을 발생시킨 그 결혼식은

'값으로 따질 수 없다'라는 관점을 바꾼 표현으로 보도되었다.[20]

현실 속의 동화

체크메이트군요, 케이트. 당신은 킹을 잡았으니까요!
– 케이트와 윌리엄의 결혼식을 구경하러 온 인파 속의 피켓

JFK 공항에서 히스로 공항으로 가는 비행기 안에서 여섯 명의 미국인 여성과 이야기를 나누었다. 대부분 미국 중서부 출신에 중년이고 모두가 백인인 그들은 똑같은 말을 했다. 케이트와 윌리엄의 사랑은 '진짜'라고. 한 여성은 이렇게 표현했다.

> 윌리엄이 케이트를 바라보는 표정을 보면 알 수 있어요. 아버지 찰스 왕자하고는 다르죠. 그는 다이애나를 진정으로 사랑하지 않았어요. 다이애나와 결혼하러 가는 길에 정부 카밀라와 통화까지 했잖아요. 물론 찰스는 카밀라를 사랑하죠. 진심으로 사랑하니까 결혼한 거 아니겠어요? 여자가 젊지도 않고 볼 것도 없는데. 두 사람은 진정으로 사랑하는 게 분명해요. 그것도 나름대로 로맨틱하긴 하죠. 하지만 윌리엄은 제대로 하고 있어요. 처음부터 사랑하는 여자와 결혼하는 거니까.

여섯 명 모두가 기본적인 사랑 이야기에 동의했고 한 명은 다음과 같이 말했다.

윌리엄은 대학 때 패션쇼에서 검은색 란제리를 입고 나타난 케이트를 처음 눈여겨봤죠. 두 사람은 친구였다가 연인으로 발전했어요. 그러다 잠시 헤어져 있으면서 케이트가 정말로 왕실 사람이 되고 싶은지 선택하고 자기 자신이나 서로에 대해 돌아보고, 영원히 관계를 지속할 수 있을지 생각해보는 시간을 가졌죠.

그들은 케이트의 엄마 캐롤 미들턴Carole Middleton이 신분 상승을 위해 애썼고 딸을 일부러 윌리엄 왕자를 따라 세인트앤드루스 대학교에 입학시켰다는 사실을 잘 알았다. 윌리엄이 케냐의 루툰두 호수에서 사파이어와 다이아몬드가 들어간 어머니의 아름다운 반지를 주며 케이트에게 청혼했다는 것도.

옷깃에 '케이트와 윌스'라고 적힌 단추를 달고 있는 그 열성 팬들은 두 사람의 사랑 이야기를 속속들이 알고 있었다. 미디어에서 쉴 새 없이 보도했기 때문이다. 다들 현실판 동화라고 떠들어댔다.[21] 로맨스가 이데올로기로 성공할 수 있는 이유는, 사랑에 관한 이야기를 나누는 행동이 거의 중독에 가까울 정도로 습관적이기 때문이다. 세라 아메드Sara Ahmed의 말처럼 백인성이 계속 일어나야만 하는 나쁜 습관이라면 로맨스는 마약 습관이다. 우리는 사랑 이야기의 전개, 많은 사람 틈에서 보자마자 평생을 함께할 사람임을 알아차리는 운명적 만남에 중독된다.[22] 우리는 사랑 이야기를 듣고 읽어야만 하며 무엇보다 말하고 또 말하지 않으면 안 된다. 사랑이 마약이라면 말하는 행위는 주사기와 같다. 여러 잡지에서 케이트와 윌리엄의 '실화'를 읽은 여성들은, 마치 황홀감을 계속 느껴야만 하는 마약 중독자처럼 입 밖으로 계속 말하지 않으면 안 되었다.

두 사람의 진정한 사랑은 미디어는 물론 결혼식을 보러 온 인파 사이에서도 가장 지배적인 이야깃거리였다. 결혼식을 기다리며 야영을 했다는 젊은 미국인 여성은, 케이트와 윌리엄의 동화 같은 로맨스가 영국인들보다도 전쟁과 불안정한 경제를 잠시 잊게 해줄 긍정적인 소식이 필요한 미국인들에게 더 중요하다고 말했다. "전 그렇게 생각해요." 그녀가 긴 금발을 뒤로 젖히며 말했다. "책이건 영화건 해피엔딩이 좋아요. 두 사람의 결혼은 모두가 바라는 사랑 이야기예요. 두 사람의 사랑은 진짜라고 생각해요." 다음 날 도로에 쳐진 바리케이드에서 만난 노팅엄에 사는 60세 백인 여성은, 한 번도 결혼한 적이 없지만 케이트와 윌리엄의 로맨스에서 언젠가 "왕자님이 나타날 것"이라는 희망을 느낀다고 말했다. 하지만 그녀는 약간 애석한 듯 한숨을 쉬며 이 결혼식도 찰스와 다이애나의 결혼식만큼은 로맨틱하지 않다고 했다. 놀랍게도 그날 여러 번 들은 말이었는데 대개 나이가 많은 여성이 그런 말을 했다. "다이애나는 어리고 순수했죠. 찰스는 연상이고 강력했고요. 케이트와 윌리엄은 결혼 전에 동거도 했고 케이트가 윌리엄보다 생일도 빠르고 똑같이 교육도 많이 받았죠." 적어도 나이가 좀 있는 여성들에게는 나이 차가 많이 나고 강력한 남성과 어리고 처녀인 공주가 있어야 로맨스다. 그 세대의 로맨스 의식은 디즈니를 비롯한 문화 대본에 영향을 받았으니 그럴 만도 하다.

하지만 디즈니뿐만 아니라 제2물결 페미니즘의 교차로에서 유년기를 보낸 50대 이하 여성들은 찰스와 다이애나에게서 나타나는 힘의 불균형이 전혀 로맨틱하지 않다고 생각한다. 그들은 케이트와 윌리엄의 동등한 교육 수준과 비슷한 나이가 진정한 파트너십의 신호이고 '진정한 동화'라고 본다. 독일에서 온 22세 백인 여대생은 케이트와 윌리엄의 사랑이 진짜인지는 모르겠지만 그러기를 바란다고 말했다.

찰스는 다이애나보다 나이가 너무 많았어요. 케이트와 윌리엄은 좀 더 현대식이에요. 그녀가 그에게 의사 표현도 하죠. 저에게는 왕자님과의 결혼이 중요하지 않아요. 누군가에게 기대지 않고 자신을 스스로 돌보고 싶어요. 의지는 해도 의존은 하고 싶지 않다는 말이에요.

40대 전문직 백인 영국 여성은 말했다. "찰스와 다이애나는 남이 연결해준 사이였고 케이트와 윌리엄은 사적으로 만났죠. 케이트는 다이애나와 달라요. 나이가 서른이고 성숙하고 자기 생각이 분명하죠." 몇 시간 뒤 만난 여성도 말했다. 그녀도 중년의 영국인으로 작은 사업을 하고 건설 노동자로 일하는 훨씬 연하인 남성과 약혼했다.

케이트와 윌리엄의 관계는 찰스와 다이애나보다 훨씬 견고해서 오래갈 거예요. 예전에 전 다이애나와 찰스도 헤어지지 않을 거라고 생각했는데, 지금 생각해보면 잘 안 될 게 보였죠. 하지만 케이트와 윌리엄은 잘되리라는 걸 알 수 있어요. 다이애나는 무조건 찰스의 말에 복종했고 그를 기쁘게 해주려고 했어요. 케이트와 윌리엄은 동등한 관계죠.

인파를 헤치고, 더 정확히는 인파에 떠밀려, 오스트레일리아에서 왔다는 한 무리의 여성들 옆에 있게 되었다. 소도시의 라디오 방송국에서 꾸린 단체 여행객이었다. 지구 반대편 오스트레일리아에서 '여자들을 위한 최고의 파티'라고 홍보된 그 처녀 파티는 순식간에 매진되었다. 여성들은 30대와 40대고 대부분 기혼이며 모두 백인이고 대부분 사무직 종사자였다. 그들은 이 결혼이 찰스와 다이애나의 결혼보다 훨씬 더 로맨틱하다고 생각했다. 여자들만의 여행을 주최한 라디오 진행자는 자신과 남편이 21세에 "리모델링 공사 중이던 집에서 결혼식을 올린 어린아이들"이었다면서, 현재 26년 동안 결혼생활을 이어오는 자신의 삶도 동화 속 이야기와 같다고 말했다. 남편과 평생의 동반자로 서로에게 헌신한다는 점에서 동화라는 것이다. 그녀는 케이트와 윌리엄의 사이도 그런 것 같다고 했다. "케이트와 윌리엄은 성숙한 관계지만 찰스는 아버지 같고 다이애나는 전조등에 비친 토끼였죠."

단체 여행 팀의 다른 여성도 동의했다. 몸에 딱 맞는 하얀색 치마와 레이스 블라우스, 하이힐로 격식을 갖춰 차려입고 화장과 머리도 완벽하게 준비한 그녀가 대화에 끼어들었다. "케이트와 윌리엄의 관계는 환상이 아니기 때문에 찰스와 다이애나보다 훨씬 더 로맨틱해요. 좀 더 정상적이죠." 그녀는 재혼이고 이번에는 '제대로 된' 결혼이었다. 남편이 결혼기념일 선물로 그녀가 간절하게 원하는 로열웨딩을 보러 오라고 해주었다. 첫 번째 결혼에서 얻은 아이들을 합해 모두 여섯 명인 자녀를 집에서 남편이 돌보고 있었다.

하지만 현재에 관한 이야기를 나누다 마치 당연하다는 듯이 또 다이애나의 망령이 등장했다.

전 다이애나가 도디를 진심으로 사랑했다고 생각해요. 그녀가 죽었다는 소식이 믿기지 않았어요. 라디오 프로를 진행하던 중에 그녀가 차 사고로 죽었다는 소식이 들려왔는데, 전 그럴 리 없을 거라고 괜찮을 거라고 했죠.

　그녀의 친구도 다이애나가 정말로 죽었다는 사실이 믿기지 않는다는 듯이 고개를 끄덕였다. "예전 시어머니가 프랭클린 조폐소에서 만든 기념 접시까지 전부 모을 정도로 다이애나의 열성 팬이었거든요. 다이애나가 죽었다는 걸 모르는 상태로 시어머니 댁에 갔는데 울고 계신 거예요. 가족 중에 누가 돌아가신 줄 알았어요." 어떻게 보면 맞는 이야기였다. 완벽한 신부, 완벽한 어머니, 완벽한 왕족의 가장 대표적인 상징이었던 다이애나의 죽음은 동화 같은 로맨스에 대한 믿음을 거의 무너뜨렸다. 영국 왕실의 인기도 떨어졌고 다이애나와 찰스의 관계에 대한 진실이 드러난 후 누구라도 로맨스를 믿기가 어려워졌다.[23]

　다행스럽게도 케이트와 윌리엄의 등장은 "왕자와 평민의 결혼"이라는 동화 요소로 모두를 흥분시켰다. 케임브리지에서 공부하는 미국 출신 흑인 여대생은 "진정한 동화 아닌가요? 왕자와 평민의 결혼이라니"라고 했다. 결혼식을 보기 위해 헌팅턴에서 런던까지 기차를 타고 왔다는 30대 백인 가정주부 두 명의 생각도 같았다. 한 명은 다음과 같이 말했다.

　케이트는 오늘 결혼으로 공주가 되는 거죠. 오늘 아침에 일어나 다리를 제모하면서 케이트가 무슨 생각을 했을지 궁금하네요. "난 오늘 공주가 되는 거야"라고 했겠죠. 케이트는 평범하게 자랐어요. 누구나 왕자와 결혼하는 꿈을 꿔요. 현실은 그렇지 않다는 걸 알면서도 누구나 꿈꾸죠.

"사실이 아니라는 걸 알면서도 왜 우린 그게 로맨틱하다고 생각하는 걸까요?" 내가 물었다. 그녀는 함께 온 친구들을 가리켰다. 동화에 나오는 공주 드레스를 입고 왕관을 착용한 일곱 살과 아홉 살짜리 여자아이도 두 명 껴 있었다. "저 애들 보이죠? 저래서 로맨틱한 거예요"라고 그녀는 대답했다. 아이들은 신나서 폴짝폴짝 뛰고 있었다. "윌리엄이 케이트에게 키스하는 걸 얼른 보고 싶어요. 케이트의 드레스도요." 한 아이의 말에 "그걸 보려고 왔지"라고 엄마가 말했다.

로맨스와 제국의 결혼

군주제는 죽었다. 죽은 지 좀 되었는데 아직도 그 시체가 춤추고 있다.

- 수 타운센드Sue Townsend, 영국의 유머 작가

결혼이 국가의 힘에 중요한 역할을 했다는 주장은 과장은 아니다. 왕실의 결혼식을 통해서건 좀 더 근래에 정치 지도자들이 성적 관행을 부부 관계에만 제한하는 것을 통해서건 말이다. 케이트와 윌리엄의 결혼식을 구경하러 온 인파의 대다수는 그 결혼식이 사랑이 아닌 국가에 관한 행사라고 생각했다. 결혼식 전날 거리에서 야영한 윌리엄과 케이트의 열성 팬 수백 명 가운데, 버킹엄셔에서 온 왕정주의자라는 남녀를 만났다. 그들은 맥주와 생각을 끝없이 나눠주었다. 둘 다 당시에는 무직 상태였지만 여성은 수년간 보안요원으로 일했

다. 그들의 관심사는 케이트와 윌리엄의 결혼식 자체가 아니라 왕실이었다.

이 두 사람은 확실히 로맨스에 취하는 타입은 아니었다. 여성은 결혼식을 한 번 올린 적이 있지만 자신이 아니라 가족을 위해서였다. "나도 다이애나처럼 드레스를 입었었지요." 그 남녀는 사랑 이야기는 '중요하지 않은' '가짜'로 제쳐두었다. "우린 케이트와 윌리엄의 사랑 이야기는 잘 몰라요. 약혼한 뒤에야 기사가 쏟아지기 시작했잖아요. 솔직히 난 언론 보도는 믿을 게 못 된다고 생각해요. 어떻게 믿어요?"

사랑 이야기가 아니라 왕실과 영국 전체의 부활이 핵심이라고 그녀는 말했다.

나는 왕실이 좋아요. 우리 부모님도 왕정주의자였죠. 난 왕실과 관련된 모든 게 좋았어요. 다이애나와 찰스의 결혼식도 기억나요. 그때 전 열일곱 살이었고 보모로 일하느라 구경하러 못 가고 TV로 봤죠. 아이들에게 저녁을 챙겨주면서 TV로 보고 싶진 않았는데……

윌리엄과 케이트의 결혼은 나쁜 것(찰스와 다이애나의 관계)에서 나온 좋은 것이죠. 영국의 안전을 보장하기도 하고요. 여왕은 군인을 통솔해요. 왕실이 아니면 영국은 통치자가 없는 상황이 되었을 거예요. 여왕은 발언권이 있죠. 중요한 사안에 발언권이 있어요. 물론 고문관들이 있지만 자신이 필요하다고 생각하는 선택을 하죠.

우리는 여왕을 보호해야 해요. 안 그러면 누가 이 나라를 이끌겠어요? 정치인들?

그녀는 정치인들이 나라를 다스린다는 생각만으로 역겨워하며 땅에 침을 뱉었다. 하지만 왕실, 특히 다이애나에 대한 애정으로 다시 눈을 반짝이며 말했다.

웸블리 스타디움에서 보안요원으로 일할 때 왕족들도 가끔 공연을 보러 왔거든요. 다이애나가 왔을 때 내가 귀빈석 담당이었는데 그녀는 정말 상상 이상으로 아름다웠어요. 사진보다 훨씬 더 아름다웠죠.

다이애나의 장례식을 생각하면서 여기 왔어요. 바로 전까지도 그녀의 장례식을 떠올리고 있었죠. 케이트에 대해선 잘 모르지만 지금 영국에는 저 커플이 필요해요.

그녀와 함께 온 남성이 끼어들었다. "케이트는 왕실을 좀 평범하게 만들어주죠. 보통 사람 같잖아요." 그러자 여성이 다시 모두의 공주 이야기로 화제를 바꾸었다.

다이애나는 평범한 사람으로 죽었기 때문에 그들(왕실)은 그녀를 그리워했어요. 그녀가 필요했죠. 해리와 윌리엄은 평범한 사람들한테도 인사할 거예요. 다이애나가 그렇게 키웠으니까요. 윌리엄은 어떤 여자든 선택할 수 있었는데 케이트를 선택했어요. 케이트는 진짜 평민이에요. 가족 가운데 광부도 있었으니까요. 사촌은 피시 앤 칩스 식당을 하고요.

케이트와 윌리엄의 결혼식이 왕실의 부활 기회를 뜻한다고 보는 사람은 그들만이 아니었다. 어느 왕정주의자 가족은 자신들의 종교가 '신, 여왕, 조국'이라고 했다. 놀랍지 않지만 그들은 노동 계급의 억양을 사용했고 직업도 노동자였다. 영국의 왕정주의자들은 기본적으로 교육과 소득 수준이 낮은 편이다.[24] 이제 왕실에 대한 전반적인 지지가 높지 않다는 뜻은 아니다. 여러 여론조사에 따르면 영국인의 약 80퍼센트가 군주제를 지지한다. 하지만 케이트와 윌리엄의 결혼식이 있었던 주에 발행된 〈이코노미스트〉 기사가 지적하듯, 군주제를 지지하느냐는 질문은 영국인들에게 너무 쉽다. 왕실이 너무 부유해 보이면 왕실에 대한 대중의 분노가 커진다. 다이애나가 그렇게 인기 있었던 이유는 그녀가 승마나 사냥 같은 왕실다운 것을 삼가고 아들들과 놀이공원이나 해변에 가는 '평범한' 일을 했기 때문이다.[25] 물론 상류층 왕정주의자들도 만날 수 있었다. 도로에 쳐진 바리케이드 앞에 가득 들어찬 수천 명 인파 속에서 내 옆에 있던 30대 여성은, 왕실보다도 잔뜩 몰린 사람들이 더 싫다고 말했다. 그런 그녀에게 왜 왔는지 묻자 남자 친구와 그의 가족들을 가리켰다. "다들 왕실을 사랑하거든요." 그녀 남자 친구의 가족들은 교육 수준이 높고 직업도 심리치료사, 광고회사 간부, 자선단체 기금 모금 전문가 등이었다. 50대인 어머니는 아이들이 아직 어렸을 때 다이애나와 찰스의 결혼식을 보기 위해 전날 거리에서 야영했을 정도로 왕실을 사랑한다고 말했다.

동화 같은 결혼식에 많은 사람이 애증을 느끼듯, 대중은 왕실에도 모순적인 태도를 드러냈다. 한편으로는 왕실이 영국에 유익하다고 큰 사랑과 지지를 보냈다. 카우보이모자를 쓰고 개봉한 샴페인

병을 든 20대 백인 영국 여성이 말했다. "오늘은 영국에 좋은 날이에요. 경제 침체처럼 우울한 일투성이인데 희망을 주잖아요." 불과 몇 미터 떨어지지 않은 곳에서 물방울무늬 원피스를 입은 중년 백인 영국 여성은 케이트 미들턴을 평민으로 묘사하는 기사들이 전부 쓰레기라면서 계급에 대한 분노를 표시했다. "〈미트 더 미들턴스Meet the Middletons〉를 한번 보세요. 평민이라니 말도 안 되죠." 무슨 말인지 물어보았다. 채널 4에서 방영한 시리즈 〈미트 더 미들턴스〉는 미용사와 슈퍼마켓 관리인 등 노동 계급이 많은 케이트 미들턴의 혈통이 왕실 가계도에 들어가게 되었음을 보여줌으로써 미들턴가의 신분 상승을 보여주려 했다는 것이다. 그 여성은 먼 친척 가운데 평민은 있을지언정 케이트의 가족은 부자이고 그녀가 좋은 학교에 다녔으며, 어머니는 처음부터 그녀를 윌리엄 왕자와 결혼시킬 목적이었다고 말했다. 또 다른 중년 백인 영국 여성은 왕실에 대한 모순된 감정을 다음과 같이 해결했다.

결혼식은 희망적이죠. 모두에게 좋아요. 좋은 감정을 느끼게 해주죠. 하지만 왕실은 접근성이 낮아야 해요. 다이애나가 죽은 뒤로 저는 왕실에 전혀 관심이 없었는데 케이트와 윌리엄의 결혼으로 왕실이 좀 더 친근해질 것 같네요. 좀 더 평범한 느낌이에요.

다시 말해서 영국 왕실이 평민처럼 행동하면 실질적인 소득 불평등이 여전히 존재해도 계급 분노가 줄어들었다. 하지만 왕실이 엘리트주의를 풍기는 순간 왕실과 왕실 결혼식에 대한 지지가 흔들리기 시작했다.[26] 내가 만난 미국인들은 왕실이 과시하는 막대한 부가 그들이 유명인사라는 지위를 보여주는 신호라고 생각했다. 왕실 사람들은 왕족 혈통을 제외하고 유명인사들과 똑같았다. 백인 미국 여대생은 말했다. "왕족은 스타들과 똑같아요. 하지만 스타들처럼 꼴불견은 아니죠."

케이트와 윌리엄의 결혼식 날 이야기 나눈 100명 가운데 3분의 1 이상이 왕실을 지지하려고 그 자리에 나왔다고 말했다. 그들은 케이트와 윌리엄의 로맨스보다 그 결혼식이 왕실 지지도를 올려주리라는 데 더 관심이 있었다. 오로지 군주제를 지지할 목적으로 나온 사람들은 커플의 동화 같은 로맨스에 매료되어 나온 사람들보다 노동자 계급이 더 많았다. 남성이거나 무리 중에 남성이 있을 가능성도 컸다.

로맨스에 매료되어 나온 사람들이 군주제를 지지하지 않는 것은 아니었다. 그들도 군주제를 지지했다. 군주제가 없어져야 한다는 확고한 공화주의자는 그날 하루 동안 딱 한 명 만났다. 군주제를 지지하는 사람은 왕실이 영국은 물론 전 세계의 문제를 해결해줄 수 있다고 믿거나, 왕실이 영국의 관광산업과 대외 평판에 유익하다고 생각하는 실리주의자였다. 그날 모인 인파 가운데 많은 사람이 케이트와 윌리엄보다는 왕실을, 대영 제국이라는 개념을 사랑했다. 잉글랜드와 웨일스에서 군주제에 대한 지지도는 그 어느 때보다 높다. 물론 보수주의자들과 나이 많은 유권자들 사이에서 가장 높기는 하다. 최근의 여론조사에 따르면 미국인 사이에서도 매우 높다.[27]

그날 모인 사람들에게서도 분명하게 드러났다. 그곳에 나온 사람들 거의 모두가 여왕과 영국 국기를 사랑했다. 말을 탄 연대가 지나갈 때 사람들은 연신 감탄사를 내뱉었다. 버킹엄궁도 빨간색과 하얀색, 파란색으로 화려하게 장식되어 오히려 인파가 칙칙해 보일 정도였다. 로열 웨딩의 상징이 되어버린 발코니 키스가 이루어지자마자 영국 군대가 화려한 솜씨를 뽐냈다. 제2차 세계대전 때의 전투기 3대, 랭캐스터, 스핏파이어, 허리케인이 하늘을 날았다. 좀 더 현대적인 전투기 타이푼과 토네이도도 하늘을 가로질렀다. 나는 전투기의 이름을 몰랐는데, 옆에 서 있던 백인 영국 남성이 백금색 머리의 아들들에게 설명해주면서 이렇게 위대한 나라에 사는 것을 자랑스러워해야 한다고 하는 말을 들었다.

해피엔딩과 그 밖의 모순들

문화적 형태와 시장의 언어를 띤 로맨틱한 감정의 성가실 정도로 끈질긴 모순에 왜 신경 써야 하는가?

- 에바 일루즈, 《낭만적 유토피아 소비하기》, 1997

현대의 사랑은 디즈니 영화에서 보는 것보다 훨씬 더 모순적이다. 현대의 사랑은 우리 안의 냉소주의자와 낭만주의자 사이의 끝없는 싸움처럼 엉망진창이다. 갑자기 옆길로 새고 스스로 약해지고 심지어 다시 사랑에 빠지기도 한다. 매우 상징적이고 정교하게 연출된 케이트 미들턴과 윌리엄 왕자의 결혼식에서도 보이는 것이 전부가 아니라는 암류가 있었다. 두 측면이 그 결혼식의 메시지를 복잡하게 만들었다. 첫째는 그 결혼식을 동성애화한 것이고 둘째는 영국 왕실과 로맨스의 열성 팬이라도 비꼬는 웃음을 짓게 만들고 에바 일루즈나 막스 베버가 '탈주술화'라고 불렀을 영국의 조롱이다.

로열 웨딩과 동성애자

동성애자 남성과 순백의 결혼식의 이상한 관계에 대한 지적은 내가 처음한 게 아니다. 크리스 잉라함은 《순백의 결혼식》에서 말했다.

> 이성애를 위해 게이 캐릭터를 하찮은 인물로 활용하는 것은 영화와 TV 드라마에서 자주 볼 수 있는 주제다. 동성애의 합법성과 동성애자 인권을 위한 싸움이 다양한 정치 영역에서 이루어지고 있는 오늘날, 게이 캐릭터의 모순된 활용은 이성애라는 제도와 동성애의 합법성에 관한 모호한 상태를 증명한다.[28]

케이트와 윌리엄의 결혼식이 정말로 그랬다. 그날 모인 인파는 대부분 여성이었지만 약 20퍼센트 정도는 남성이었다. 일부는 자신이 원해서가 아니라 여성 일행을 위해 자리한 남편이나 아들들이었다. 그 결혼이 왕실과 나아가 영국의 위상을 굳건히 해주리라 믿는 열렬한 왕실 지지자들도 있었다. 그냥 축제를 즐기러 온 사람들도 보였다. 하지만 내가 인터뷰한 남성 가운데 약 3분의 1이 동성애자였고 그들은 결혼식을 보러 온 것이었다.

리즈에서 온 30대 백인 레즈비언은 왜 왔느냐는 질문에 함께 온

게이 일행을 가리켰다. "같이 오자고 해서 왔어요. 게이들이 이 결혼식을 정말 좋아하거든요." 그녀도 이전 파트너와 성대한 순백의 결혼식을 올렸지만 다시는 하고 싶지 않다고 했다. 남성도 이전 파트너와 결혼식을 했지만 그런 이벤트를 또 연출할 마음은 없었다. 하지만 케이트와 윌리엄의 결혼식을, 무엇보다 웨딩드레스를 빨리 보고 싶다고 했다. 내가 인터뷰한 젊은 백인 동성애자 남성은, 북아일랜드 출신 가톨릭 신자인 자신이 이 자리에 있으면 안 된다면서 반드시 가명으로 써달라고 부탁했다. "제가 여기 온 걸 알면 가족들이 절 죽이려고 할 겁니다. 특히 아버지가 절 가만 안 둘 거예요. 하지만 저도 성대한 순백의 결혼식을 하고 싶어요. 사실 전 해리 왕자와 결혼하고 싶어요."

미국에서는 TLC 방송에서 두 명의 게이 아이콘 클린턴 켈리Clinton Kelly와 랜디 페놀리Randy Fenoli의 진행으로 결혼식이 중계되었다. 페놀리는 리얼리티 TV 프로그램 〈세이 예스 투 더 드레스〉에 웨딩드레스 전문가로 출연했으며, 게이로 유명하다. 클린턴 켈리와 남편 데이먼 베일즈Damon Bayles는 연예 잡지에 자주 실린다. 공개 동성애자 남성이 세련된 스타일에 대해 말하는 것은 드문 일이 아니다. 하지만 그들이 왕실 결혼식 같은 의미 있는 행사를 미국인 관객에게 전달하는 역할을 맡은 이유는 그 결혼식의 의미를 약화하기도 했다. 남성 동성애자는 아직 미국에서 결혼할 수 없었기 때문이다. 매사추세츠나 뉴욕 등 일부 주에서는 동성 결혼을 허용했지만 연방 결혼보호법에서는 동성 결혼을 인정하지 않았다. 대법원이 동성 결혼을 인정하기까지는 4년이 더 걸렸다. 20년 가까이 동성 결혼에 관한 시위와 소송을 겪은 미국인들은 그 사실을 정확히 인지한다. 사람들은 남성 동성애자들이 자신에게는 불가능한 결혼식에 대한 설명을 마구 쏟아내는 모습을 보며 사랑이 전부는 아니라는 사실을 확실히 알 수 있었다. 법적 권리도 필요하다. 꿈은 이루어질 수 있지만 모두가 그렇지는 않다는 교훈이었다.

비판의 탈주술화

내가 인터뷰하거나 영화에 나온 남성 동성애자들은 진심으로 세상의 모든 결혼식을 사랑했지만 영국에서는 대체로 무례한 분위기였다. 런던 사람들은 "그냥 은행 쉬는 날"이라고 적힌 티셔츠를 입고 돌아다녔다. 《가디언》은 왕실 결혼식을 '싫어하는' 사람들을 위해 특별한 기사를 마련했다. 《가디언》은 군주제의 종말을 오랫동안 지지해왔지만, 〈킹스 스피치〉 같은 영화를 보니 다음과 같은 이유로 생각이 바뀌었다는 빈정대는 특집 칼럼도 실었다.

세습 군주제의 차분한 리더십만이 통할 때가 있다. 하원의원들의 경비 지출 스캔들이 보여주듯 부동산과 막대한 부가 제공하는 안정 없는 권력에 굶주린 정치인들을 믿는 것은 위험하다. 분열된 계급을 이어주는 진정한 다리라고 할 수 있는 왕자와 평민의 결혼은 진보주의자들이 세습 군주제의 약속에 다시 헌신하는 완벽한 순간을 뜻한다.

당연하게도 4월 1일에 실린 이 기사는 왕실 결혼식을 조롱하려는 훨씬 폭넓은 문화적 충동 가운데 일부였다.[29] 〈왕실 결혼식 망치기 The Royal Wedding Crashers〉와 결혼식이 있었던 주에 방영된 로마니 집시와 아일랜드 배경을 가진 '여행자'들을 따라가는 리얼리티 쇼 〈마이 빅 팻 집시 웨딩My Big Fat Gypsy Wedding〉(미국 TLC 방영) 같은 TV 프로그램이 케이트와 윌리엄의 결혼식과 왕실에 대한 조롱을 이어갔다.

나는 결혼식 다음 날 왕실 결혼식에 반대하는 풍자극을 보러 가기로 했다. 선택권이 여러 개 있었는데 "왕실 결혼식 날 아님Not the Royal Wedding Night"이라고 이름 붙인 것을 골랐다. 옥스퍼드 스트리트의 작은 매표소에서 돈을 내고 바가 딸린 블랙박스 극장으로 내려갔다. 런던에서 가장 세련된 약 100명이 모인 가운데 결혼식 히스테리증을 조롱하는 공연이 계속 나왔다. 그날 밤 내가 유일한 미국인이라서 그런지 몰라도 가장 기억에 남는 대사는 다음과 같았다.

적어도 미국인은 행복하죠. 우리가 그들을 위해 결혼식을 한 거니까. 미국인들은 우리가 중세 테마파크에서 사는 줄 알아요. 여자들은 시녀처럼 옷을 입고 남자들은 커다란 닭 다리를 뜯고 어깨 너머로 던진다고 말이에요.

하지만 미국인만이 행복한 것은 아니었다. 그날 결혼식을 보러 온 백만 명 넘는 사람들이 다 행복했다. 그것이 요점이다.

사랑이 무슨 상관?

평범한 사회 구성원들에게 보편적인 믿음과 감성 전체는 고유한 생명을 가진 확실한 시스템을 형성한다. 그것은 집단의식이라고 이름 붙일 수 있다.

- 에밀 뒤르켐, 《사회분업론》, 1893

케이트 미들턴과 윌리엄 왕자의 결혼식이 인종과 이성애 규범, 제국에 스며든 특권의 행사라는 주장은 명백한 사회학이다. 하지만 그보다 덜 명백한 주장도 있다. 그것이 전부가 아니고 그들의 결혼식은 인간의 진정한 교감에 관한 것이기도 하다는 주장이다. 실제로 특권은 로맨스와 민족주의 같은 이데올로기에 의존해 폭력과 착취를 제거해버리지만, 자체적인 선전이 생산하는 인간적 감정은 제거하지 못한다. 다시 말해서 로맨스가 백인성과 부에 특권을 주는 이데올로기라고 해서, 그 보상에서 배제되는 사람들이 그것을 실질적인 감정으로 느끼지 못하거나 경험하지 못하는 것은 아니다. 케이트와 윌리엄의 결혼식은 특히 그러했다. 실재하는 인간적 감정이 권력 없는 세상에 존재하기 때문이 아니라, 인종, 국가, 성적 계층제가 로맨스뿐만 아니라 그에 종종 수반하는 행복 같은 진짜 감정도 만들어내는 세상에 존재하기 때문이다.

그날 사람들은 케이트와 윌리엄의 결혼을 하나 된 마음으로 기뻐하는 듯했다. 그들은 인근 공원에 설치된 스피커와 대형 TV 스크린에서도 중계된 결혼식을 보며 진심으로 감동했다. 결혼식을 보러 간 다수가 식순 표를 사고 찬송가도 따라 불렀다. 젊은 커플이 하는 사랑의 서약을 들으며 다들 진짜 눈물을 흘렸다. 두 사람이 탄 마차가

버킹엄궁까지 행렬했을 때 사람들은 단지 깃발만 흔드는 것이 아니라 진심으로 그들을 위해, 영국을 위해, 무엇보다 사랑과 결혼을 위해 기뻐했다. 사람들이 지나가는 마차에 환호할 때 나도 행복과 희망을 느꼈다. 그러지 않기가 불가능했다. 백만 명이나 되는 사람이 긍정적이고 진실하고 진정한 무언가를 믿고 느낀다는 것에는 특별한 힘이 있었다. 그것은 개인의 바람을 전부 합친 것보다도 컸다. 바로 사회학자 에밀 뒤르켐이 에너지 과잉, 단순한 개인의 총합보다 더 큰 전체, 집단의식이라고 설명한 것이었다.[30] 행복과 낙관주의, 로맨스의 집단의식이 인파 속에 퍼지는 최루 가스처럼 내 몸으로 스며들었다.

런던에 사는 은퇴한 교사인 60세 백인 여성을 인터뷰했는데, 정치 철학과 로맨틱 코미디에 모두 정통한 그녀가 로맨스를 포스트모더니티 조건에 꼭 필요한 인간 감정으로 이해한다는 사실에 놀랐다. 그녀는 종교가 민중의 아편이라고 말한 카를 마르크스가 틀렸다고, 유명인사야말로 민중의 아편이라고 했다. 유명인사는 우리가 삶의 물리적 현실을 잊게 한다는 것이다.

부유하고 유명해지고 싶어 하는 어린아이들을 많이 봤어요. 요즘은 화려함이 남아 있지 않아요. 우린 사실 여왕에 대해 잘 모르잖아요? 여왕은 맨 윗자리에서 조용하게 자리를 지켰죠. 케이트와 윌리엄도 그랬으면 좋겠어요. 당분간 대중의 눈에 띄지 않게 지낼 거라고 하더군요.

그리고 로맨스는 우리의 기분을 좋게 한다.

로맨틱 영화를 보면 기분이 좋아지잖아요? 요즘은 매일 나쁜 소식이 홍수처럼 쏟아져요. 세상에 나쁜 일이 정말 많은데 이 결혼은 좋은 소식이죠.

뼛속까지 사회주의자인 그녀는 완벽한 결혼식을 가능하게 만드는 사회적 불평등을 날카롭게 인지하고 비판했다. 나와 같았다. 하지만 그날 햇살 아래 벤치에 앉아 젊은 커플을 위해 축배를 들고 맥주를 마신 경험은 진정한 감동을 주었다. 그 순간만큼은 해피엔딩이었다.

안타깝게도 행복은 순간의 감정이다. 그해 여름이 끝나갈 무렵 케이트와 윌리엄조차도 사람들의 사기를 계속 유지해줄 수 없음이 확실해졌다. 미국은 다른 나라들에 비해 별로 행복한 곳이 아니었다.[31] 앞으로 20년 동안 모방될 완벽 그 자체인 로열 웨딩을 치렀는데도 우리는 여전히 맥이 빠져 있었다. 우리에게는 디즈니 공주처럼 생긴 날씬하고 아름다운 완벽한 신부도 있었다. 붉은 군복을 입은 디즈니 왕자 같은 잘생기고 매력적인 신랑도 있었다. 신데렐라보다는 뮬란에 더 가까운, 좀 더 새롭고 평등한 천생연분의 개념에 어울리는 사랑 이야기도 있었다. 하지만 결혼식 뒤로는 슬럼프 같은 나날이 찾아왔다. 결혼식 날은 그야말로 완벽했지만 케이트와 윌리엄은 안전상 이유로 신혼여행을 미루어야만 했다. 타블로이드 신문들이 '섹시 왕족Her Royal Hotness'이라고 하는 신부의 동생 피파Pippa가 더 예쁘지 않냐며 떠들어댔다. 성대한 파티가 으레 그러하듯 다음 날 우리는 파티에 엄청난 비용이 들어갔다는 끔찍한 사실을 깨달았다. 케이트와 윌리엄의 결혼식은 (호텔과 기념품, 레스토랑 식사 등으로) 런던에 약 8,000만 달러를 벌게 해주었지만 치안 유지에만 3,500만 달러가 추가로 들었다. 그뿐만 아니라 결혼식으로 쓴 휴가 때문에

영국 경제는 약 500억 달러의 생산성, 또는 GDP의 4분의 1을 잃었다.[32]

어쨌든 내가 미국으로 돌아갔을 때는 왕실 결혼식이 불러일으킨 로맨스의 영원한 가능성은 온데간데없었다. 이미 사람들은 또다시 행복과 로맨스, 완벽함의 약속을 주입해줄 다른 유명인사의 결혼식을 기다리고 있는 듯했다. 하지만 우리에게는 D급 유명인사들밖에 없었다. NBA 스타 크리스 험프리스Kris Humphries와 결혼한 킴 카다시안Kim Kardashian은 동화 같은 결혼식에 중독된 대중을 〈피플〉의 표현처럼 "유명 디자이너의 웨딩드레스 세 벌과 꽃 5만 송이, 1,500만 달러어치의 다이아몬드"로 채워주려고 최선을 다했다. 미디어는 8월 20일에 치러진 그녀의 결혼식을 '완벽한'과 '동화' 같은 수식어로 보도했다. 하지만 킴 카다시안은 케이트 미들턴이 아니다. 당시 킴은 슈퍼리치에 대한 미국인의 집착을 겨냥한 리얼리티 프로 〈카다시안 가족 따라잡기Keeping Up with the Kardashians〉로 유명해진 인물이었다. 그녀의 결혼식은 누구든 왕자와, 적어도 NBA 스타와 결혼할 수 있다는 희망을 품게 해주기보다는, 1980년 이후로 대부분 미국인이 더 가난해졌다는 사실만 상기시켰다.[33] 2011년 당시 전체 인구의 상위 1퍼센트가 부의 40퍼센트를 다스렸다.[34]

카다시안-험프리스의 관계는 처음부터 파국을 예고하는 듯했다. 그녀는 그의 애완견을, 그는 그녀에게 따라붙는 파파라치를 싫어했다.[35] 하지만 카다시안 가족은 파파라치를 빼면 시체고 개를 사랑하는 사람은 둘 중 하나만 선택해야 한다면 사람보다 개를 선택한다. 하지만 그들의 화려한 결혼식에는 그보다 깊고 우울한 무언가가 있었다. 카다시안과 험프리스의 결혼식은 우리가 부모 세대보다 완벽한 결혼식을 올릴 가능성이 훨씬 낮다는 것을 깨닫게 했다. 우리가 그때보다 더 가난하기 때문이 아니라 완벽한 결혼식 비용이 기하급 수적으로 늘어난 탓이다. 이제 웨딩드레스는 한 벌 가지고 안 된다. 킴처럼 두세 벌이 있어야 한다. 이제는 피로연에 신랑 케이크groom's cake도 필요하다. 치아 미백처럼 꼭 필요한 미용 시술도 있다. 보톡 스나 심지어 가슴 수술, 킴이 받았다는 엉덩이 수술 같은 각종 성형 수술도 정상적인 결혼 비용의 일부가 되어간다. 윌리엄과 케이트의 약혼 소식이 발표된 달에 E! 방송에서 방영된 리얼리티 프로 〈브라 이덜플래스티Bridalplasty〉만 봐도 알 수 있다. 〈브라이덜플래스티〉에 서는 주로 금발에 파란 눈을 가진 노동자 계급의 백인 신부들이 코 수술과 가슴 수술 같은 성형수술 기회와 결혼 비용 20만 달러를 차 지하려고 겨루었다. 탈락하는 사람들은 "그래도 결혼은 하셔야겠 죠. 완벽한 결혼식은 아니겠지만"이라는 말을 들었다.[36] 당사자들 에게도 시청자들에게도 너무나 잔인한 말이었다. 그 말은 시청자들 에게 꽃이나 성형수술에 수만 달러를 쓸 수 없으면 그들의 결혼식도 완벽할 수 없다고 말하는 신호였다. 결혼식이 완벽하지 않은데 과연 결혼생활이 완벽할 수 있을까?

우리를 의기소침하게 한 것은 〈브라이덜플래스티〉만이 아니었다. 킴 카다시안은 완벽하게 연출된 결혼식 이후 72일 만에 험프리스와 의 결혼을 끝냈다.[37] 어쩌면 그녀는 신부 열 명 중 한 명이 걸린다는 결혼 후 우울증에 걸렸던 것인지도 모른다.[38] 결혼 후 우울증은 인 생에서 최고로 행복한 날 다음 날 아침부터 찾아와 끈질기게 머무는 맥 빠진 느낌이다. 왕실 결혼식이 있은 지 몇 개월 뒤 그 결혼식 기 념으로 나온 머그잔으로 커피를 마시던 나에게도 그 우울증은 갑자기 찾아왔다. 나에게 정말로 필요한 것은 단조로운 일상과, 런던의 완벽한 결혼식을 보러 가느라 진 빚에서 잠시 벗어나는 것이었다. 동화 나라로의 소풍이 필요했다. 세기의 결혼식 이후 나에게 필요한 것은 평생 단 한 번뿐인 특별한 신혼여행이었다. 그래서 나는 지구 상에서 가장 마법 같은 장소로 연구 여행을 떠나기로 했다. 미국 내에서 가장 많이 신혼여행지로 선택하는 곳, 꿈이 만들어지는 곳. 디즈니 월드에 가기로 했다.

5장

허니문

LOVE, INC.

우리의 신혼은 평생 빛나고 그 빛은 당신이나 내 무덤 위에서만 희미해질 거예요.

– 샬럿 브론테Charlotte Bronte, 《제인 에어》, 1847

왕족이건 평민이건 결혼식에는 많은 돈과 시간이 필요하다. 적어도 1920년대부터 결혼 산업은 결혼을 약속한 커플에게 '완벽한' 결혼식이 행복에 꼭 필요하다고 설득했다.[1] 비록 완벽함이라는 기준은 크게 바뀌었지만, 결혼식이 '완벽'해야 한다는 조장된 수요는 그대로다. 2016년에 시행된 설문 조사에서 신부의 63퍼센트가 결혼식이 완벽해야 한다는 압박감을 느낀다고 답했다. 완벽한 결혼식을 위해서는 계획이 필요하다. 약혼한 커플은 (대개 여성이) 장소부터 음식, 드레스까지 필요한 모든 것을 알아보는 데 수백 시간을 쓴다.[2] 실제로 예비 신부들은 완벽한 결혼식에 큰 압박감을 느끼는 나머지 직장에서 시간을 훔친다. 한 설문 조사에서는 신부의 약 90퍼센트가 근무 시간에 결혼 준비를 한다고 인정했고 3분의 1이 결혼 준비가 업무 성과에 부정적인 영향을 끼친다고 했다.[3]

극심한 준비와 계획은 젊은 커플을 지치게 하고 스트레스를 준다. 다행히도 자본주의와 로맨스는 결혼식 준비 번아웃에 완벽한 해결책을 발명했다. 바로 허니문이다. 허니문은 힘든 결혼 준비의 보상이며 거의 모든 신부 잡지 웹사이트에서 분명하게 나타나는 주제다. 결혼 준비업체 더 낫The Knot의 웹사이트에서는 "허니문은 몇 개월 동안의 힘든 결혼 준비가 끝나고 모든 것에서 벗어나 느긋하게 즐길 수 있는 시간입니다.", "허니문은 수개월의 힘든 결혼 준비에 따르는 값진 보상입니다."라고 한다.[4] 〈브라이즈Brides〉도 안쓰러운 예비부부들에게 비슷한 견해를 표현한다. 허니문은 "힘든 결혼 준비의 스트레스를 뒤로하고 즐길 수 있는 시간"이라고.[5] 실제로 〈브라이즈〉는 끔찍한 결혼 준비에 대한 우려가 너무 큰 나머지 결혼식을 올리기 전에 '얼리문earlymoon'을 다녀오라고까지 권한다. "다들 결혼식을 올린 뒤에 다녀오는 허니문만 생각합니다. 하지만 결혼 준비 스트레스가 엄청난데 결혼식 전에 휴식을 취하는 게 당연하지 않을까요?"라고 한다. 케이트 미들턴의 여동생 피파는 약혼자 제임스 매슈스James Matthews와 얼리문을 떠났다.[6] 〈블랙 브라이즈Black Brides〉에서는 새로운 전염병 '결혼 준비 스트레스'가 널리 퍼졌다는 증거가 별로 나타나지 않지만 LGBTQ 커플을 위한 온라인 잡지 〈이퀄리 웨드Equally Wed〉에서는 분명하다. 〈이퀄리 웨드〉는 "결혼 준비가 엄청난 스트레스"이므로 약혼한 뒤에 '인게이즈먼트문engagementmoon을' 떠나라며 역시나 새로운 '~문' 여행을 제안했다. "결혼 준비에 돌입하기 전에 약혼자와 여행을 떠나라"라는 것이다.[7]

결혼식을 올린 이성애 커플 가운데 거의 100퍼센트, 동성 커플의 57퍼센트가 얼리문까지는 아니어도 적어도 허니문은 떠난다. 미국에는 해마다 약 1,400만 쌍의 커플이 허니문을 떠난다.[8] 케이트와 윌리엄은 결혼 뒤 아프리카 세이셸의 노스 아일랜드에 있는, 1박에 5,000달러인 바닷가 방갈로에서 열흘을 묵었다.[9] 일반적으로 허니문은 계획하는 데 몇 달이 걸리고 비용은 평균 4,000달러 또는 결혼 총비용 37,000달러의 11퍼센트가 사용된다.[10] 미국 가정의 평균 휴가 비용보다 두 배 이상 높다. 휴가는 해마다 갈 수 있지만 허니문은

'신성하고' '일생에 한 번뿐'이므로 그럴 만도 하다. 물론 휴가를 떠날 수 있을 정도로 운 좋은 미국인은 약 45퍼센트지만 말이다.[11] 허니문과 인게이지먼트문, 얼리문은 연간 7조 6,000억 달러 규모로, 전 세계 산업에서 6위를 차지하는 관광산업에 속한다. 세계적으로 '관광산업'이 거두는 수익의 규모가 농업과 거의 비슷하다는 사실을 생각해보면 더욱 감이 잡힐 것이다.[12]

'우호적 관계 기간'을 뜻하는 '허니문honeymoon'이라는 이름으로 순전한 행복과 기쁨을 만들기 위해 이렇게 막대한 돈이 쓰인다. 하지만 우리는 허니문에 대한 문화적 불안감을 가지고 있는 듯하다. 영화에서 그려지는 허니문은 별로 행복하지 못한 결말을 보여줄 때가 많다. 1942년에 개봉한 영화 〈원스 어폰 어 허니문〉에서 진저 로저스Ginger Rogers가 연기한 케이트 오하라Kate O'Hara는 오스트리아의 부유한 남작과 결혼한다. 안타깝게도 남작은 나치와 연관되어 있다. 신부는 우연히 남편을 죽이고 언제나 멋진 캐리 그랜트가 맡은 미국인 기자 팻 오툴Pat O'Toole과 이어진다. 영화의 결말은 민주주의를 구해줄지언정 결혼 이야기를 구해주지는 못한다. 1953년에 나온 영화 〈나이아가라〉에서 메릴린 먼로Marilyn Monroe는 신혼여행지에서 남편을 미친 것처럼 보이게 하여 정부더러 남편을 살해하게 하고 자살처럼 꾸미려는 여성을 연기한다. 이처럼 신혼여행을 다루는 영화에는 매우 나쁜 상황이 다수 나온다. 2003년에 개봉한 〈우리 방금 결혼했어요〉에서는 운명처럼 만나 결혼한 남녀가 신혼여행 동안 서로의 계급 차이에 부딪힌다(나중에 재회하지만). 2014년에 나온 공포 영화 〈허니문〉에서는 가장 아름다워야 할 시간이, 외계인에 잠식된 신부가 사랑하는 남편을 죽이는 '신랑 살해 사건'으로 변한다.

허니문이 문화적 불안감을 만드는 이유는 허니문의 마법이 언젠가 반드시 끝나게 되어 있음을 알기 때문인지도 모른다. 그 마법이 끝나고 '결혼 후 우울증'에 빠지는 사람들도 있다. 특히 주로 여성들은 특별한 하루를 위해 몇 개월, 몇 년을 준비하고 드디어 떠난 완벽한 여행에서 돌아와, '약혼'이나 '신랑, 신부'라는 이름이 주는 마법은 사라져버리고 "허니문이 끝난 뒤 삶의 공허함"만 남았음을 발견한다.[13] 허니문의 끝에 대한 불안은 가장 대표적인 신혼여행지가 '세상에서 가장 행복한 장소'인 이유일 것이다. 바로 플로리다주의 디즈니 월드다.[14] 디즈니 월드는 매년 5,250만 명이 찾는, 세상에서 가장 인기 많은 휴가지다. 그곳에는 매직 킹덤과 에프코트Epcot, 디즈니 할리우드 스튜디오, 디즈니 애니멀 킹덤이 있다.

신혼부부들이 에로틱한 휴가와 거리가 먼, '아이들'을 위한 장소로 유명한 디즈니 월드에 끌리는 이유를 알아보기 위해 나는 2012년 여름에 그곳으로 갔다. 그곳에서 결혼식, 신혼여행에 대한 희망을 주제로 13쌍을 인터뷰했다. 디즈니로 신혼여행을 온 이유로 '마법을 지속하기 위해서'라고 답한 사람이 한 명 이상이었다. 그들의 말을 빌리자면 로맨스 이데올로기의 대표적인 선전 기구 디즈니는 진정한 사랑을 찾는 한 언제나 환한 미래가 있는 안전하고 행복한 장소다. 디즈니의 로맨스는 근로자들의 근로 조건이나 디즈니가 환경에 끼치는 영향 같은 현실 관계를 마법과 흥분으로 바꾼다. 하지만 디즈니에 가기 전에 포코노스Poconos 산맥과 나이아가라 폭포에 잠깐 들러봐야 한다.

나이아가라 폭포, 포코노스 산맥, 디즈니 월드

나이아가라 폭포, 세계의 허니문 수도.

- Infoniagara.com

로맨스에 대해 좀 아는 포코노스 산맥.

- 포코노스 산맥 홍보 문구

지구상에서 가장 마법 같은 곳.

- 매직 킹덤 홍보 문구

허니문이 결혼이 발명된 이후로 줄곧 존재했다고 생각하는 사람이 많다. 당연히 허니문은 커플이 연인으로서 에로틱하고 마법 같은 장소에서 서로를 알아가는 시간이다. 신랑과 신부가 된 두 사람이 새로운 장소에서 서로의 몸을 탐구할 수 있다. 하지만 진실은 그것과 완전히 동떨어진다. 러브 주식회사가 우리에게 '자연스럽고' '전통적인' 것이라고 확신시키는 많은 것이 그러하듯, 허니문은 비교적 근래에 나온 발명품이다. 허니문은 19세기에 들어서기 전까지는 존재하지 않았고 그때도 부유한 커플을 위해서만 존재했다. 상류층 신혼부부들은 전혀 섹시하지 않은 방법으로 허니문을 보냈다. 온 가족을 수행원처럼 데리고 친척들을 방문하러 갔다. 1800년대 말에 이르러서야 신혼부부들끼리만 떠났다. 크리스 벌크로프Kris Bulcroff 등은 허니문이라는 문화의 생산을 살펴본다.

　오늘날 우리가 아는 사회적 계약과 의무로부터의 사적인 도피인 허니문은 비교적 근대에 발생했다. 물론 결혼 첫날밤과 관련된 관습은 언제나 존재

했지만 개인적인 특징을 강조하는 허니문의 역사는 고작 100년이 조금 넘었다.[15]

허니문이 온 가족의 일에서 신혼부부만의 시간으로 바뀐 것은, 결혼이 중매에서 연애로 바뀌는 과정에서 함께 일어난 변화였다. 동시에 처녀 신부의 무지함과 성교육의 필요성에 관한 점점 커지는 불안감도 함께 발생했다.[16] 하지만 허니문을 떠날 형편이 되는 신혼부부는 소수에 불과했고 1920년대에 이르러서야 좀 더 널리 퍼졌다. 미국에서 자동차 보급률이 늘어나면서 신혼부부들이 나이아가라 폭포 근처 통나무 오두막이나 호텔로 떠나 며칠을 묵는 일이 늘어났다.[17]

나이아가라 폭포는 빅토리아 시대에도 매우 에로틱한 장소였다. 물 떨어지는 소리가 이성애 성교에 대한 (형편없는) 비유였기 때문이다. 나이아가라에 정말로 뛰어드는 사람들이 많았던 것도 폭포의 에로틱한 에너지 때문이었는지 모른다. 애니 에드슨 테일러Annie Edson Taylor라는 여성은 (비록 로맨틱한 이유가 아니라 궁핍한 생활고 때문이기는 했지만) 1901년에 나무통 안에 들어가 최초로 약 50미터 높이의 폭포를 건넜다.[18] 캐런 더빈스키Karen Dubinsky가 나이아가라 폭포로 떠난 신혼여행에 관해 이야기하는 글에서 지적하듯, 1920년대에 들어 이성애가 더욱 찬양되면서 나이아가라에도 더욱 성적인 특색이 부여되었다.[19] 제2차 세계대전 때 나이아가라 폭포는 '군인과 신부들을 위한 알맞은 가격의 짧은 신혼여행지'였고 전쟁이 끝난 뒤에는 예산이 한정된 많은 커플이 "첫 호텔 숙박과 첫 레스토랑 식사, 첫 와인"을 경험하는 신혼여행지가 되었다.[20]

허니문이 차를 타고 뉴욕주 북부로 떠나는 간단한 여행이었을 때도 허니문을 둘러싼 정치는 언제나 복잡했다. 숲속의 오두막이건 도시의 호텔이건 신혼여행을 떠나는 능력에는 인종 장벽과 경제 장벽이 모두 존재했다. 20세기 전반 동안 리조트 대부분은 흑인과 유대인을 받지 않았다.[21] 하지만 시간이 지나면서 비행기 여행이 쉬워지고 인종 장벽이 낮아지면서 신혼여행을 떠날 수 있는 시간과 돈을 갖춘 신혼부부도 늘어났다.

1950년대와 1960년대의 신혼부부들은 단지 자연의 아름다움이나 레스토랑 식사를 추구하지 않았다. 그들은 '지금 막 결혼했다'라는 사실을 인정받으면서 끊임없는 활동과 오락을 즐길 수 있는 포괄적 경험을 원했다. 전쟁 이후의 신혼부부들은 도피뿐 아니라 오락도 원하게 되었다. 그렇게 극적이고 쉽게 이용 가능한 허니문 생산은 20세기 중반에 가장 인기 있는 신혼여행지였던 포코노스 산맥의 하트 모양 욕조에서 탄생했다. 포코노스의 리조트 '더 팜The Farm'은 제2차 세계대전 이후 결혼율이 급증했을 때 최초로 허니문을 테마로 선보인 리조트였다. 기독교 신자이고 백인이고 이성애자인 커플은 더 팜에서 자신과 똑같은 조건의 커플들과 함께 허니문을 경험할 수 있었다. 그들은 승마, 테니스, 저녁의 쇼 관람 같은 다양한 활동을 즐겼다. 셀레 오트네스Cele Otnes와 엘리자베스 플렉Elizabeth Pleck이 지적하듯이 같은 신혼부부들끼리의 만남은, 그들을 당시 새로 형성되고 있던 교외 주택가의 새로운 삶에 준비시켰다. "나이대와 교육 수준, 사회적 지위가 비슷하고 포코노스 산맥의 리조트들이 흑인과 유대인을 차별해 주로 백인 기독교 신자였던 신혼부부가 다른 신혼부부들과 함께 보내는 시간이었다."[22]

포코노스의 리조트들은 허니문을 특별한 휴가로 발명했다. '방금 결혼'한 성스러운 상태에서 함께 보내는 시간일 뿐 아니라 다른 커플들과 오락과 활동을 함께 하는 여행이었다. 포코노스의 허니문 리조트들은 커플들이 신혼여행을 즐기는 동안 귀찮게 돈 생각을 하지 않아도 되도록 '모든 것이 포함된' 패키지 가격도 발명했다. 포코노스에서의 허니문은 대량 생산되는 경험이었다. 여행에서 예상치 못한 요소는 전부 없애고 매우 합리적이고 생산적인 '경험'으로 대신했다. 벌크로프는 이렇게 표현한다. "허니문은 오랫동안 환상으로 존재했다. 하지만 사회는 비교적 근래에야 허니문의 환상을 대량 생산하고 판매해, 환상의 필수 구성 요소인 탈개인화된 기대와 상징적 표상으로 만들었다."[23] 그 뒤로 철저한 계획에 따라 생산된 경험에 많은 신혼부부가 끌렸다. 오늘날 신혼부부들은 샌달스Sandals 리조트 같은 카리브해 리조트를 패키지로 예약하거나, 포코노스로 가서 여전히 하트 모양 욕조를 즐긴다. 이러한 경험은 더욱 민주화되어 부유한 신혼부부들은 매우 특별한 신혼여행을 추구한다. 알래스카에서의 캠핑이건 케냐에서의 사파리 투어건 포코노스의 하트 욕조에서 거품 목욕을 하건, 신혼부부들은 여전히 '추억'을 만들고 소비하고 기록하고 싶어 한다. 허니문의 추억은 진정한 사랑과 마찬가지로 평생에 한 번 있는 마법 같은 경험이다.

상류층은 허니문의 추억을 위해 특별한 장소를 찾기도 하지만 가장 인기 있는 신혼여행지는 여전히 하와이와 플로리다, 특히 디즈니 월드다. 디즈니 월드는 라스베이거스와 마찬가지로 1990년대 미국에서 가장 인기 있는 신혼여행지가 되었고 신혼부부 여섯 쌍 중 한 쌍이 찾았다. 성인들에게 '마법을 기억하라'라고 권유하는 디즈니의 광고 때문이기도 하지만, 위험이 매우 낮거나 거의 없는 수준으로 추억을 제조하는 신혼여행을 제공하는 디즈니의 능력 때문이기도 했다. 약혼한 커플들은 디즈니의 '허니문' 웹사이트를 보며 "마법 같은 디즈니 허니문에서 왕족처럼 저녁 식사를 하고 호화로운 호텔에서 잠을 자고 스릴 넘치는 관광명소와 불꽃놀이 쇼를 즐길 수 있다는" 환상을 품는다.[24] 오트네스와 플렉은 다음과 같이 설명한다.

> 많은 커플이 디즈니 월드의 흥분감과 쇼핑, 레스토랑을 선호했다. 그들은 인터넷과 미디어와 이미지가 주도하는 현실보다 강력하되 안전하고 깨끗하고 축제 분위기에 친절하고 레스토랑 식사도 제공하는 장소를 원했다. 디즈니 월드의 에프코트에서 보내는 몇 시간은 수하물을 잃어버리거나 무례한 택시기사를 만나거나 낯선 음식을 먹어야 하는 일 없이도 해외여행을 경험하게 한다.[25]

디즈니 월드가 모두를 위한 곳은 아니다. 결코 싼 가격은 아니기 때문이다. 2018년 6월 기준으로 올스타 스포츠 리조트All-Star Sports Resort는 1박에 150달러, 디즈니 폴리네시안 빌리지 리조트Disney's Polynesian Village Resort는 700달러나 된다. 그뿐만 아니라 테마파크 이용(1인당 1일 약 80달러)과 식사, 음료수, 로맨틱한 불꽃놀이 크루즈(1시간에 약 350달러)에 드는 비용도 있다.[26] 디즈니의 테마파크와 리조트는 연간 430억 달러를 쓸어 담는데, 허니문과 인게이지먼트문, 결혼기념일 여행, 웨딩 파빌리온에서 올리는 결혼식이 큰 비중을 차지한다.[27]

결혼식과 허니문을 같은 장소에서 하는 것이 큰 인기를 끌어 2000년 이후 거의 두 배로 늘어났다. 현재 미국 결혼식 4건 중 1건이 데스티네이션 웨딩destination wedding(사는 지역에서 멀리 떨어진 곳이나 해외에서 치르는 결혼식-옮긴이)이다.[28] 디즈니 월드는 1991년부터 신데렐라 캐슬이 보이도록 특별하게 설계한 웨딩 파빌리온이라는 건물에서 데스티네이션 웨딩 서비스를 제공했다. 신부가 '유리' 마차를 타고 도착하고 신랑은 백마를 타고 신부에게 가는 것을 비롯해 다양한 서비스가 제공된다. 내가 연구의 일부로 완벽한 결혼식을 계획하며 7월의 무더운 날에 웨딩 파빌리온에 도착했을 때는 공사 중이었다. 디즈니 월드의 많은 부분이나 가톨릭교 성당과 마찬가지로, 완벽함이 영원히 지연된 현재진행형인 장소처럼 느껴졌다. 건물 내부에는 광택 나는 목재와 화려한 장식이 가득했다. 십자가도 로맨스 이외의 다른 종교 간판도 없었다. 이것은 미국에서 교회나 유대교 예배당 같은 종교 공간에서 이루어지는 결혼이 전체의 3분의 1도 안 된다는 사실과 일치했다.[29] 웨딩 파빌리온은 특히 하루 어느 시간대라도 결혼할 수 있어서 인기가 높다. 디즈니 월드 안에서도 결혼할 수 있지만 영업을 하지 않는 오전 9시 전이나 밤 9시 이후에만 가능하다.

웨딩 파빌리온에서는 약 3만 달러를 내면 75~100명의 하객을 초대할 수 있다. 직원의 말에 따르면 결혼식 비용은 2만 5천 달러~3만 달러다. 올랜도까지 비행기 요금과 숙박비를 제외하면 디즈니에서의 결혼식은 미국의 평균 결혼식 비용 수준이고, 편리하게도 신혼부부는 (그들의 결혼 파티도) 이미 세계에서 가장 인기 있는 신혼여행지 안에 들어와 있다. 물론 디즈니에서 결혼하려면 비용이 10만 달러까지도 들 수 있지만 진짜 말이 끄는 마차를 타고 결혼식 파티장에 도착하거나 피로연에 디즈니 캐릭터들을 초대하는 등 추가 서비스를 이용할 때의 이야기다. 나는 웨딩 파빌리온의 테이블에 마련된 책에서 결혼식 사진들을 넘겨보다가 모든 커플이 백인이고 이성애자라는 사실을 발견했다. 그리고 젊었다. 당시 40대 후반이었던 나는 그곳 여직원들에게 더 늙은 신부들도 본 적이 있는지 물었다. 그들은 50대와 60대 여성들도 디즈니에서 결혼식을 하고 신데렐라 마차를 타고 오는 경우가 많다고 했다. 나는 레즈비언이면서도 동성 결혼에 관해 묻는 것을 잊어버렸다. 그날 밤에 디즈니 웨딩 웹사이트에 들어가보니 신부나 신랑이 두 명인 동성 결혼도 쉽게 계획할 수 있었다.

내가 상상하는 디즈니 결혼식에는 약 3만 5천 달러가 든다. 신데렐라 캐슬 위로 펼쳐지는 불꽃놀이, 미니와 미키 마우스 모양의 특별한 불꽃놀이가 포함된다. 하지만 7월의 무더운 그날 렌터카로 걸어가면서 도대체 왜 사람들이 이곳에서 결혼하고 싶어 하는지 의아했다. 물론 내 직업은 사회학자이자 젠더 이론가다. 생산적이고 상업적인 공간과 역설적인 거리를 유지하는 것이 내 일이다. 나보다 훨씬 똑똑한 저술가들이 디즈니의 비현실성, 철학자 장 보드리야르 Jean Baudrillard의 표현대로 디즈니가 원본 없는 사본이라는 사실을 받아들인다.

디즈니랜드는 얼기설기 얽힌 자극의 순서를 보여주는 완벽한 모델이다. 우선 환상과 환영의 연극이다. 디즈니랜드의 이미지는 참도 거짓도 아니다. 현실의 허구에 활기를 불어넣기 위해 설치된 억제 기계다. 그 목적은 아이의 세상이 되는 것이다. 어른들은 다른 곳, 즉 '현실 세계'에 있다고 믿게 만들고 진정한 '아이 같음childishness'은 어디에나, 특히 아이처럼 행

동하고자 그곳을 찾는 어른들 사이에 있다는 사실을 숨기려는 것이다.[30]

하지만 바로 그 아이 같음이 나를 괴롭혔다. 역사의 처음부터 성인기로 접어드는 의식인 결혼을 연출하는 성인들은, 도대체 왜 동화를 바탕으로 만든 아이용 애니메이션 영화에 나오는 신데렐라의 마차를 타고 결혼식장에 도착하고 싶어 할까? 왜 비싼 돈을 들여가면서까지 역시 원본 없는 사본인 신데렐라 캐슬이 보이는 곳에서 결혼하고 싶어 할까? 내 현장연구 기록에는 이렇게 적혔다. "왜 결혼식을 유아화할까? 결혼식은 어른이 되는 의식 아닌가?" 디즈니 월드가 왜 세상에서 가장 로맨틱한 장소인가 하는 미스터리를 풀려면 그 비현실적인 장소를 미국 문화와 역사의 현실에 놓아보아야만 한다.

현실의 로맨스

디즈니랜드는 그것이 '현실의' 나라임을 숨기기 위해서 존재한다. 디즈니랜드는 나머지가 현실이라고 믿게 만들기 위해 상상의 곳으로 표현된다.
– 장 보드리야르, 《시뮬라시옹》, 1981

커플들이 우는 어린아이들로 북적거리고 무더운 날씨까지 가세한 놀이공원으로 수천 달러까지 써가면서 신혼여행을 떠나는 이유는 매우 복잡하다. 이미 다른 사람들이 시사했듯이 이는 디즈니에서 생산되고 제어되는 경험 때문이기도 하다. 결혼식의 흥분감을 모으고 기록해 집에까지 가져와 두 사람의 관계에 깃든 특별한 마법을 일깨우는 경험인 것이다. 또 한편으로는 디즈니가 돈을 내고 이용하는 고객들과 달라도 너무 다른 사람은 보이지 않도록 만드는 방식으로 억제되기 때문이다. 가난한 사람들은 안으로 들어갈 수 없다. 노동자로는 들어갈 수 있겠지만 노동의 신호를 보여줄 수는 없다. 디즈니는 '마법'이 깨지지 않도록, 운영의 '지저분한' 측면을 숨기기 위해 정교한 지하 터널 시스템을 만들어놓았다. 최저임금을 받는 노동자들은 두꺼운 디즈니 캐릭터 의상을 입고 더워서 기절하기 직전이라도 인형 탈을 벗으면 안 된다. 그냥 기절해서 역시 의상을 입은 디즈니 구급팀이 와서 지하로 데려가 열을 식히고 수분을 공급해주기를 바라야 한다.[31] 그런 면에서 디즈니는 결혼식과 비슷하다. 더워서 쓰러지는 노동자들이나 자신들의 사랑을 방해하려는 악당들처럼 기분 상하게 하는 모든 것을 피한 채로 커플이 특별해질 수 있는 곳이기 때문이다. 디즈니는 순백whiteness의 상징적 표상이라는 점에서도 결혼식과 비슷하다. 문자 그대로도 그렇고 깨끗하고 순수하다는 비유적인 의미에서도 그렇다.

기업으로서의 디즈니는 상상의 과거에 향수를 일으키고 순백과 밀접하게 연결된 첨단 기술이 발달한 미래의 갈망을 만든다. 철학자 루이 마랭Louis Marin은 디즈니 테마파크들을 "미국 지배층의 이데올로기"를 반복하는 공간으로 표현했다.[32] 디즈니는 리머스 아저씨(흑인 노예가 백인 농장 주인 아들에게 흑인들의 민담 이야기를 들려주는 형식의 우화집 《리머스 아저씨》 시리즈의 화자—옮긴이) 같은 인물로 〈남부의 노래〉(1946) 같은 상징적인(또는 대부분이 검열된) 영화를 만들고, 또 그 인종차별적 영화를 소재로 인기 놀이기구 스플래시 마운틴Splash Mountain을 만들었다. 디즈니가 〈남부의 노래〉의 유통을 중단한 지 25년도 넘었지만, 스플래시 마운틴은 브레어 래빗을 비롯해 그 영화에 나오는 캐릭터를 계속 활용해 영화의 인종차별적 요소를 재현하는 동시에 흑인의 혈통을 제거한다.[33] 제이슨 스퍼브Jason Sperb에 따르면 스플래시 마운틴은 "지난 60년 동안 미국의 인종 관계 상태를 반영한다. 인종에 관한 불편한 부분이 제거된 비즈니스가 대중 소비를 위해 만들어진 것이다."[34]

하지만 순백의 망각 프로젝트에 관여하는 것은 스플래시 마운틴뿐만이 아니다. 디즈니가 테마파크 내부에 재건한 '번화가'는 짐 크로 인종 분리 정책과 실제 플로리다에서 그것을 지속시킨 백인의 폭력이 제거된 안전하고 순수한 곳이다. 인종차별이 자행된 미국의 소도시가 디즈니 월드에서는 깨끗하고 순수하고 안전한 곳으로 재탄생했다. 그 유명한 제임스 볼드윈James Baldwin의 말처럼 하얀 미국은 항상 스스로 순수하다고 주장하는데, 무엇도 아닌 그 순수함이 "범죄가 된다."[35] 디즈니에서 하얀 인종적 순수가 저지르는 범죄는 어린 시절의 순수성과 처녀 신부의 순수성을 만들기 위해 동원된 스펙터클로 바뀐다. 말할 필요도 없이 순수한 아이와 처녀 신부는 모두 백인으로 그려진다.[36]

디즈니는 과거와 미래의 표상을 통해 하얀 것을 안전하고 '좋은 것'으로 만든다. 에프코트는 로맨스가 아니라 기술로 개선되는 미래를 나타내려는 목적이다. 에프코트라는 이름 자체도 미래의 실험적 원형 공동체Experimental Prototype Community of Tomorrow를 뜻한다. 세계박람회장처럼 지어진 에프코트는 기술 발달을 보여주는 퓨처 월드와 세계 문화를 보여주는 퓨처 쇼케이스가 합해 있다. 원래 월트 디즈니는 에프코트에 실제로 2만 명을 거주시키고, 누가 그곳에 살수 있고 없는지를 포함해 일상생활의 모든 측면을 통제하는 계획 공동체로 만들고자 했다. 은퇴한 이들은 배제하고 젊은 사람들로만 구성된 가족 중심의 백인들만 있는 곳으로 상상된 미래 도시였다.[37] 에프코트뿐 아니라 어린 시절과 마법에 초점을 맞추는 매직 킹덤은 둘 다 미래에 대한 환상을 나타낸다. 에프코트에서 내일은 현대 기술을 통해서 안전하게 만들어질 뿐만 아니라 전염 위험 없이 세계 문화를 소비할 수 있는 매우 억제적이고 위생 처리된 상징으로 굳혀버린다.[38] 매직 킹덤에서는 신데렐라 캐슬 위로 폭죽이 터지고 미키가 번화가에서 퍼레이드를 이끌 때, 어린아이에서 나이 든 연인까지 누구나 오래오래 행복하게 사는 해피엔딩을 맞이하는 상상에 젖는다.

이러한 순수와 순백은 디즈니의 웨딩 업체 디즈니 동화 결혼식과 허니문Disney's Fairy Tale Weddings and Honeymoons의 에버 애프터 블로그Ever After Blog에서 온전히 드러난다. 2017년 7월에 사흘 동안 그 사이트를 분석해보니 신부와 신랑이 거의 모두 백인이었다. 예를 들어 첫째 날에 52명의 사진을 분석했는데 52명 중 50명이 백인이었다(나머지는 디즈니에서 약혼한 아시아계 미국인 커플 한 쌍). 처음으로 본 신부 10명 가운데 90퍼센트가 백인이었다. 그 사이트에서는 인종 순수성이 드러났을 뿐만 아니라 '젠더 순수성'이라고 할 수 있는 부분도 나타났다. 웹사이트의 모든 커플이 젠더 규범을 따랐고 동성 커플은 하나도 없었다. 아버지가 사위에게 딸을 인도하는 것, 여성이 몸을 뒤로 눕혀 남성에게 안기는 것, 여성이 한쪽 다리로 서는 것, '디즈니 공주'에 비교함으로써 여성을 유아화하는 것을 비롯해, 가부장적 젠더 역할이 거의 모든 결혼과 약혼 사진에서 나타났다. 웹사이트에서 제안하는 의상과 배경, 심지어 웨딩 케이크에서는 예를 들어 '절대 어른이 되지 마'라고 적힌 피터 팬 케이크와 디즈니 애니메이션 〈라푼젤〉을 본뜬 프러포즈 등 어린 시절을 영구적 상태로 표현하는 경우가 다수 보였다. 로맨스는 '대학교 남학생 클럽의 소년이 여학생 클럽의 소녀를 만나다'나 '마법', '동화가 현실로 이루어지다' 같은 표현에서 이야기를 통해 나타났다. 디즈니 월드에서 결혼하거나 약혼한 커플의 이야기 다섯 편에서 '매직 킹덤'을 제외하고 '마법'이라는 말이 다섯 번이나 등장했다. 젊은 커플들을 설명하는 말에서 '꿈'이라는 단어도 등장했다. '항상 꿈꿔왔던'이나 '꿈이 이루어졌다' 같은 표현은 커플이 디즈니에서 로맨스 대본을 따를 수밖에 없다는 느낌을 강조했다. '꿈속에서'부터 서로를 알았다는 잠자는 숲속의 공주와 필립 왕자처럼 운명적인 사랑이다. 그 웹사이트는 성, 장미 꽃잎, 하얀 드레스, 촛불, 불꽃놀이 같은 로맨스의 상징을 이용해 판매 상품인 디즈니의 로맨스가 로맨스 이데올로기를 판다는 사실을 감춘다. 인종과 젠더 계층제에 관한 한 순수와 망각의 이데올로기인 것이다.[39]

이러한 디즈니 월드 허니문의 시각적 표상은 내가 시행한 현장연구에서 나온 결과와도 일치했다. 하지만 사람들과 실제로 나눈 대화에서는 세상에서 가장 마법 같은 장소에서 즐기는 신혼여행의 즐거움에 관한 훨씬 미묘하고 복잡한 서사가 드러났다. 인터뷰한 커플의 다수가 디즈니에서 즐거움을 느끼는 이유는 단지 향수를 일으키는 순백과 엄격한 젠더 역할 때문이 아니라(물론 그런 요소도 있었지만), 남성도 감정을 드러내고 커플의 관계를 넘어 더욱 넓은 네트워크와 깊은 교감을 드러내는 새로운 남성성 모델을 만들 수 있다는 것 때문이었다. 2012년 7월에 사흘 동안 디즈니 월드와 에프코트 센터를 방문했다. 특히 에프코트에는 백인이 아닌 사람들이 별로 없었다. 어떤 날은 6시간 동안 단 하나의 흑인 가족만 눈에 띄었을 뿐이었다. 다른 날에는 내가 세어본 100명 가운데 80퍼센트가 백인이었다. 동성 커플도 간혹 보였지만 신혼여행이 확실해 보이는 동성 커플은 없었다. 하지만 허니문이나 기념일을 축하하러 온 이성애자 백인들은 많았다. 적어도 내 현장연구에서는 그들이 특별한 지위를 나타내는 여러 다양한 옷을 입고 있어서 알아보기가 쉬웠다. 결혼기념일을 맞이해서 놀러 온 사람들은 몇 해 기념일인지 알려주는 커다란 핀을, 신혼부부들은 신랑과 신부용으로 따로 나오는 귀 모양 액세서리를 착용했다.[40] 디즈니 스토어 웹사이트에서 21.99달러에 판매되는 귀 모양 액세서리는 신랑용은 검은색이고 신부용은 하얀색이다. 신랑용은 '장난스러운 턱시도' 디자인이고 신부용에는 베일과 티아라가 들어간다.

하지만 '마법'이나 '로맨스'는 보지 못했다. 내 현장 기록에 따르면 당시 기온은 38도가 넘었고 땀으로 옷이 피부에 들러붙었다. 테마파크가 심하게 북적거려 지나가는 사람들을 밀치는 부모들이나 스쿠터에 탄 사람들과 부딪히지 않도록 줄곧 조심해야만 했다. 아이들은 울고 부모들은 소리 지르고 직원들은 지쳐 보였다. 음식은 무척이나 비쌌지만 특별히 맛있지도 않았고 화장실은 지저분했다. 도저히 내 파트너와 로맨틱한 추억을 만들 만한 곳으로 생각되지 않았다. 시끄럽고 북적거리고 아이들 중심이고 상업적이었다. 하지만 인터뷰한 사람들에게는 세상에서 가장 로맨틱한 장소였다. 같은 장소에 대한 경험이 그렇게 다른 이유가 무엇일까? 로맨스가 안전한 미래를 약속하기 위해서는 디즈니처럼 쉬지 않고 마법을 안겨주는 통제감과 익숙함이 필요하기 때문이라는 것이 가장 좋은 답인지도 모른다.

미키마우스의 로맨스화

디즈니와 로맨스는 함께 간다. 디즈니를 생각할 때 디즈니의 고전 애니메이션마다 거의 스며들어 우리의 가슴을 설레고 황홀하게 만드는 아름다운 사랑 이야기를 떠올리지 않기란 불가능하다. 그렇다면 디즈니 월드가 매우 로맨틱한 것도 당연하다.

- 켈리 B.Kelly B., disneyfanatic.com에서, 2015년

총 13쌍을 인터뷰했는데 그중 11쌍은 신혼여행, 2쌍은 기념일 여행이었다. 신혼여행 온 커플들은 20대나 30대 초반이었다. 모두가 대학을 졸업했고 공부를 더 한 사람들도 있었다. 흑인 신부 한 명, 아시아계 미국인 신랑 한 명을 제외하고 전원 백인이었다. 세 커플은 '신앙심이 매우 독실'했다(기독교 복음주의 교회 신도 또는 가톨릭 신자). 대부분 중서부나 캘리포니아 출신이었다. 그들의 직업에서는 젠더 규범이 강하게 나타났는데, 13명의 여성 가운데 8명이 교사(주로 초등학교)였고 남성 7명은 엔지니어거나 IT 업계에 종사했다. 다시 말해서 그들은 성대한 순백의 결혼식을 올리고 신혼여행을 떠나는 사람들이 누구인가 하는 통계에 정확히 들어맞았다.

인터뷰한 사람들은 대부분 디즈니 월드가 어린 시절은 물론이고 결혼과 약혼의 '마법'을 확장해주므로 로맨틱하다고 생각했다. 또한 그들은 실제로 미국을 떠나지 않고도 '해외여행'을 할 수 있다는 점에 큰 매력을 느꼈다. 디즈니 직원이 말했다. "신혼여행 온 사람들은 저녁에 에프코트 센터를 즐겨 찾아요. 전 세계의 다양한 술을 마실 수 있으니까요. 캐나다에서 시작해서 중국에서 끝나죠." 가장 중요한 것은 커플들이 환상의 건축물과 인파 사이를 걸어 다니는 '진짜' 캐릭터들이 있는 디즈니 월드의 물리적 공간과, 어려서부터 보고 자란 이야기의 연결성에서 로맨틱함을 느낀다는 사실이다. 남성을 포함한 모두 각자 가장 좋아하는 디즈니 영화가 있었다. 모두가 진정한 사랑을 찾음으로써 안정적이고 행복한 미래가 보장되는 내용이다.

내가 인터뷰한 모든 신혼부부에게 디즈니 월드의 '마법'은 그곳에서 '특별한' 대접을 받는 데 있기도 했다. 그렇게 디즈니 허니문은 그들에게 '약혼'이라는 마법에 걸린 상태나 신부와 신랑이라는 사실로 향하는 초점을 지속해줄 수 있었다. 신혼여행 온 20대 남성은 가족과 친구들이 '열대 지방'을 신혼여행지로 추천했지만, 디즈니로 온 것이 잘한 선택인 것 같다고 말했다. "정말 로맨틱한 곳입니다. 우리는 여기에서 특별한 대접을 받아요. 똑같은 귀 모양 액세서리를 한 신혼부부들을 네 쌍이나 봤어요. 신혼부부들은 전부 특별한 대접을 받아요. 사진 찍을 때도 특별한 포즈를 취해주고 특별한 저녁 식사를 하죠." 다른 20대 백인 남성도 비슷한 말을 했다. "모두가 정말 친절하고 친근하게 대해줘요. 남들보다 관심도 많이 받고 특별하죠. 줄 설 때도 앞으로 가게 해주고요." 또 다른 젊은 백인 남성도 처음에는 디즈니 월드가 신혼여행지로 과연 로맨틱할지 의심스러웠지만

"이곳에서 특별한 대접을 받으니 정말 로맨틱하게 느껴졌습니다"라고 말했다. 그의 아내도 덧붙였다. "저녁 식사 때는 특별한 디저트가 나와요. 그런 것들 덕분에 신혼여행이 정말 로맨틱해지죠." 다른 젊은 백인 신랑은 카리브해가 아닌 디즈니를 선택한 이유를 설명했다. "신혼부부를 정말 특별하게 대해줘요. 쇼에서는 무대로 불려 나가고 모두가 인사를 건넵니다. 일하는 사람들은 마주칠 때마다 결혼 축하 인사를 건네죠." 때맞추어 좀 더 나이 많은 커플이 다가와 그 신랑 신부에게, 자신들은 쓸 수가 없게 되었다면서 저녁 콘서트 티켓을 건넸다. 그날 밤 호텔 방으로 돌아가 티켓 가격을 찾아보니 한 장에 60달러나 했다. 생판 모르는 사람이 그렇게 비싼 선물을 주다니 정말 마법처럼 느껴진다.

디즈니를 찾는 커플을 잡아당기는 또 다른 주제는 위험하지 않은 모험이었다. 20대 아시아계 미국인 남성은 말했다. "비행기를 타지 않고도 한 번에 세계 여러 나라를 다녀올 수 있어서 좋죠." 젊은 흑인 여성은 캐나다, 영국, 프랑스, 모로코, 미국관, 독일, 노르웨이, 아프리카 초소, 일본, 중국, 멕시코, 모로코 순으로 이루어진 디즈니의 '세계'가 지리적으로 맞지 않는다는 사실을 안다고 말한다. 그녀는 왜 다른 국가들은 빠지고 저 국가들만 있는지, '아프리카 초소'는 왜 국가가 아닌지도 의문이 들었다. 하지만 현실성은 중요하지 않다고 느껴져 비판적 질문을 멈추었다. 모로코 출신인 그녀의 새어머니는 에프코트가 고국을 제대로 재현하지 못했다고 비판하지만, 그녀는 에프코트의 목적이 세상을 정확하게 그리는 것이 아니라 "경험을 만들기 위한 것이고 실제로 경험을 만들어주죠"라고 말한다. 그녀는 아시아 여행을 꼭 가고 싶었다고 덧붙였다. 그러자 그녀의 남편이 "난 해외여행을 가고 싶지 않아"라고 했다. 그에게는 전 세계를 상징하는 플로리다주의 디즈니 월드만으로도 충분한 해외여행이었다. 그렇게 생각하는 사람은 드물지 않았다. 캐나다나 카리브해를 제외하고 해외여행을 다녀온 경험이 있는 커플도 있었다. 한 커플은 파리에, 두 커플은 멕시코에 다녀왔다. 전체적인 미국인들의 상황도 다르지 않다. 윌리엄 D. 샬머스William D. Chalmers에 따르면 미국인의 약 42퍼센트가 여권을 소지하고 있지만 (북아메리카 대륙 여행과는 달리) 해외여행에 관한 관심은 점점 줄어들고 있다. 샬머스는 해외여행을 떠나는 미국인은 3.5퍼센트에 불과하며 디즈니에서 세계 여행을 하는 사람들이 훨씬 많다.[41]

디즈니 월드가 시공을 초월해 '아이로 돌아가게 해주는' 장소라고 말한 커플이 많았다. 14주년 결혼기념일을 맞이한 40대 여성은 디즈니 월드가 "즐거운 시간을 보내고 아이로 돌아가게 해주는 곳이에요"라고 했다. 신혼여행 온 30대 초반 여성도 시간을 거슬러 올라가는 환상을 언급했다. 그녀는 약혼 기념으로도 디즈니 월드에 왔었고 앞으로 매해 결혼기념일마다 올 것이라고 했다. "디즈니 월드에서는 다시 아이로 돌아간 기분이 들어요. 여기 모든 것이 사랑과 관련 있죠." 그녀의 남편도 어린 시절로 돌아갈 수 있다는 점이 마음에 들고 신데렐라 캐슬에서 점심을 먹을 때 "공주를 보려고 두 살짜리 꼬마들을 밀치고 갔지 뭐예요"라고 말했다. 그는 로맨스와 어린 시절에 연결성이 있다고 보았다. "신데렐라 캐슬에서의 점심 식사야말로 우리가 지금까지 해본 가장 로맨틱한 일이었습니다." 신혼여행 온 20대 후반 여성도 말했다. "초등학교 2학년 때 이후로 처음 왔는데 그때의 추억이 모두 되살아나서 마법 같아요."

디즈니 월드가 매우 성적화된 신혼여행지면서 어린아이로 돌아가게 해준다는 것에는 모순이 엿보인다. 역사학자 제임스 킨케이드James Kincaid의 말처럼 근대 미국인과 유년기의 관계에는 무언가 특별한 것이 있다. 유년기는 성적으로 순수한 시기다. 또 다른 한편으로 순수함에는 에로틱함이 있다. 금발, 커다란 파란 눈, 도톰한 붉은 입술. 하지만 '순수함'이 처음부터 에로틱했던 것은 아니다. 순수함이 에로틱해진 때는 자본주의의 발달과 비슷한 시기였다.[42] 역사학자 한네 블랭크Hanne Blank가 처녀성의 문화 역사에서 지적하듯, 처녀는 근대성 탄생과 함께 에로틱한 욕망의 대상이 되었지만 에로틱한 처녀가 사고파는 상품이 된 것은 훨씬 나중인 1800년대 후반 일이었다.[43]

　당연하겠지만 나와 이야기 나눈 신혼부부들은 디즈니 월드의 표상에 에로티시즘과 유년기가 혼합되어 있는 모순을 알아차리지 못했다. 좋아하는 놀이기구를 함께 타고 매직 킹덤에서 퍼레이드를 구경하고 가장 좋아하는 공주 캐릭터를 보는 '마법'과 '로맨스'에 대해 이야기했다. '어린 시절의 순수'가 상징하는 인종적 계층제도 알아차리지 못했다. 역사학자 로빈 번스타인Robin Bernstein은 설명한다. "가정성domesticity 숭배가 요구하는 성적 순수함의 수행은 흑인과 백인 여성을 나누는 것처럼 어린이를 흑인과 백인으로 나눈다."[44] 디즈니 월드가 안전하고 깨끗하고 마법 같은 장소처럼 보이는 이유는 하얀색을, 특히 하얀 여성성과 하얀 유년기를 순수한 것으로 보는 신화 때문이다. 특히 가부장적인 가정 구조 안에서 여성과 아이를 향한 실질적인 위험성이 지워진다. 로맨스의 마법 가루가 비백인에 대한 백인 우월주의의 위험성을 지우는 것과 같다. 디즈니 월드를 찾은 신혼부부들을 위한 로맨스 이데올로기는 사방에 있었다.

인터뷰 대상자들은 대부분 디즈니 영화와 디즈니 월드의 풍경이 미래를 낙관적으로 느끼게 해준다고 했다. 30대 백인 신부가 말한다.

어릴 때부터 디즈니 영화를 보면서 언젠가 왕자님이 나타날 것이라고 꿈꾸게 되죠. 디즈니의 모든 것은 사랑, 현실로 이루어지는 동화와 관련 있어요. 제가 제일 좋아하는 영화는 〈잠자는 숲속의 공주〉인데, 두 사람이 어릴 때부터 알았던 천생연분이고 끝에서도 이루어지기 때문이죠. 두 사람은 결국 함께해요.

또 다른 30대 백인 신부는 디즈니 영화를 좋아하는 이유에 대해 "항상 희망적이기 때문이죠. 항상 해피엔딩이니까요"라고 했다. 20대 백인 여성은 〈포카혼타스〉를 가장 좋아한다고 말했다. 결말에 순백의 결혼식도 멋진 성도 나오지 않지만 "왕자님을 만나는 이야기니까요"라면서 남편을 가리키며 덧붙였다. "저 사람은 내 왕자님이에요." 젊은 흑인 여성은 〈알라딘〉을 좋아한다고 했다.

전 예전부터 자스민이 제일 좋았어요. 제가 문학평론가는 아니지만 서사 관점에서 자스민은 큰 성장을 보여주는 캐릭터잖아요. 강한 뮬란도 좋지만 뮬란은 끝에서 누군가와 이루어지지 않잖아요?

로맨스의 약속에 이끌린 사람은 여성만이 아니었다. 남성도 마찬가지였다. 신랑들도 전부 가장 좋아하는 디즈니 영화가 있었는데 〈알라딘〉이 가장 인기였다. 몇몇은 디즈니 영화에 나오는 사랑에 빠진 남자들을 보면 아내에게 애정 표현을 더 많이 하게 된다고 말했다. 한 예로 30대 백인 남성은 〈신데렐라〉를 좋아한다고 말했다. "둘이 첫눈에 사랑에 빠지잖아요. 저도 아내를 보자마자 사랑에 빠졌거든요. 결혼하고 싶다는 생각이 처음부터 들었어요." 30대 초반의 신랑도 디즈니 영화를 좋아한다고 말했다. "물론 시련은 있지만 결국 해피엔딩으로 끝나니까요. 모두의 바람이죠. 시련은 싫지만 살면서 누구나 겪을 수밖에 없잖아요. 모두가 바라는 건 해피엔딩이죠." 30대 백인 신랑은 디즈니 영화가 새롭고 덜 해로운 남성성을 만든다고 보았다.

이성애자 남성인 제가 보기에 디즈니는 사회적으로 용인되는 로맨스의 역할 모델을 참고하는 유일한 방법입니다. 10대 초반에 〈알라딘〉을 몇 번이나 봤어요. 〈알라딘〉은 남자란, 사랑에 빠진 남자란 무엇인지 보여주는 문 같아요. 영웅을 사랑에 빠진 남자로 새롭게 정의해 남자아이들에게 로맨틱한 사랑을 경험하게 해주죠.

내가 이야기 나눠본 사람들이 로맨스 이데올로기를 온전히 받아들이기만 하는 것은 아니었다. 결혼기념일을 맞이해 디즈니 월드를 찾은 40대 백인 여성은 말했다.

우리 부부는 환상이나 동화에는 관심이 없어요. 우린 결혼식도 올리지 않았거든요. 14년 전 그냥 혼인신고만 했어요. 사랑은 동화가 아니에요. 둘이 함께 성장하는 과정이죠. 아플 때도 있고 건강할 때도 있고 좋을 때도 나쁠 때도 있으니까요.

30대 백인 남성과 흑인 여성 커플은 결혼과 디즈니가 젠더와 성의 계층제를 더욱 굳힌다는 사실에 대해 깊이 생각해본 듯했다. 그들은 사랑이 사랑인 세상을 원했고, 그런 세상을 경험하기 위해 맹목적이 아니라 의도적으로 디즈니를 선택했다. 젊은 신랑이 설명했다.

솔직히 제 친구들은 이렇게 신랑과 신부처럼 차려입고 디즈니 월드를 돌아다니는 것 자체가 이곳 전통을 옹호하는 행동이라며 두려워합니다. 절대로 옹호하는 입장이 아닌데 말이죠! 예를 들어 제가 신랑용 귀 모양 액세서리를 하고 동성 친구와 서 있으면 지나가던 사람이 우리가 커플인 줄 알고 와서 "고마워요"라고 할 겁니다. 우리가 디즈니를 동성애화하는 걸 축하해주는 거죠.

그는 디즈니가 자신과 아내, 친구들이 거부하고자 애쓰는 많은 것을 옹호한다는 사실을 안다. "디즈니가 상징하는 보수적인 것을 수용하는 것처럼 보일까 봐 걱정됩니다. 디즈니는 '가족 친화적'인 것을 추구하고, 남부에 있으니까 남부 사람들을 만족시켜줘야 하죠." 이 신랑과 마찬가지로 내가 디즈니에서 인터뷰한 신혼부부들은 예리하면서도 마음이 약했다. 디즈니가 그들에게 더 나은 미래, 증오와 폭력이 아닌 사랑과 마법으로 가득한 세상에 대한 희망을 주는 것은 분명하다. 미래가 점점 암울해질수록 우리 모두에게는 희망의 장소가 필요하다.

하지만 그 희망은, 좀 더 정확하게 말하자면 그 이데올로기는 현실을 제대로 보지 못하게 만든다. 지구온난화는 과학자들 예상보다 두 배나 빠른 속도로 진행되고 있다. 기다란 띠 모양의 플로리다는 점점 급증하는 허리케인 때문에 대부분 지역이 침수 위험에 놓였다. 상승하는 해수면 때문에 가라앉을 위험에 놓인 미국 도시 10개 중 6개가 플로리다에 있다.[45] 신혼부부들은 허니문을 끝내고 플로리다를 떠나도 환경 변화의 위험에서 안전하지 못하다. 남극의 빙붕에서 큰 덩어리가 떨어져 나간다. 신혼부부들이 함께 늙어갈 때쯤 되면 지구의 많은 부분이 파괴되거나 적어도 사람이 살 수 없게 되어버릴 것이다.[46] 인류가 기후변화의 대재앙에서 살아남는다고 해도 대학 교육을 받은 젊은 중산층 미국인들이 마주할 미래의 경제는 여전히 어둡다. 완벽한 결혼식과 디즈니 신혼여행, 스펙터클한 프러포즈를 다 하더라도 젊은 층의 소득은 이전 세대보다 훨씬 적을 운명이다. 거의 모든 선진국이 그렇다. 미국 젊은 층의 소득은 은퇴한 사람들보다 적다. 세계에서 가장 부유한 7개 국가에서 젊은 층의 가처분소득은 크게 줄어들었다.[47]

암울한 미래에 직면한 밀레니얼 신혼부부들은 미래를 개인화하기로 했다. 진정으로 사랑하는 사람을 만나 결혼하고 행복하게 오래오래 살기로 말이다. 그 해피엔딩은 성은 아니더라도 적어도 교외 주택에서의 마법 같은 생활이다. 하지만 개인화된 미래는 그들을 구해주지 못할 것이다. 결혼에 골인해도 절대로 오래오래 행복하게 살지 못하는 이유를 알아보기 위해 나는 지구상에서 가장 완벽한 교외 지역에서 일주일을 보냈다. 바로 플로리다주의 셀레브레이션이다. 디즈니가 '미국인의 집'으로 설계했지만 결국 손을 뗀 도시 셀레브레이션은 로맨스 이데올로기의 약속이 현실의 장소와 시간에 놓여 진짜 사람들과 맞물리면서 나타난 한계를 상징한다.[48]

결론

해피엔딩은 없다

LOVE, INC.

미디어가 퍼뜨리는 거짓말에 숨겨진 진실. 부와 권력을 가진 사람들을 제외하고 해피엔딩은 없다는 것이다.

– '해피엔딩happily never after'의 정의, urbandictionary.com

사랑을 배우고 찾고 스펙터클한 프러포즈로 결혼을 약속하고 완벽한 순백의 결혼식을 올리고 로맨틱한 허니문을 다녀온 뒤, 마침내 해피엔딩에 이르렀다. 우리가 로맨스에 들이는 돈과 시간, 정치적 에너지를 생각하면 미국은 세상에서 가장 행복한 나라, 현실의 매직 킹덤이 되어야 하지만 그렇지 못하다. 미국인들은 매우 불행하다. 10년 전보다 더 불행해졌다. 2017 세계 행복 보고서World Happiness Report에 따르면 미국인의 행복도는 대부분의 선진국보다 뒤처진다. 보고서의 저자 중 한 명인 컬럼비아 대학교 경제학 교수 제프리 D. 삭스Jeffrey D. Sachs는, 미국인의 행복도가 급격히 낮아진 이유가 돈 걱정 때문이 아니라 사회 구조의 붕괴 탓이라고 주장한다. 그는 제도와 개인 모두에 대한 신뢰 하락과 사회지원망의 감소가 진짜 문제라고 본다.

물론 미국의 사회자본은 벌써 몇십 년째 감소 추세다. 근래 사회 위기의 증거는 압도적으로 늘어났다. 소득 분배의 최상위에 있는 소수 집단이 계속 엄청난 부와 소득을 얻는 반면, 나머지는 경제 침체 또는 감소를 맞이해 마약 중독과 자살률 증가, 사회적 신뢰 감소 같은 공중 보건 지표가 악

화하고 있다.[1]

삭스에 따르면 "미국이 '완전히 잘못된 곳에서' 행복을 찾고 있는 나라의 생생한 자화상을 제공한다"라는 것이 자료에서 분명히 나타난다.[2] 그를 비롯해 많은 경제학자가, 돈이 아니라 신뢰와 공동체 의식이 해결책이라고 말한다.

나는 이 책에서 지금까지 줄곧 미국인들이 엉뚱한 곳에서 행복을 찾고 있다고 주장해왔다. 로맨스의 마법에 대한 굳건한 믿음이 우리를 불행하게 만들고 있다. 러브 주식회사가 제공하는 개인화된 미래는 모두를 위한 사회안전망 구축에 쓰이면 더 좋을 시간과 에너지와 돈을 빼앗아가고 우리를 더 큰 공동체 의식에서 단절시킨다. 행복에 정말로 위험한 것은 사랑만 있으면 된다는 믿음이다. 그 믿음은 거짓된 안정감으로 우리를 안심시켜 더 큰 세상을 보지 못하게 만든다.

이 장에서는 우리가 상상하는 '해피엔딩'을 살펴보고 그 상상의 장소를 교외 지역이라는 현실 공간에 놓는다. 나는 나흘 동안 지구상에서 가장 완벽한 계획 공동체에 사는 사람들과 이야기를 나누었다. 디즈니가 우리의 꿈을 실현해주기 위해 신중하게 계획한 그 교외 지역, 플로리다주의 셀레브레이션은 우리가 미래를 개인화하면 안 되는 이유의 축소판이자 비유이기도 하다. 우리의 '성'이 아무리 보호되어도 미래는 집단 행동을 요구한다. 하지만 셀레브레이션은 미래가 개인화될 수 있다는 미국인의 수많은 판타지의 일부분이다. 이렇게 미래를 개인적이고 외부 세계와 경계 지어진 것으로 보는 판타지는 1950년대와 1960년대에 교외 지역 주택에 사는 핵가족의 모습으로 가장 상징적인 형태를 찾았다. 최초의 교외는 셀레브레이션과 마찬가지로 계획 공동체였으며 이 교외 지역은 제2차 세계대전에서 돌아온 백인 기혼 군인들을 수용하기 위해 건설된 계획 공동체로, 그 어떠한 역사적 연관성 혹은 친족 관계로부터도 분리된 새로운 종류의 가족을 만들기 위해 지어졌다.

교외, 좋음, 화이토피아

흑인 가정에 집 한 채를 팔면 백인 고객의 90~95퍼센트가 이 지역의 집을 사지 않을 것이다. 주택 문제나 인종 문제는 해결할 수 있지만 그 둘을 합해선 안 된다.
- 윌리엄 레빗William Levitt, 레빗타운Levittown 개발자

교외가 생긴 지는 두 세기 정도 되지만 주로 상류층 가족을 위한 곳이었다. 20세기 중반에 주택 건설 분야에 디자인의 표준화, 프리패브Prefabrication(공장에서 건축자재를 제작 및 조립한 뒤 현장에 설치함으로써 현장작업을 최소화하는 기술—옮긴이) 같은 신기술, 제대군인원호법GI Bill의 저금리 주택구매용 대출 덕분에 훨씬 더 민주적인 교외 지역인 레빗타운이 탄생했다. 레빗타운과 새로 형성되던 비슷한 교외는 인스턴트 공동체였다. 빠르게 지어지고 기하급수로 성장했다. 그렇게 지어진 1950년대 교외는 역사적 사건도 없었고 핵시대의 핵가족을 만들려는 젊은 백인 가족들로 채워졌다. 1952년~1958년 사이에 펜실베이니아 레빗타운은 1,200에이커(약 150만평) 감자밭에서 7만 명 이상이 거주하는 공동체로 변신했다. 그 새

로운 공동체에는 교회와 학교도 새로 지어졌다. 집의 계단 아래쪽에 붙박이식으로 들어간 TV 콘솔에 TV도 준비되었다. 주민들은 TV에서 묘사되는 교외의 생활방식을 보면서 자신들의 핵가족을 모형화하는 법을 배웠다.[3] 교외는 '진짜' 또는 '전통적인' 가족은 넓은 친족 관계망에서 떨어져 사는 백인 이성애자 가족이라는 인식을 만들었다. 핵가족은 여러 국가 정책과 연방주택관리국Federal Housing Administration, FHA 규제의 도움을 받아 발달했다. 싸구려 자재로 만든 상자 같은 모두 똑같이 생긴 교외의 단독주택이라는 것이 가장 정확한 표현이었다.[4]

대가족에서 분리된 가족의 탄생은 계급과 민족에 따라 저마다 다른 속도와 방법으로 일어났다. 하지만 교외의 성장 이전에는 노동계급 가정이 고립된 교외에 존재한다는 것이 거의 불가능했다. 1940년에는 다세대 가정에서 사는 미국인이 4명 중 한 명이었지만 1960년에 교외로 옮겨가는 젊은이들이 점점 늘어나면서 그 수치는 15퍼센트로 줄어들었다.[5] 하지만 젊은 백인 가정이 교외로 대거 이동했어도 그들은 여전히 미국인 중 소수였다. 핵가족화의 인기가 정점에 이른 1970년에는 미국 가정의 약 40퍼센트가 자녀를 둔 기혼 부부였다. 오늘날 그 숫자는 20퍼센트도 안 된다.[6] 교외는 핵가족의 삶이 전통적인 가족 형태가 아니라는 사실을 감추는 데 도움을 주었다. 교외가 대개 자녀를 둔 전적으로 백인인 기혼 커플로 구성되었으므로 핵가족이 곧 '정상'이라는 거짓말이 만들어졌다.

핵가족은 아이 중심이었고 전후 경제에 꼭 필요한 유동적 노동력을 만들어냈다.[7] 넓은 친족 관계망으로부터 분리되어 낯선 타인들과 함께 살아가는 핵가족을 만들고자 하는 문화적 욕구는 주간고속도

로법Interstate Highway Act(1956)과, 육체노동자들의 주택 마련을 확대해준 제대군인원호법 같은 법을 통해 대부분 국가에 의해 조직되었다.[8]

젊은 참전 군인이 주택구매용 대출을 받으려면 기혼이고 백인이어야 했는데[9] 제2차 세계대전 이후에는 처음으로 남유럽인과 유대인도 포함되었다.[10] 역사학자 클레이턴 하워드Clayton Howard가 지적하듯이 주 정부와 연방 정부의 여러 정책은 교외가 비백인과 여성을 차별할 뿐만 아니라 백인 이성애자 기혼자만 혜택을 받도록 성을 감시했다.

수많은 학자가 밝혔듯 정부 정책은 대출에 관한 인종과 젠더 차별을 강화했다. FHA와 VAVeterans Affairs(미국의 재향군인부로 우리나라의 보훈처와 비슷한 기관–옮긴이) 정책은 전후 주택 시장에서 유색인종 대부분과 여성을 배제했고, 미국인이 특정한 성적 관계를 맺도록 하는 유인도 강화했다. 결혼한 커플에게 저금리 대출을 제공함으로써 연방 정부는 은연중 백인과 백인의 결혼을 장려했다.[11]

이러한 정부의 복지정책은 자본과 부가 많은 미국인에게 축적되도록 촉진했다.

하지만 아무리 많은 자본과 국가의 규제가 있었다고 해도 새로 형성되던 교외로의 대규모 이동은, 새로운 유형의 시민권에 로맨스가 더욱 중요해지게 만든 문화 변화 없이는 불가능했으리라는 점은 짚고 넘어가야 한다. 이제 시민권은 이성애자인 백인뿐만 아니라 주택 소유, 미래를 개인화하는 로맨스에의 개입이라는 특징을 떠었다.

미디어 전문가 린 스피겔Lynn Spigel의 설명처럼 대중문화에서 표현되는 교외와, 교외에 사는 사람들이 보는 그들의 모습은 직접적으로 연관되었다. "중산층 젊은 커플은 대가족과 떨어져 교외 주택을 구매함으로써 새로운 가치 공동체의 조성에 참여했다. 그들은 잡지와 영화, TV에서 '좋은 삶'의 문화적 상징이 되었다."[12] 다시 말해서 교외의 따로 떨어진 집은 디즈니가 〈신데렐라〉(1950)와 〈잠자는 숲속의 공주〉(1959)를 만들고 TV에서 〈파더 노즈 베스트Father Knows Best〉, 〈비버는 해결사〉 같은 핵가족 로맨스가 방영된 것과 같은 시기에 말 그대로 언덕 위의 성이 되었다. 핵가족이 어떤 모습이어야 하고 어떻게 행동해야 하는지 보여주는 문화 모델을 통해, 젊은 부부들에게 해피엔딩의 약속이 판매되었다. 로맨틱한 동화나 TV 시트콤에서 젠더 역할은 분명했다. 아버지는 일하러 가고 어머니는 집에서 집안일을 하고 아이들은 데이트나 '열병 같은 사랑'을 겪으며 직접 핵가족을 꾸리게 될 미래에 집중했다. 그리고 모두가, 적어도 가족 구성원은 모두 백인이었다.

다시 말해서 백인 커플들을 교외로 이주시킨 배경에는 제대군인 원호법에 따른 저임금 대출만큼이나 로맨스의 역할도 컸다. 그 커플들이 살던 동네와 친척들을 완전히 뒤로하고 새로 생겨나는 교외로 이주하려면, 밝은 미래가 언제까지나 핵가족의 로맨스 안에 자리한다고 믿어야 했다. 이질적인 사람들과는 멀고 비슷한 사람들에게만 둘러싸인 개인화된 미래는 대공황과 제2차 세계대전을 겪은 세대에게 동화가 현실로 이루어진 것과 다르지 않았으리라. 스티븐 민츠Steven Mintz와 수전 켈로그Susan Kellogg는 미국 가정생활의 역사를 다룬 《가정 혁명Domestic Revolutions》에서 다음과 같이 설명한다.

가정을 꾸리고 뒷마당에서의 바비큐와 아이들로 채워진 거실이 있는 교외의 주택을 구매하는 기회는 대공황 때 쪼들리고 제2차 세계대전 때 희생해야 했던 세대의 깊은 정서적 욕구를 충족시켰다. 20년 동안 전례 없는 경제적 어려움을 겪은 미국 가정들은 공적 관심사를 외면하게 되었다.[13]

교외 주택에서 해피엔딩을 맞이하는 꿈과 엄격한 젠더와 인종 분리는 시간이 지날수록 다른 환상으로 바뀌기 시작했다. (1950년대 문화에서 이상화된 중산층 기혼 백인 여성을 포함해) 일하는 여성들이 점점 늘어나 1950년에서 2010년까지 거의 두 배가 되었다.[14] 전업주부의 로맨스에도 불구하고 교외는 그곳에 사는 많은 여성에게 꿈이 이루어진 것이라고 할 수 없었고, 저명한 여성학자 베티 프리단Betty Friedan이 "이름 없는 문제"라고 부른 불만이 널리 퍼졌다. 제2물결 페미니즘의 시작은 교외가 여성화된 공간에서 남녀가 모두 아침이면 출근하는 곳으로 바뀌도록 도와주었다. 대규모의 세계화된 경제의 힘도 여성들을 노동 인구로 밀어 넣었다. 1970년대 중반에 이르러 미국인 90퍼센트의 경제 상황이 나빠졌다. 대부분 가정에서 한때 외벌이로 이어온 삶의 수준이 유지되려면 이제 두 사람의 소득이 필요해졌다.[15]

이러한 구조적, 문화적 변화에도 다수의 미국인은 로맨스의 꿈과 미래가 개인화되어야 한다는 생각을 꽉 붙잡고 있었다. 교외의 인종, 경제적 다양성이 커지자 순백의 결혼식과 행복한 미래의 약속에 가장 많이 투자한 사람들, 즉 경제적 여유가 있는 백인들은 교외를 떠나 빗장 동네gated community(외부인의 출입이 제한되는 주택가—옮긴이)로 갔다. 빗장 동네는 점점 인종과 민족의 다양성이 커지는 교외보다, 그 어떤 곳보다도 백인 위주고 부유했다.[16] 인류학자 세사 로위Setha Lowe가 설명했듯이 빗장 동네는 이성애자, 백인, 중산층 또는 상류층의 서로 비슷한 사람들을 고립시킴으로써 예전에 교외가 했던 일을 대신한다. 1950년대와 1960년대에 교외에 살았던 사람들과 마찬가지로 빗장 동네에 사는 사람들은 그곳이 타인종과 동성애자가 많고 가난한 도시나 오래된 교외와 달리 '안전'하고 '좋다'고 표현한다. 로위의 설명에 따르면 빗장 동네에서 '좋음'은 "깨끗하고 질서정연하고 균일하고 통제된다는 뜻이며 백인성을 유지하는 방법이기도 하다."[17] 다시 말해서 빗장 동네는 러브 주식회사가 우리에게 약속한 '성castle'이며 결혼식과 마찬가지로 순백의 순수성 이미지를 '좋은 것'으로 활용해 백인들을 유혹한다.

리치 벤저민Rich Benjamin은 도시 안에 울타리를 둘렀건 위치상으로 자동차와 기다란 차도가 꼭 필요한 지형적 장벽이 있건, 새로운 꿈의 공동체 빗장 동네는 '화이토피아whitopias'라고 말한다.

화이토피아는 민족과 종교, 국가보다 더 하얗다. 그곳은 2000년 이후 인구가 최소한 6퍼센트 성장했다. 그 성장 대부분은(90퍼센트 이상) 백인 이민자들에게 기인한다. 화이토피아는 je ne sais quoi, 즉 사회적 카리스마, 보기 좋은 외형과 느낌을 가지고 있다.[18]

벤저민이 분명하게 말하듯 백인의 화이토피아로의 이동은 단순히 경제적인 현상이 아니라 이데올로기적 현상이다. "백인에게 쏠린 권리를 토대로 한 세계관은 개인 이익에 몰두해 공동의 민족은 배척하고 개인과 거주 지역을 옹호한다."[19]

빗장 동네의 개인화된 미래는 백인의 특징만 띠는 것은 아니다. 로맨틱하기도 하다. 빗장 동네로의 이동은 사람들이 상상하는 순백의 결혼식이나 완벽한 허니문과 별반 다르지 않다. 양도할 수 없는 권리고 공동선과 무관하면서도 선과 빛에 휩싸여 있다. 다시 말해서 러브 주식회사는 안정을 약속함으로써 우리를 하얀 결혼식과 하얀 허니문, 하얀 빗장 동네로 유인한다. 하지만 전 세계에 해당하는 환경 위기가 일어나는 서로 연결된 세계 경제 안에서 절대로 이루어질 수 없는 약속이다. 그 불행은 우리의 결혼식보다도 꿈의 집 가장자리를 더 많이 갉아먹는다. 결혼 생활의 '해피엔딩'은 철저한 고립감을 안긴다.

가족의 형성을 연구하는 학자들은 대부분 결혼이 행복도를 올려주지만 대안 가족 형태에 가치를 두는지, 단지 결혼에만 가치를 두는 문화인지에 크게 좌우된다고 입을 모은다. 여성이 남성보다 '가정생활'에 행복을 느끼지 못하는 경우가 많으며 자녀가 꼭 행복도를 올려주지는 않는다는 연구 결과도 있다.[20] 하지만 결혼하지 않은 사람을 깎아내리는 나라에서 결혼이 행복도를 올려준다고 해도 미국의 행복도는 감소하고 있다. 불행이 커지는 이유는 결혼율 감소 때문이 아니라, 세상이 믿을 수 있고 미래가 안정적이고 안전하다는 의식이 줄어들고 있기 때문이다.[21] 디즈니가 지은 도시 플로리다주 셀레브레이션보다 그것을 잘 보여주는 곳은 없다. 나는 2012년 7월 셀레브레이션에서 나흘 동안 참여 관찰연구를 했다. 대부분이 주택 보유자인 20명과 그곳에서 일하는 피고용자 몇 명, 당일치기로 방문한 관광객 3명을 인터뷰했다. 셀레브레이션에서 만난 사람들은 대부분 당일치기로 여행 온 사람들이었는데, 인공호숫가에 놓인 흔들의자에 앉아보거나 레스토랑에서 식사하기 위해서였다. 그들은 '이 상적인' 세상에 매료되기 위해 왔지만 정작 그들은 너무 '비싸고' 자신들을 위해 만들어지지 않은 동네를 봤다.

해피엔딩을 설계하라

디즈니 월드가 오락과 흥분을 선사하기 위해 만들어졌다면 셀레브레이션 안의 모든 것은 보기에 좋고 영혼에 위안을 주고자 만들어졌다. 예쁜 건물들, 깨끗한 거리, 미소 짓는 사람들이 있는 마을로서 전체적으로 매직 킹덤과 비슷한 효과를 낸다. 하지만 셀레브레이션은 실재하는 진짜 도시다.

- 더글러스 프란츠Douglas Frantz, 캐서린 콜린스Catherine Collins, 《미국의 셀레브레이션 Celebration, U.S.A.》, 1999

셀레브레이션은 1990년대 초반 디즈니의 '이매지니어imagineer(월트 디즈니사의 테마파크에 관한 새로운 개념이나 기술을 고안하고 실행하는 일을 하는 사람을 가리킴-옮긴이)'들이 설계했다. 월트 디즈니가 원래 에프코트에 디자인했던 미래 도시는 아니지만 새로운 공동체 건설에 관한 그의 원칙이 적용되었다. 셀레브레이션은 플로리다주 시사이드Seaside 같은 곳을 만든 신도시주의New Urbanism 원칙도 다수 활용했다. 신도시주의는 미국에서 자동차가 보편화하기 이전 시대의 디자인 요소를 고려했다. 바깥 현관의 높이가 지나가는 사람들과 똑같다든지 신중하게 디자인한 인도와 길이 있는 보행자 친화적인 도시라든지 하는 점에서 그렇다. 신도시주의는 이제 흔해진 자동차를 이전 교외처럼 앞이나 중앙에 놓지 않고 눈에 보이지 않도록 치웠다. 셀레브레이션이나 사사이드 같은 교외는 "교외의 점점 길어지는 통근 거리와 쇼핑몰, 대형 할인점이 공동체 생활에 균열을 가져오고 시내가 텅 비고 상업이 고속도로의 가장자리로 이동하자, 교외의 고립에 대한 해결책으로 개발되었다."[22] 셀레브레이션은 월트 디즈니의 디자인과 신도시주의를 모두 활용해 (그곳 웹사이트의 표현에 따라) "도시가 아닌 공동체"를 만들었다. 맨홀 뚜껑조차도 '미국 소도시'의 '따뜻하고' '쾌적한' 느낌을 일으킬 정도로 정교하게 디자인한 공동체다.[23] 디즈니가 만든 도시로 유명하지만 사실 디즈니는 2004년에 셀레브레이션에 대한 지분을 매각했다. 처음부터 수익을 낼 정도로 주택부지가 팔리면 손을 떼려는 계획 때문이기도 했다.[24]

차를 타고 셀레브레이션으로 들어가는 것은 존재하지도 않는 과거로 들어가는 것과 같다. 그곳의 집들은 앞쪽 현관이 크고 인도는 넓으며 강렬한 파스텔색이다. 인근 다른 지역들을 채운 대량 소비의 잔인한 건축물들과 크게 대조되는 '포근함'이 가득 풍긴다. 셀레브레이션 중심에는 도시 광장이 있고 모든 상점은 스타벅스Starbucks를 제외하고 모두가 현지인이 운영하며 적어도 국제적인 체인은 아니다. 나는 그곳에 처음 도착한 날 이렇게 적었다. "현관에도 마당에도 쓰레기가 없고 자전거나 보트, 하다 만 정원 일도 눈에 띄지 않는다. 실제로 사람이 사는 곳이라기보다 영화 세트장 같다." 나중에 알게 된 사실이지만 셀레브레이션에는 밖으로 노출되어도 되는 것과 안 되는 것을 정해놓은 규칙이 있다. 하지만 〈환상특급〉의 세트장이나 한 저널리스트가 언급한 〈트루먼 쇼〉의 세트장처럼 어딘가 으스스한 느낌이다. 에드 필킹턴Ed Pilkington은 〈가디언〉에 셀레브레이션에 대해 적었다.

짐 캐리Jim Carrey가 자신도 모르게 환상 속에서 살아가는 남자로 나오는 〈트루먼 쇼〉의 세트장에 들어온 느낌이다. 물론 그것이 전부는 아니다. 디즈니는 무엇이 현실이고 아닌지 모를 정도로 현실과 판타지를 정교하게 직조한다.[25]

내가 인터뷰한 사람들의 다수가 셀레브레이션을 '현실과 따로 떨어진 세계bubble'로 표현하며 연출된 현실 안에서 살아가는 느낌과 〈트루먼 쇼〉에 비유된다는 것을 마음에 들어 했다. 셀레브레이션은 인근의 올랜도 같은 도시의 중심지들이 직면한 여러 문제와 동떨어져 있다. 부분적으로는 물리적, 경제적, 인종적으로 거리가 멀기 때문이다. 셀레브레이션은 빗장 동네가 아니고 크고 기다란 녹지에 둘러싸인 도시로, 자동차를 이용해서만 접근할 수 있다. 2010년에 총인구 7,400명 가운데 91퍼센트가 백인이었다(플로리다 주는 총인구의 75퍼센트가 백인). 셀레브레이션은 주변 동네들보다 백인 비율이 더 높을 뿐만 아니라 대학교 졸업자의 비율은 약 3배 높으며, 평균 소득은 주 전체보다 거의 두 배나 많다.[26]

레빗타운을 포함한 다른 계획 공동체와 마찬가지로 셀레브레이션은 서로 비슷한 사람들에게 공동체 의식을 심어줄 목적으로 만들어졌다. 또한, 다른 계획 공동체와 마찬가지로 셀레브레이션은 경제적, 공간적 수단을 통해서뿐만 아니라 아무에게나 개방되지 않는 건축물을 만듦으로써 '이질적인' 사람들의 존재를 제거한다. 성대한 순백의 결혼식에서 누구나 편안함을 느끼는 것은 아니듯, 노골적인 인종차별만 없을 뿐 과거의 남부 지역을 모델로 삼은 공간인 셀레브레이션 같은 곳에 가보면 약간 으스스하고 위협적인 느낌까지 든다. 지금은 성 추문으로 명성이 하락한 코미디언 루이 C. K.Louis C. K.는 다음과 같은 농담을 한 적이 있다.

백인이 좋은 이유는 이겁니다. 타임머신을 타고 과거 아무 때로나 돌아가도 좋다는 거예요. 백인만의 특권이죠. 흑인들은 타임머신을 잘못 탔다가는 큰일 나죠. 흑인 남자가 타임머신에 타면 "1980년 전으로는 절대 가고 싶지 않아"라고 할 겁니다.[27]

지리학자 크리스 베즈데크니Kris Bezdecny는 지적한다.

셀레브레이션은 향수를 이용해 자신의 자리를 안다는 개념으로 돌아가는 것을 상징한다. 이매지니어링은 기억 상실을 일으켜 좋지 못한 흔적을 전부 없애버린다. 분리된 공동체가 모델링되는 동안 20세기 초반 플로리다 소도시의 경멸적인 측면은 무시되거나 잊힌다. 그러나 이전 시대를 모델링한 셀레브레이션을 보면 기억 상실이라도 많은 것을 알 수 있다. 잊히고 있는 것과 똑같은 유형의 사회경제적 역학이 공동체에 대한 향수를 추구하는 과정에서 재창조되기 때문이다.[28]

셀레브레이션은 '이매지니어'들이 만든 '해피엔딩'이다. 그곳에 사는 사람들은 행복하지만 미래에 무슨 일이 일어날지 두렵기도 하다. 루이 C. K.는 백인의 타임머신 여행 농담을 이렇게 마무리한다. "그래도 미래로 가서 백인들이 어떻게 되는지는 보고 싶지 않네요. 분명 우린 지금 한 짓거리에 대한 첫값을 치를 테니까." 내가 셀레브레이션에서 만난 사람들은 그렇게 특별한 장소에서 산다는 것에 행복감을 표현했지만, 고립감과 언젠가 현실과 따로 떨어진 경계가 무너질지도 모른다는 끝없는 두려움도 드러냈다.

셀레브레이션의 사랑과 두려움

트루먼 버뱅크: 다 진짜가 아니었던 건가요?

크리스토프: 넌 진짜였지.

- 〈트루먼 쇼〉, 1998

셀레브레이션에 사는 사람들은 어디에서 왔건 모두가 친절해 보였다. 평생 뉴욕에서 살며 모르는 사람과 말을 섞지 않는 기술을 훈련한 사람들까지도 내 연구에 시간을 내주었다. 셀레브레이션에서 대화를 나눈 거의 모두가 똑같은 이야기를 했다. 마법과 로맨스, 공동체 의식, '바깥세상' 문제들이 점점 그곳을 침입해와 느끼는 상실감. 셀레브레이션에 사는 사람들은 〈트루먼 쇼〉의 짐 캐리처럼 현실과 동떨어진 자신들만의 세계에서 매우 행복했지만, 그 경계가 무너지기 시작하는 것 같아 불행하기도 했다. 이야기 나눈 주민의 다수가 셀레브레이션이 '진짜 세상'이 아니라는 것을 알면서도 진짜 세상에서 살고 싶지 않다는 비슷한 마음을 표현했다. 실제로 그들은 셀레브레이션에 대해, 유토피아라는 말로 가장 잘 표현될 수 있는 곳이지만 그 유토피아도 〈트루먼 쇼〉처럼 끊임없이 '외부'의 위협에 놓여 있다고 했다.

셀레브레이션 시청 홍보실에서 일하지만 셀레브레이션에 거주할 형편은 되지 않았던 로라 포이Laura Poe는 그래도 그곳이 계급 없는 사회인 것처럼 말했다. "주택 유형이 다양하게 섞여 있어서 누구나 접근할 수 있기 때문이죠. 교사와 의사가 옆집에 살 수도 있어요." 이처럼 돈이 이곳 주민의 가치를 결정하지 않는다는 꿈같은 이야기를 몇몇이 언급했다. 셀레브레이션에 오랫동안 주택을 보유하고 있는 사람은 말했다.

진정한 멜팅 팟melting pot입니다. 원래 제 이웃은 이탈리아에서 살았고 이곳 집에는 가끔만 왔는데, 지금은 아예 여기로 이사 왔고 이탈리아는 가끔 방문하죠. 사람들하고 이야기를 나눠보면 AOL 창업자도 있지만 다들 평범한 사람들입니다.

물론 모두가 느끼는 소속감은 진짜가 아니다. 셀레브레이션의 홍보 담당자 포이에 따르면, 관리협회는 '집값이 내려가지 않도록' 모든 주민이 '집 관리'에 소홀하지 않게 한다. 하지만 완벽한 동네를 만들기 위한 엄격한 '관리' 요건을 준수하지 않으면 집을 팔고 떠나야만 한다. 인터뷰한 사람이 해준 말에 따르면, 한 남자는 집의 생울타리 나무가 너무 높다는 이유로 건축 심의위원회 회의에서 15,000달러의 벌금을 물게 되었다. 현실에 대한 이해가 영화를 바탕으로 이루어지는 현상을 알아보기 위해 셀레브레이션을 찾은 영국의 영화제작자 라이언 루아이드리Ryan Ruaidhri는, 셀레브레이션의 완벽한 겉면에 당황했다. "계획성이 너무 강해서 가짜처럼 느껴지기도 하지만 실제로 그 안에서 사람들이 삶을 꾸려가고 있다."

하지만 그곳을 가짜처럼 느끼게 만드는 계획성마저 이제 두드러진 노화 신호를 보이기 시작한다. 지어진 지 20년이 지난 건물들은 낡아 보이지 않도록 5년에 한 번씩 페인트칠을 다시 하라는 규정도 약간 시대에 뒤떨어져 보인다. 나는 필립 존슨Philip Johnson이 설계한 시청이나 마이클 그레이브스Michael Graves가 설계한 우체국을 걸으며 이렇게 적었다. "20년 넘은 포스트모던 건축물은 시대에 뒤떨어져 보인다. 가짜 사바나와 가짜 뉴잉글랜드 스타일 집들은 20세기 후반의 꿈같은 장소인 양 생뚱맞다."

하지만 미학적인 부분에 대한 공동체 표준위원회Community Standards Board의 심한 간섭과 너무 뻔한 포스트모던 디자인을 불평하는 주민은 한 명도 없었다. 오히려 그들은 셀레브레이션이 정말로 마법 같은 곳이라고 생각했다. 이곳에 살게 된 것이 '운명'이라고 했다. 미국인들이 '진정한 사랑'에 대해서도 그렇게 말하도록 배운 것처럼 말이다. 셀레브레이션에 사는 사람들은 크리스마스에 내리는 인공 눈의 '마법'이나 독립기념일 퍼레이드에 대한 자부심을 표현했다. 그들에게 셀레브레이션은 첫눈에 반한 사랑이었다. 임시교사로나 학부모로서 학교에서 적극적으로 활동하는 40대 백인 여성은 어머니와 15년 전 셀레브레이션을 처음 보았을 때, 자신들이 살게 될 곳임을 알았다고 말했다. 그녀는 셀레브레이션을 방문해 말뚝 울타리를 보았던 순간을 이야기했다.

감탄사가 절로 나왔어요! 바로 여기라는 확신이 들었죠. 엄마가 항상 포도grape를 좋아하셨는데 이곳을 방문해 차를 댄 곳에 '소프트 애즈 어 그레이프Soft as a Grape'라는 가게가 있었고 정겨운 소도시 느낌이 났어요. 운명이었죠. 그리고 엄마와 저는 코네티컷의 집으로 돌아갔어요. 제가 29년을 산 곳인데 단 하루 오후를 보낸 셀레브레이션이 더 집처럼 느껴졌죠. 엄마는 말버릇처럼 셀레브레이션에서 눈을 감을 거라고 하셨는데, 정말 돌아가실 때까지 여기 사셨어요.

셀레브레이션에서 12년을 살았다는 70대 남성도 아내와 셀레브레이션을 처음 보고 자신들이 살아야 할 곳이라는 확신이 들었다고 말했다. "휴가 때 플로리다에 왔다가 집사람이 우체통을 찾으려고 이 동네로 들어오게 됐는데, '와, 여기 뭐지!' 싶더군요. 정말 아름다웠습니다. 처음에는 무슨 종교 공동체인가 싶었어요." 그는 롱아일랜드에 있는 레빗타운에서 자랐다. 3세대째 뉴요커인 그의 아버지는 제대군인원호법으로 60년 전 가족을 위한 새집을 샀다. 하지만 그는 롱아일랜드와 외곽지역을 벗어나고 싶었다. 그런 그에게 셀레브레이션은 자신이 자란 육체노동자들이 사는 동네와 달리 "훨씬 고급스럽고" "모두가 기차로 출퇴근하지 않는" 곳이었다.

셀레브레이션에 있는 스텟슨 대학교 캠퍼스에서 ESL English as a second language(영어가 모국어가 아닌 사람들에게 영어를 가르치는 수업-옮긴이) 교사로 일하는 50대 후반 백인 여성은 셀레브레이션의 삶을 사랑했다. 그녀는 11년 전 뉴욕 도심 지역에서 세 아이와 이사 왔다.

9·11테러가 일어난 뒤에 뉴욕 생활을 더는 버틸 수가 없었어요. 전 이곳 생활이 좋아요. 정말 평화롭고 완벽한 환경이죠. 걸어서 갈 수 있는 광장이 중앙에 있는 전통적인 뉴잉글랜드 스타일의 소도시예요. 미국 소도시 느낌이 나는 동네를 원했거든요. 정말 평화롭고 조용하고 안전해요.

다른 백인 여성은 걸어 다닐 수 있는 셀레브레이션의 구조가 범죄 없는 도시를 생각나게 한다고 말했다. 세 명의 어린 자녀를 둔 산부인과 의사인 그녀가 말했다. "우리가 교외로 이사하기 전에 살았던 애틀랜타 동네와 비슷해요. 상점, 레스토랑, 영화관 등 어디든지 걸어갈 수 있었거든요. 정말 안전하고 범죄율도 터무니없이 낮아요." 인근 레스토랑 안내직원으로 일하는 26세 여성 주민도 안전해서 셀레브레이션을 사랑한다고 말했다.

경찰이 항상 근처에 있어요. 사복 차림이라 정확히 어디에 있는지는 모르죠. 안심하고 아이들을 키울 수 있는 곳이에요. 아이들이 혼자 돌아다녀도 괜찮거든요. 이곳에선 호수의 악어도 늘 주시하다가 덩치가 너무 커지면 제거하죠.

내가 셀레브레이션을 방문하기 불과 몇 달 전, 그곳에서 약 80킬로미터 떨어진 곳에서 트레이본 마틴Trayvon Martin이 죽임을 당했다. 인터뷰에서 그를 언급한 사람은 아무도 없었지만, 그의 죽음은 셀레브레이션 주민들이 사복 차림의 무장 경찰 덕분에 안전함을 느끼지만 화이토피아의 해피엔딩에서 안전하지 못한 사람들도 있다는 사실을 상기해주는 망령처럼 자리했다. 벤저민이 살펴본 화이토피아처럼 셀레브레이션은 경제적, 인종적 다양성이 있는 동네에 따르는 '문제들'이 없는 도시의 일상을 제공한다. 화이토피아에서 일어나는 가정폭력, 아동학대, 성적 학대, 경제 침체 같은 현실 문제들도 전부 무시한다. 셀레브레이션처럼 아무리 외부로부터 차단된 동네라도 기후변화가 가져오는 결과는 피할 수 없다.

내가 이야기 나눈 셀레브레이션 주민 대부분이 문제가 외부에서 일어난다고 여겼다. 외부에서 전염된다는 생각이 만연했다. 그들이 느끼는 것은 정확히 두려움이 아니라 외부 세계가 자신들의 완벽한 공간으로 새어 들어오지 않았던 과거에 대한, 깊은 애도이자 향수였다. 그런 시절이 과연 정말로 존재했었는지는 분명하지 않지만 셀레브레이션에 오래 거주한 사람들 다수가 과거는 완벽했고 지금보다 좋았다고 믿었다. 어쩌면 지금보다 나은 세상이 언제든 찾아올 것이라는 로맨티스트들의 한탄일지도 모른다. 아니면 역사가 방향을 잘못 트는 바람에 자신들의 안전과 행복이 줄어들었다는 분위기가 미국 백인들 사이에 더욱 커진 것일 수도 있다. 어느 쪽이든 셀레브레이션에는 노숙자, 이주자, 은행 압류 같은 바깥세상의 문제로 오염되기 전이 더 좋았다는 믿음이 널리 스며들어 있었다.

추억

그땐 모든 게 중요한 것 같았지. 사랑마저도!

- 영화 〈추억〉(1973)의 슬로건

'완벽한'이나 '운명' 같은 로맨틱한 언어로 셀레브레이션을 묘사한 사람들은 그곳이 예전 같지 않다는 말도 했다. 중년 백인 여성은 말했다.

여기 사는 사람들은 애로사항이 많아졌어요. 이제 연못가의 흔들의자에 앉으려면 관광객들과 싸워야 하죠. 처음 이사 왔을 때와 달라졌어요. 고등학교도 우리 딸이 졸업한 뒤로 많이 변했고요. 예전에는 건물이 하나였는데 지금은 엄청나게 커져서 다른 동네에 사는 학생들까지 데려오죠. 지금은 학교가 너무 커요.

40대 백인 여성도 학교가 외부 세계의 문제를 셀레브레이션에 침투시키는 주범이라고 보았다.

이제 고등학교는 공립 학교가 되었고 우리가 처음 이사 왔을 때와는 달라졌어요. 그리고 초등학교에는 홈 스위트 홈즈Home Suite Homes에 사는 별거 가정이 많아요. 거주용 호텔인데 노숙자나 마찬가지죠. 그런 가정 출신 학생들도 여기 학교에 다녀요. 100명 이상은 안 받을 거라고 하지만 또 모르죠. 초등학교의 전교생이 1,344명인데, 그 100명이 아홉 개 학년에 퍼져 있어요.

그 여성은 형편이 어려운 아이들을 아예 외면하지도 못하는 상황이었다. "이 지역 모두가 그런 아이들을 위해 음식을 모아요. 주말 동안 먹을 게 없으니까 목요일 오후에 음식을 들려 보내죠." 하지만 그녀는 '현실의 삶'이 셀레브레이션에도 찾아왔다고 말했다.

이곳에서도 현실의 삶이 일어나고 있어요. 우리가 현실과 떨어진 세계라고 부르는 이곳은 안전해요. 이곳에서 살인사건이 나면 전국적인 뉴스가 돼요. 현실이 이곳 삶을 방해해요. 192번 고속도로가 바로 옆에 있죠. 성범죄자 명단요? 여기 사는 나이 많은 남자 중에 성범죄자가 있어요. 최근에 살해당한 남자요? 돈 받고 섹스하던 젊은 남자가 죽었죠.

그녀는 셀레브레이션에 일어나고 있는 '현실'이 그래도 고향 델라웨어보다 낫다고 했다. 형편이 어려운 학생이건 사랑하는 사람이 세상을 떠난 개인적인 상실감이건 "어디에서나 일어날 수 있는 현실이죠. 하지만 힘든 일이 있을 때 여기에서처럼 서로 돕는 곳은 없을 거예요."

하지만 서로 돕는다는 느낌을 얻지 못하는 주민들이 대부분이었다. 공동체 의식을 촉진할 목적으로 설계된 셀레브레이션이지만 그곳 생활이 특별히 주변 사람들과 연결된 경험은 하지 못했다. 셀레브레이션에 오랫동안 주택을 보유하고 있는 70대 남성이 말했다. "단기적으로 살다 가는 사람이 많아요. 이웃들을 거의 알지 못합니다. 전 세계의 돈이 흘러들어와요." 스스로 디즈니 성애자라고 표현한 또 다른 나이 지긋한 백인 남성은, 디즈니 월드와 가까이 살기 위해 셀레브레이션으로 이사했다.

디즈니가 셀레브레이션에서 발을 뺀 뒤부터 공동체 의식이 많이 약해졌습니다. 디즈니가 우릴 버린 것이나 마찬가지죠. 그 뒤로 동네가 변했어요. 스텟슨 대학교가 아랍인들에게 제2 외국어로 영어를 가르치는 것 말고 하는 일이 뭐가 있는지 모르겠군요. (그가 스타벅스 밖에 앉아 있는 한 무리의 젊은 여성들을 가리킨다. 여성들은 모두 히잡을 쓰고 있다.)

중년 백인 여성은 약간 애석한 듯이 말했다. "난 이웃들을 잘 몰라요. 나는 콘도에 사는데, 콘도는 단독주택과 달리 단기 거주하는 사람들이 많거든요. 임대해 사는 경우가 많아 사람들이 자주 바뀌기 때문에 이웃에 누가 사는지 몰라요." 하지만 그녀는 뉴욕 생활이 그립지는 않다고 했다. "뉴욕에서는 아무도 인사를 안 해요. 사람들이 웃지도 않고요. 다들 치열한 경쟁 속에서 살고 지하철과 거리, 버스는 너무 혼잡하죠."

셀레브레이션에 사는 사람들은 결혼한 지 10년, 20년 된 여느 부부와 다르지 않을지 모른다. 자신들이 사는 도시를 사랑하고 모든 로맨스에서 그러하듯 그곳에 살게 된 것을 운명이라고 느꼈지만, 상황이 좀 더 나아졌으면 하는 생각도 자리했다. 정말로 더 나아질 수 있다. 21세기 로맨스와 자본의 이야기에서 지금보다 더 나은 상황을 만드는 것보다 중요한 것은 없다. 성대한 순백의 레즈비언 합동결혼식보다 새로운 시작에 걸맞은 것이 있을까?

사랑은 증오를 이긴다

나는 벽이 아니라 다리를 만드는 미국을 원합니다.
사랑은 증오를 이긴다는 사실을 확실하게 증명할 수 있는 나라를.
– 힐러리 클린턴Hillary Clinton이 2016년 대선 선거운동에서 마지막으로 한 말

찌는 듯한 더위가 기승을 부리는 2017년 7월 어느 날, 나는 매사추세츠주 프로빈스타운Provincetown에 있는 필그림 기념비Pilgrim Monument를 향해 자전거로 경사진 오르막길을 올랐다. 그 기념비는 필그림들이 1620년에 처음 도착한 장소를 기념하기 위해 1900년대 초에 지어졌다. 화강암 재질이고 약 80미터 높이로 솟아 있다. 수많은 관광객을 헤치고 언덕길을 올라가 기념비에 도착했다. 두 번째 해를 맞이하는 브라이드 프라이드Bride Pride에 참석하려는 150명 정도 되는 사람들이 서성거리고 있었다. 브라이드 프라이드는 그 지역에서 호텔을 운영하는 앨리슨 볼드윈Allison Baldwin과 아이린 미트닉Ilene Mitnick의 아이디어로 탄생했다. 두 사람은 합법적인 동성 부부고 결혼식도 올렸지만 코네티컷을 떠나 이사 온 기념으로 "전 세계 여성들을 초대해" 합동결혼식을 올리기로 했다. 그렇게 합동결혼식 '브라이드 프라이드'가 탄생했고 첫해 106명의 레즈비언이 참여했다. 결혼 준비업체 더 낫 웹사이트에 따르면 '세상에서 가장 즐거운 광경'이었다.[29]

2017년에 열린 제2회 브라이드 프라이드의 규모는 전해보다 약간 줄어 94명의 신부가 참여했지만 즐거움은 줄어들지 않았다. 모인 여성들은 25세에서 75세까지 다양했고 저 멀리 콜로라도, 플로리다, 캔자스주에서까지 왔다. 출생 시 주어진 성별이나 생식기 모양과 상관없이 여성임을 밝힐 수 있어야 한다는 조건이라 모든 참여자는 여성이었다. 단 두 명의 신부는 남성도 여성도 아닌 제3의 성genderqueer이라고 밝혔다. 유색인종 여성의 주말Women of Color Weekend 퍼레이드에 참여한 사람과 '현지 주민'은 150달러의 참가비를 면제받지만 신부들은 대부분 백인이었다(94명 중 87명). 신부들의 직업은 책 편집자, 간호조무사, 사회복지사 등이었다. 내가 인터뷰한 두 명은 대학을 졸업하지 못했고 소매상점에서 일했다. 신부들은 가난하지 않은 경우가 대부분으로, 거의 모두 프로빈스타운에 여행 왔거나 그곳에 두 번째 주택을 소유했다. 다시 말해서 레즈비언 합동결혼식은 합동이라는 것과 레즈비언이라는 점만 빼면 미국의 일반 결혼식과 매우 비슷했다.

전원 여성으로 구성된 사람들이 동그랗게 모여 타악기를 연주하고 그리스 조각상으로 변신한 두 젊은 여성이 서서 지켜보는 가운데 신부들은 기념비 사이를 행진했다. 대부분 전통 결혼식 의상을 입지 않았지만 네 명은 전통 웨딩드레스를 입었다(한 명은 맨발, 두 명은 컨버스 운동화를 신었고 한 명은 팔 전체에 문신을 했다). 그래도 대부분 서로 옷을 맞춰서 차려입었다. 이를테면 하얀 바지에 파스텔 색 셔츠를 입고 비슷한 색깔의 운동화나 카프탄, 터번 등을 곁들였다. 레즈비언 코미디언이자 사회운동가인 케이트 클린턴Kate Clinton이 임시 성직자 자격증을 받아 결혼식을 주재했다. 엄숙한 의식답게 "반지를 준다는 것은 여러분의 손과 심장, 영혼을 주는 것입니다" 같은 말도 나왔지만 "이제 신부에게 키스해도 됩니다. 혀는 넣지 마세요!" 같은 말은 스탠드업 코미디 공연 같은 분위기를 느끼게 했다. 결혼식은 한 시간이 채 걸리지 않았다. 식이 끝난 뒤 신부들은 뒤에 깡통을 묶은 전차 세 대와 자전거 택시 한 대에 올라타, 적어도 천 명은 되는 주민과 관객의 환호 속에서 프로빈스타운을 달렸다.

레즈비언 합동결혼식에 모인 여성들이 로맨스 이데올로기를 믿는 것은 확실하다. 인터뷰한 신부 16명과 하객 4명 가운데 단 한 명만 빼고 결혼이 더욱 안정적인 미래를 약속한다고 믿었다. 전부 자주 색의 세련된 단추 달린 조끼와 셔츠, 바지를 입은 중년 백인 여성은 2003년 아내를 처음 만난 순간부터 운명임을 알았다고 로맨스에 관한 이야기를 마구 쏟아냈다. 잠깐이라도 얼굴을 보기 위해 그녀가 일하는 가게에서 줄을 서기도 했다고 한다. 50대 백인 여성은 "하얀 웨딩드레스를 입고 결혼하는 건 모든 여자의 꿈이잖아요?"라고 했다.

하지만 다들 미국 정치가 보수적으로 변하고 있어 나중에는 동성애자의 결혼할 권리가 사라질까 봐 두려워 결혼했다는 이야기도 했다. 그들은 요즘 결혼이 특히 정치 문제가 되었다고 말했고, 동성 결혼이 '공동체'를 형성할 수 있고 이성 결혼을 좀 더 페미니스트적이고 여성에게 평등한 쪽으로 변화시킬 수 있다는 점에서 세계 우파 정책에 맞서는 강력한 도구라고 보았다. 또 그들은 결혼이 사실상 부부 관계를 증명하기 위해 꼭 필요한 것은 아니지만, 모두가 의료보험을 이용할 수 있고 가족을 국가 결정에 따르지 않고 스스로 정의할 수 있는 세상이 되기를 바란다고도 했다. 하얀색 원피스에 무지개 깃발을 망토처럼 두른 여섯 살짜리 여자아이는 나에게 무지개 법칙을 설명해주었다. 남자는 남자와 결혼할 수 있고 여자는 여자와 결혼할 수 있고 여자는 남자와 결혼할 수 있다는 것. 아이에게 결혼하고 싶은지 물었더니 잘 모르겠다고 했다. 그러자 레즈비언 할머니를 포함해 주변에 있던 어른들이 전부 힘차게 말했다. "꼭 안 해도 돼!"

브라이드 프라이드는 러브 주식회사의 또 다른 부분으로 보이기 쉬울 것이다. 〈GQ 매거진〉이라는 공식 후원 기업과 지역의 후원업체가 서른 곳이나 있다. 더 많은 여성이 찾아오도록 하려는 지역 상인들의 마케팅 도구다. 브라이드 프라이드를 지켜본 사람이 말했다.

"모두가 의료보험을 이용할 권리와 상속 권리 같은 문제를 결혼이 해결해주지 않습니다." 하지만 그곳에 모인 신부들, 주최자들과 대화를 나눌수록 낙관적인 생각이 시작됐다. 버란트의 잔혹한 낙관주의가 아니라 정말로 해피엔딩이 존재할 수 있다는 실질적인 낙관주의였다. 페미니즘이 결혼을 여성에게 덜 억압적인 것으로, 불필요한 선택권으로 바꾸고, 모든 관계를 커플이나 가족보다 큰 구조 안에 놓는 모습으로 해피엔딩이 가능할 수 있다고 말이다.

너무도 오랫동안 우리에게 마법을 건 로맨스 이데올로기에 페미니즘이 주입되면, 2013년 개봉해 대성공을 거둔 디즈니의 〈겨울왕국〉에 나오는 엘사 같은 훌륭한 캐릭터로 바뀔지도 모른다. 브라이드 프라이드에 참여한 여성들이 로맨스 신봉자가 아닌 것은 아니었다. 그들은 로맨티스트였다. 안전함을 가져다주는 로맨스의 힘을 믿는다. 이데올로기로서의 로맨스에 영향을 받지 않은 것은 아니었다. 보통 결혼식보다는 적지만 그들의 결혼식에도 돈과 노동이 들어갔다. 하지만 그 신부들과 주변 사람들은 커플 두 사람만을 위한 개인화된 미래가 아니라 모두가 해피엔딩을 맞이할 수 있는 공동의 미래를 믿었다. 주최 측에 따르면 브라이드 프라이드의 목적은 사랑을 무기로 사용하는 여성들의 공동체와 네트워크를 구축하는 데 있다. 전차를 타고 돌아다니는 것 같은 사소한 일도 함께한 여성들에게 세상이 달라질 수 있다는 로맨틱한 느낌을 줄 수 있다. 사는 곳에서는 레즈비언이라고 밝힐 수조차 없지만 프로빈스 타운에서는 새로운 세상의 가능성을 본 이들도 있었다. 브라이드 프라이드 주최자 미트닉이 말한 것처럼 그들은 정치 영역에서 일어나는 일을 제대로 인식했다.

하지만 대선 이후 우리는 사랑에 초점을 맞추기로, 사랑을 세상에 보여주겠다는 쪽을 선택했습니다. 두려움 속에서 살 수 없어요. 해수면이 올라가고 있는지 우린 몰라요. 트럼프가 우리의 권리를 빼앗는다면…… 우리는 가장 중요한 것에 집중해야만 합니다. 가장 중요한 건 사랑이에요.

함께 행사를 계획한 그녀의 파트너도 말했다.

계속 두려움에 사로잡혀 제자리에서 아무것도 하지 않으면 그들이 이기는 거예요. 밖으로 나오지 않으면 개인의 행동은 잘못될 수 있어요. 파리 대왕처럼 되는 거죠. 균형을 잡고 사랑에 집중해야 합니다.

그 여성들은 연인의 사랑이 커다란 공동체를 세우고, 그 공동체가 세상에 긍정적인 영향을 줄 수 있다고 믿는다. 브라이드 프라이드의 주최자들은 수익을 청년 노숙자들에게 기부한다. 이 행사를 지켜보는 신부들과 지역 주민들도 LGBTQ 인권을 위해 투쟁할 힘을 얻었다. 그들은 다른 것도 믿었다. 상황이 나아질 수 있다고 믿었다. 그것은 항상 막다른 골목이고 구조적 불평등과 마법을 선호하는 역사적 패턴을 무시하는 잔혹한 낙관주의가 아니다. 사람들을 행동하게 만들고 버스에 앉아 단식투쟁을 하면서 주장을 펼치게 만드는, 그런 낙관주의다. 사랑이 증오를 이긴다고 믿는다는 이 여성들의 말은 사랑을 신념만큼이나 행동으로서도 믿는다는 뜻이다.

브라이드 프라이드의 주최자 볼드윈은 말했다. "이 결혼식을 보고 아름답다고 생각하지 않는다면 분노가 지나치게 많은 사람일 거예요." 나는 분노한다. 내 아이들, 세상의 모든 아이가 환경 파괴로 무너지기 직전인 지구에서 살아야 한다는 것에, 세상에서 가장 부유한 나라의 정치제도가 너무 역기능적이라 기후변화를 물리칠 수도, 모두에게 건강보험과 고등교육을 제공할 수 없다는 것에. 또 나는 결혼이 그 어떤 해결책도 될 수 없다고 볼 정도로 페미니스트다. 질 필리포비치Jill Filipovic는 "잔인할 정도로 여성 혐오적인 결혼의 역사는 오래전에 결혼을 쓸모없게 만들었다"라고 적었다. 하지만 그녀는 "결혼은 특히 동성 커플에게로 권리가 확장되면서 크게 진화했다. 결혼 제도 자체가 돌이킬 수 없을 정도로 파손되었다고 주장하기는 어렵다"라고도 했다.[30] 성대한 순백의 결혼식은 절대로 가부장제를 바로잡을 수 없고 학자들의 주장과 달리 결혼은 보수적인 빈곤을 해결할 수 없을 것이다. 내가 로맨스와 자본의 세계로 다녀온 여행에서 배운 것이 있다면, 사랑이 우리를 개인화된 미래로 이끌어 결과적으로 미래가 아예 없도록 만드는 막다른 길목이 될 수 있다는 것이다. 러브 주식회사는 우리의 정서적, 경제적 자원을 빼가고, 공동체와 세상을 위해 해야 하는 일들을 보지 못하게 만든다.

나는 분노만 있는 것이 아니라 매우 로맨틱한 사람이기도 하다. 내일이 오늘보다 나을 것이고, 우리가 가시밭길을 헤쳐 나가 용을 물리치거나 용이 되어 커플과는 아무런 상관없는 해피엔딩을 맞이할 수 있다고 진심으로 믿는다. 그러려면 정치적 행동이 필요하다. 2017년 12월에 브라이드 프라이드의 주최자들은 2018년에는 합동 결혼식을 보류하고 대신 로맨스 신봉자들과 모여 중간 선거 운동을 할 것이라고 했다. 미래를 위해서는 결혼식도 필요하지만 집마다 다니는 선거유세도 필요하다.[31]

하지만 브라이드 프라이드는 내 안의 무언가를 바꿔놓았다. 정치적 행동으로서, 미국과 전 세계를 벼랑 끝으로 몰고 가는 죽음의 질주에 반대하는 시위로서 행해지는 레즈비언 합동결혼식은, 러브 주식회사로 들어가 안에서부터 파괴하는 트로이의 목마인지도 모른다. 필그림 기념비에서 열린 레즈비언 합동결혼식의 참가자들은 주변 세상에 무관심한 것 같지 않았다. 그들은 철저하게 현실 속에 자리했다. 그 결혼식, 결혼식을 올린 사람들, 하얀 드레스와 라벤더색 양복을 입고 전차에 올라 시내를 달리는 그들을 향해 환호하던 사람들은 내가 오래전부터 의심해왔던 것이 사실이라는 증거였다. 로맨스가 문제만이 아니라 해결책이기도 하다는 것 말이다. 로맨스는 희망이 점점 사라져가는 시대에 우리에게 희망을 준다. 로맨틱한 사랑의 힘을 믿는 것은, 증오와 탐욕이 우리를 숨 막히게 할 때 조금이나마 숨통을 트이게 해주는 산소와도 같다. 브라이드 프라이드 주최자 미트닉의 표현처럼 우리가 "공동의 집단으로 사랑을 선택의 무기로 삼아 높아지는 사랑의 파도"가 될 수 있다면 어쩌면 결국 우리는 해피엔딩을 맞이할 수 있을지도 모른다. 그 해피엔딩은 공주나 왕자와 언덕 위의 성으로 떠나는 것이 아니다. 기혼이건 미혼이건 이성애자이건 동성애자이건 늙건 젊건 백인이건 흑인이건 라틴계이건, 공동의 미래를 위해 그 어느 때보다 열심히 싸우며 다 함께 언덕의 성으로 떠난다. 디즈니에서 말하는 대로 행복하게건 아니건 우리는 살아남을 것이다. 레베카 솔닛Rebecca Solnit은 "희망은 미래에 집중한다는 뜻이며 미래에의 헌신은 현재를 살 만한 곳으로 만든다"라고 했다.[32] 로맨스는 희망찬 미래를 꿈꿀 수 있게 한다. 미래가 있다는 것이야말로 세상에서 가장 로맨틱한 결말이다.

역자 후기

오늘날 미래는 갈수록 점점 더 불안해진다. 가장 가깝게 피부로 느껴지는 것은 점점 심해지는 빈부격차와 소득 불균형이다. 뿐만 아니라 해수면 상승과 같은 기후변화, 경제 위기, 소수로의 자본 집중 같은 현상은 세계가 직면한 위험에 그 어느 국가도 예외가 될 수 없음을 말해준다.

이런 세상을 살아가는 우리는 여전히 지금보다 더 나은 행복한 미래를 꿈꾼다. 누구나 해피엔딩을 꿈꾸고 안정적인 미래를 원한다. 우리가 꿈꾸는 궁극의 해피엔딩은 로맨스에서 나왔다. '행복하게 오래오래 살았습니다'는 처음 동화책을 접한 순간부터 우리 모두의 머릿속에 주문처럼 새겨졌고, 로맨스와 자본주의가 합작으로 만들어 놓은 문화 각본에 알게 모르게 스며들다 굳어졌다.

사랑이나 결혼을 통해 안정적인 미래가 보장되고 이른바 인생역전이 가능하다는 생각을 누구나 한 번쯤 해보지 않았을까. 저자는 이 책에서 동화와 디즈니 영화, 《트와일라잇》과 《그레이의 50가지 그림자》를 사례로 보여주지만 가장 가깝게 우리는 TV를 통해서도 알 수 있다. 연일 재벌 남자 주인공과 평범한 여자 주인공의 꿈같은 로맨스가 나온다. 그런 것들은 우리를 꿈꾸게 만든다. 운명의 상대를 만나 지금보다 괜찮아질지도 모른다고. 절대로 그런 일은 없으리라고 생각하면서도 우리는 꿈을 꾼다.

사랑하는 공주와 왕자가 만나 으리으리한 성에서 행복하게 오래

오래 산다는 것이 '해피엔딩' 하면 가장 먼저 떠오르는 이미지다. 해피엔딩을 뜻하는 영어 표현도 'ride off into the sunset'이니, 석양을 등지고 왕자나 공주와 백마를 탄 채 멋진 성으로 떠나는 그림이 자동으로 그려진다.

왜 우리는 로맨스에 기대게 되었을까? 이 책은 로맨스가 사회와 문화 속에 각본으로 새겨진 하나의 이데올로기 때문이라고 지적한다. 현실이 고달파질수록 기댈 것이 필요해지기 마련이다. 저자는 로맨스가 명상이나 한 잔의 와인처럼 오늘 하루를 버티게 해주는 생존 전략이 되기도 한다고 한다. 세상은 심각한 위기에 처했지만 더 나은 미래가 기다리고 있을지도 모른다고, 로맨스는 나만의 작고 좁은 미래를 꿈꾸게 한다. 로맨스가 부리는 마법이다. 현실도피와 근거 없는 낙관주의를 부추겨 좀 더 나은 세상을 만드는 방법 따위는 찾지 않게 한다. 우리에게 눈가리개를 씌워 지극히 현실적인 문제의 심각성을 외면하게 만든다.

이 책이 지적하듯 힐러리 클린턴과 도널드 트럼프가 중대한 싸움을 벌인 2016년 미국 대선 주간에 미국인들은 로맨스의 마법이 담긴 영화들을 내보내는 홀마크 채널을 가장 많이 시청했다. 저자는 "로맨스가 공적인 영역을 외면하라고, 세상에 대해 생각하지 말고 오로지 애정 관계와 가족에만 집중하라고 가르친다"고 주장한다. 우리는 세상이 하나로 연결되어 서로 영향을 주고받을 수밖에 없다는 사실을 알면서도 나만의, 내 가정만의 해피엔딩에 집중한다.

저자는 자본주의와의 '결혼'으로 이른바 '러브 주식회사'가 되어버린 로맨스가 너무 좁은 관점에서 '개인화'된 해피엔딩을 꿈꾸게 만드는 것이 문제라고 한다. 모두가 공동의 미래로 연결되어 살아가는 이 세상의 커다란 문제를 보지 못하도록 눈을 가린다. 세상 모두를 위한 사회안전망을 만드는 데 써야 할 소중한 시간과 에너지, 돈 같은 자원이 로맨스가 부리는 마법에 낭비된다. 무엇보다 사랑만 있으면 다 된다는 잘못된 생각으로 이끌기에 러브 주식회사가 위험하다. 게다가 로맨스의 유토피아는 전혀 민주적이지 않다. 로맨스는 지배계급의 이해관계를 나타내는 사상이다. 해피엔딩 자격이 특정한 사람에게만 있다고 가르친다.

저자는 러브 주식회사가 되어버린 로맨스를 우리가 살면서 겪는 로맨스의 순서 그대로 구성하여 따라간다. 각 장의 제목을 보면 로맨스의 궤도를 그대로 따른다. 제일 먼저 사랑을 배우고 사랑을 찾고 프러포즈와 결혼식, 신혼여행까지 거친다. 마지막에는 마땅히 해피엔딩을 맞이해야 하거늘, 저자는 해피엔딩은 없다고 단언해버린다. 로맨스 이데올로기 안에서 개인의 미래로 초점이 향하는 한 우리에게 해피엔딩은 없다는 것이다.

저자는 로맨스 이데올로기의 흔적을 따라 《트와일라잇》이 만든 관광명소 이탈리아 볼테라와 미국 워싱턴 주 포크스로 날아가고, 《그레이의 50가지 그림자》의 배경인 시애틀과 디즈니가 로맨스 판타지의 현실판으로 만든 도시 셀레브레이션까지 찾아가 로맨스의 민낯을 파헤친다. 유튜브에 올라온 인기 프러포즈 영상과 프롬포즈 영상도 분석한다. 현대의 새로운 데이트 문화로 정착한 온라인 만남 앱과 사이트 이용자들을 인터뷰하고, 평민과 왕족의 결혼식으로 큰 화제를 불러일으킨 영국 윌리엄 왕자와 케이트 미들턴의 결혼식 현장도 찾는다. 그 모든 과정에서 그녀는 사람들의 마음에 갈망과 낙관주의뿐만 아니라 두려움과 불안이 공존한다는 사실을 발견한다.

후반부에 이르러 저자는 레즈비언 합동결혼식 '브라이드 프라이드' 현장을 찾아, 로맨스가 모두를 위해 세상을 좀 더 나은 쪽으로 바꾸는 힘으로 활용되는 긍정적인 모습을 전한다. 로맨스가 문제이기만 한 것이 아니라 해결책이 될 수도 있다는 희망을 엿본다. 로맨스가 보다 나은 미래를 위해 다 함께 힘을 합치게 해줄 수도 있다고 확신한다.

자기 안의 로맨티스트와 냉소주의자와 싸우며 로맨스의 궤도를 한 바퀴 빙 돌고 나서도 저자는 해피엔딩에 대한 미련을 놓지 못한다. 여전히 로맨스를 사랑하고 동성 파트너와의 해피엔딩을 꿈꾼다. 하지만 세상은 하나로 연결되어 있기에, 나 혼자 또는 내 가족만 누리는 해피엔딩은 해피엔딩이 아니다. 세상과 동떨어진 동화 속 세계인 줄로만 알았던 셀레브레이션의 현주소가 말해주지 않았는가. 로맨스 이데올로기가 은밀하게 규정하는 자격조건을 다 갖춘 사람들만 사는 예쁜 디즈니 도시도 결국 '그들만의 세상'은 될 수 없었다. 지구촌 현실과 철저히 고립되고 영향받지 않을 수 있는 곳은 이 세상에 없기 때문이다.

해피엔딩은 왕자님 또는 공주님과 이루어져 언덕 위의 성으로 떠나는 것이 아니다. 결혼 여부나 성적 지향성, 피부색에 상관없이 세상 모두가 행복하게 살 수 있는 미래를 꿈꾸며 힘을 모으는 것이야말로 진정으로 로맨틱한 해피엔딩이다. 미래를 위해 헌신하고 노력하는 과정에서 결과적으로 현재가 살기 좋아진다는 저자의 말은 희망을 느끼게 한다. 로맨스적 인간, 우리 호모 로맨티쿠스가 추구해야 할 로맨스는 모두를 위한 미래다.

세상 모두를 위한 장밋빛 미래가 당신과 나의 로맨스다.

주

서론

1. 밴더워프(VanDerWerf), "홀마크는 어떻게 매년 크리스마스마다 당신의 TV를 장악 했는가(How Hallmark Took Over Your TV Every Christmas)"

2. 롱(Long), "기분 좋은 홀마크 방송(The Feel-Good Hallmark Channel)"

3. 콘(Cohn), "사랑과 결혼(Love and Marriage)"

4. "선택적 미혼(Single by Choice)"

5. 페퍼스(Peppers), "웨딩드레스에 얼마나 쓰겠습니까?(How Much Would You Spend on Your Bridal Dress?)"

6. 바젤(Vasel), "최고 수준으로 증가한 결혼 비용(Couples Are Spending a Record Amount of Cash to Get Married)"

7. 레이니(Rainie), 페린(Perrin), "새 설문 조사 결과 실물 도서를 읽는 미국인들이 약 간 더 적다(Slightly Fewer Americans Are Reading Print Books, New Survey Finds)"

8. "myRWA: 로맨스 장르: 로맨스 산업 통계(The Romance Genre; Romance Industry Statistics)"

9. 리치(Rich), "독자들의 현실도피 충동을 불붙이는 경기침체(Recession Fuels Readers' Escapist Urges)"

10. 네그라(Negra), 태스커(Tasker), "불평등의 신자유주의 틀과 장르(Neoliberal Frames and Genres of Inequality)", p. 351.

11. 콘(Cohn), "사랑과 결혼(Love and Marriage)"

12. 현재 J. K. 롤링(J. K. Rowling)은 해리가 헤르미온느와 이루어져야 했다고 말한다. 앤더슨(Anderson), "J. K. 롤링이 틀렸다(J. K. Rowling Is Wrong)"

13. 벨라(Vella), "공포를 느끼게 하는 애플의 최신 광고(Apple's Latest Ad Is Probably Going to Give You Chills)"

14. 코버트(Covert), "10억 달러가 들어가는 결혼 홍보 프로그램의 효과는 제로

(Nearly a Billion Dollars Spent on Marriage Promotion Programs Have Achieved Next to Nothing)"

15. 낸시 D. 폴리코프(Nancy D. Polikoff), 《(이성, 동성) 결혼을 넘어서(Beyond (Straight and Gay) Marriage)》

16. 바젤론(Bazelon), "정략결혼(Marriage of Convenience)", p. 13.

17. 월터스(Walters), 《관용의 덫(Tolerance Trap)》

18. 카츠(Katz), 에크홀름(Eckholm), "동성애 반대법, 미시시피와 노스캐롤라이나에서 반발을 일으키다(Anti-Gay Laws Bring Backlash in Mississippi and North Carolina)"

19. 베버(Weber), 《프로테스탄트 윤리와 자본주의 정신(The Protestant Ethic and the Spirit of Capitalism)》, p. 53.

20. 에델먼(Edelman), 《미래는 없다(No Future)》

21. 캔디데이(Candiday), 《이성애 국가(The Straight State)》, p. 2.

22. 캘러한(Callahan), "흑인을 배제한 미국의 제대군인원호법(How the GI Bill Left Out African Americans)"

23. 맥지(McGee), 《자기계발 주식회사(Self-Help, Inc.)》, p. 177.

24. 키프니스(Kipnis), 《사랑은 없다》, p. 19.

25. 상게서, p. 19.

26. 일루즈(Illouz), 《감정 자본주의》, p. 5.

27. 상게서.

28. "2013 세계 부 데이터 은행(Global Wealth Data Bank 2013)."

29. 프라이(Fry), "화요일에 인구조사국이 발표한 소득과 빈곤 자료가 알려주는 네 가지(Four Takeaways from Tuesday's Census Income and Poverty Release)"

30. 부케이트(Buchheit), "계속 부유해지는 상위 1퍼센트(The One Percent Just Keeps Getting Richer)"

31. "웹사이트 온 디스 데이(On this Day), 1981년 7월 29일에 있었던 일"

32. "케이트의 웨딩드레스는 잊어라(Forget Kate's Dress)"

33. "디즈니가 기록적인 수익을 공개하다(Disney Posts Record Profits)"

34. 프레이저(Fraser), "공공 영역의 초국가화(Transnationalizing the Public Sphere)" p. 21.

35. 버란트(Berlant), 《잔혹한 낙관주의(Cruel Optimism)》, p. 3.

1장 사랑을 배우다

1. 피셔(Fisher), "생물학(Biology)"

2. 〈브라이드질라(Bridezillas)〉

3. 피셔(Fisher), "잊힌 성(The Forgotten Sex)"

4. "그림 형제"

5. 에시그(Essig), "인어공주와 이성애적 상상(The Mermaid and the Heterosexual Imagination)"

6. 번스타인(Bernstein), 《인종 순수성(Racial Innocence)》, pp. 41 – 42.

7. 맥클린톡(McClintock), 《제국의 가죽(Imperial Leather)》, p. 162.

8. "레이디(Lady)," 메리엄-웹스터 사전, www.merriam-webster.com/dictionary/lady.

9. 킨케이드(Kincaid), 《에로틱 순수(Erotic Innocence)》, p. 52.

10. 웨슬리(Wesley), "당신은 밸런타인데이에 얼마나 쓰겠습니까?(How Much Will You Spend for Valentine's Day?)"; 스탬플러(Stampler), "미국인들은 올해 밸런타인데이에 애완동물을 위해 7억 300만 달러를 쓸 수 있다(Americans Could Spend $703 Million on Their Pets This Valentine's Day)"

11. 카미네츠키(Kaminetsky), "e-커머스를 위한 세계의 5대 휴일(5 Biggest International Holidays for E-Commerce)"

12. 라드웨이(Radway), 《로맨스 읽기(Reading the Romance)》

13. 기든스(Giddens), 《현대 사회의 성, 사랑, 에로티시즘》, p. 44.

14. 키프니스(Kipnis), 《사랑은 없다》, p. 22.

15. 로맨스에 관한 이야기는 아니었지만 프랑스의 사회이론가 피에르 부르디외(Pierre Bourdieu)는 비슷한 이데올로기를 '독사(doxa)'라고 했다. 태어나는 순간부터 숨 쉬는 공기처럼 너무도 당연하게 받아들이는, 질문할 필요도 없이 명백한 생각들을 가리킨다. "자연적 기호의 이데올로기 타당성과 효용성은 모든 계급투쟁에서 만들어진 이데올로기 전략과 마찬가지로 실질적인 차이를 자연스러운 것으로 만든다는 사실에 있다.", 부르디외, 《구별짓기》, p. 68.

16. 코트(Cott), 《공식적인 맹세(Public Vows)》, pp. 77, 104.

17. 소머빌(Somerville)의 《컬러 라인의 동성애화(Queering the Color Line)》 참고.

18. 맥클린톡의 《제국의 가죽(Imperial Leather)》 참고.

19. 루빈(Rubin), "성에 대한 고찰(Thinking Sex)," pp. 151 – 152.

20. 잉글랜드(England), 데카르트(Descartes), 콜리어-미크(Collier-Meek)의 "디즈니 공주들에 나타난 젠더 역할(Gender Role Portrayal in the Disney Princesses)", 지로(Giroux)의 "디즈니 영화는 아이들에게 이로운가?(Are Disney Movies Good for Your Kids?)" 참고.

21. 루고-루고(Lugo-Lugo), 블러드스워스-루고(Bloodsworth-Lugo), "'새로운 세상아, 우리가 간다?(Look Out New World, Here We Come?)'"

22. 지로(Giroux), 《포효한 쥐(Mouse That Roared)》

23. 코클리(Cokely), "언젠가 왕자님이 나타날 거야(Someday My Prince Will Come)", pp. 167 – 168.

24. "월트 디즈니 매출(Revenue of the Walt Disney Company)"

25. 핑크(Fink)의 "당신이 좋아할 트윈 로맨스(Tween Romances You'll Love)", "인기 트윈 로맨스 소설(Popular Tween Romance Books)"

26. 시먼스-두핀(Simmons-Duffin), "선악의 학교(School for Good and Evil)"

27. 쿡(Cook), 카이저(Kaiser), "이도 저도 아닌 트윈 세대(Betwixt and Be Tween)"

28. 모라스키(Moraski), "VMA 무대에서 트워킹으로 뜨거운 논란을 일으킨 마일리 사이러스(Miley Cyrus' Booty-Shaking VMA Performance Gets Quite the Reaction)"

29. "차트 히스토리", 한나 몬타나 빌보드, www.billboard.com/artist/276390/hannah+montana/chart?f=395.

30. 20세기 후반 에로틱 처녀 이미지는 블랭크(Blank)의 《처녀(Virgin)》 참고.

31. 무치(Mutch), "관에서 커밍아웃하다(Coming out of the Coffin)", p. 77.

32. 《트와일라잇》 시리즈의 흥행 자료(Box Office History for Twilight Movies)"

33. 더크스(Dirks), "역대 최고의 시리즈 영화(All Time Top Box Office Major Film Franchises)"

34. 메이어, 《트와일라잇》, p. 175.

35. 말일성도교회(Church of Latter Day Saints) 웹사이트, http://mormon.org/beliefs/planof-salvation?gclid=CO2bs7_zm7kCFYyi4AodXlEAuw&CID=33481310&s_kwcid=AL!3737!3!23873314935!p!!g!!mormonism&ef_id=UHRu8QAACvRW

PRAv:20130826200114:s.

36. 메이어, 《브레이킹 던》, pp. 87 – 94.

37. 상게서, p. 179.

38. 보르지아(Borgia), "트와일라잇(Twilight)," p. 6.

39. 상게서, pp. 8 – 9.

40. 상게서, p. 1.

41. "스테파니 메이어 공식 사이트." FAQS: 벨라는 반페미니스트 여주인공인가?(Is Bella an antifeminist heroine?), www.stepheniemeyer.com/bd_faq.html.

42. 바움가드너(Baumgardner), 리처즈(Richards), 《매니페스타(Manifesta)》. 당연하지만 다수의 페미니스트 학자들은 선택이 구조 안에서 강요되고 선택의 수사가 빈곤이나 인종차별, 성차별 같은 문제를 설명하려고 하지 않는다는 사실을 자각하지 못한다며 '선택'의 개념을 철두철미하게 비판했다. 퍼거슨(Ferguson)의 "선택 페미니즘과 정치의 공포(Choice Feminism and the Fear of Politics)" 참고.

43. 미국 로맨스 작가협회(Romance Writers of America) 웹사이트. www.rwa.org/p/cm/ld/fi d=1682.

44. 테일러(Taylor), "사랑을 향한 충동은 죽음(죽지 않음)을 향한 충동이다(The Urge towards Love Is an Urge towards (Un)Death)", p. 35.

45. 래드웨이(Radway), 《로맨스 읽기(Reading the Romance)》. 로맨스 소설이 미국 출판산업에 수행하는 역할에 관한 정보는 미국 로맨스 작가협회 웹사이트 www.rwa.org 참고.

46. 워싱턴주 포크스의 경찰 연봉은 6만 달러 수준이다. www.lawenforcementedu.net/washington/washington-salary/.

47. "컬렌의 자동차(Cullen Cars)" 참고. 패션 블로그 인사이드 벨라스 클로짓(Inside Bella's Closet)은 벨라의 옷차림이 에드워드와의 결혼 후 어떻게 변했는지 설명한다. https://insidebellascloset.wordpress.com/page/6/.

48. 홀랜드(Holland), "학자금 대출의 경제적, 사회적 고비용(High Economic and Social Costs of Student Loan Debt)", 밀러(Miller), "남녀 임금 격차(Simple Truth about the Gender Pay Gap)"

49. "로맨스 장르(Romance Genre)," 미국 로맨스 작가협회. www.rwa.org/p/cm/ld/fi

d=582.

50. FAQs, E. L. 제임스 웹사이트, www.eljamesauthor.com/faq/.

51. 나자르얀(Nazaryan), 《그레이의 50가지 그림자》 천만 달러 이상의 매출을 올리다(Fifty Sahdes of Grey Tops Ten Million Sales)"

52. 제임스, 《그레이의 50가지 그림자》, 상기 인용문. 1716.

53. 상기 인용문. 1042.

54. 로이프(Roiphe), "엉덩이 때리기가 주류가 되다(Spanking Goes Mainstream)"

55. 엘리엇(Elliot), 필킹턴(Pilkington), "새 옥스팸 보고서에 따르면 상위 1%가 전 세계 부의 절반을 소유하고 있다(New Oxfam Report Says Half of Global Wealth Held by the 1%)"

56. "밴쿠버 하우스 투어의 일부가 된 〈그레이의 50가지 그림자〉 영화 속 대저택(Fifty Shades of Grey' Movie Mansion Part of Vancouver House Tour)"

57. 제임스, 《그레이의 50가지 그림자》, 상기 인용문. 188.

58. E. L. 제임스, 《그레이의 50가지 그림자-해방》, 에필로그.

59. 에이브람스(Abrams), "〈그레이의 50가지 그림자〉의 타이인 광고를 준비하는 섹스 토이 샵들(Sex Toy Shops Prepare for Tie-Ins to 'Fifty Shades of Grey)"

60. "그레이의 50가지 그림자 섹스 토이(Fifty Shades of Grey Sex Toys)"

61. "그레이의 50가지 그림자 곰인형(Fifty Shades of Grey Bear)"

62. 다이목(Dymock), "성적 위반에 매를 가하다(Flogging Sexual Transgression)", p. 891.

63. 영화에서는 볼테라에 있는 분수로 나오지만 실제로는 인근의 몬테풀치아노 마을에서 촬영되었다.

64. 저자 인터뷰, 2010년 2월 10일.

65. 저자 인터뷰, 2010년 3월 11일.

66. 볼크(Balk), "소득이 치솟을수록 점점 심화되는 시애틀의 빈부격차(As Seattle Incomes Soar, Gap Grows between Rich and Poor)"

67. 로이터(Reuters), "워싱턴."

68. 작가 메모, 2014년 3월.

69. 셰프텔(Sheftell), "《그레이의 50가지 그림자》에 나오는 숨 막히는 아파트는 허구

가 아니다(Breathless 'Fifty Shades of Grey' Apartment Is No Work of Fiction)"

70. 앞으로 4년간 졸업생의 약 63퍼센트. "커먼 데이터 세트(Common Data Set)"

71. "학자금 대출 상환 프로젝트(Project on Student Loan Debt)" http://projectonstudentdebt. org/state_by_state-data.php.

72. 볼크, "인구조사국".

73. "페라리 자동차: (New Ferrari Cars)"; 페피톤(Pepitone), "에드워드 컬런의 〈트와 일라잇〉 저택 구매하기(Buy Edward Cullen's Twilight House)"

74. "젊은 세대의 연간 소득(Annual Earnings of Young Adults)"

75. "최저 생활 임금 계산기(Living Wage Calculator)"

2장 사랑을 찾다

1. 노동부의 통계에 따르면 1990년대 이후로 주간 근무 시간이 계속 늘어나는 추세 다. 최근의 설문 조사에 따르면 미국인은 아일랜드를 제외하고 전 세계 선진국 가 운데 연간 근무 시간이 가장 많다. 벨라스코(Velasco), 터코트(Turcotte), "미국인은 일을 너무 많이 하는가?(Are Americans Working Too Much?)". 샤브너(Schabner), "세 상에서 가장 일을 많이 하는 미국인(Americans Work More Than Anyone)"도 참고.

2. 웨이드(Wade), 《미국의 혹업(American Hookup)》, p. 240.

3. 상게서, p. 17.

4. 쿠퍼버그(Kuperberg), 파제트(Padgett), "데이트는 죽지 않았다(The Date's Not Dead)"

5. 상게서, p. 245.

6. 트레이스터(Traister), 《싱글 레이디스》.

7. 콘, "사랑과 결혼"

8. 미국의 초기 구애 문화를 살펴보려면 애덤스-캠벨(Adams-Campbell)의 《신세계의 구애(New World Courtships)》 참고. 특히 젊은 커플의 '번들링'을 다룬 장을 살펴 볼 것.

9. 페이스(Peiss)의 《저렴한 여가(Cheap Amusements)》 참고.

10. 핀켈(Finkel) 외, "온라인 데이팅(Online Dating)", p. 11.

11. "진파트너(GenePartner)"

12. 스미스(Smith), 앤더슨(Anderson), "온라인 데이팅에 관한 5가지 사실(5 Facts about Online Dating)"

13. 상게서.

14. 핀켈 외, "온라인 데이팅", p. 4.

15. 오브라이언(O'Brien), "81세의 e하모니 창업자가 말하는 동성 결혼과 틴더 (81-Year-Old eHarmony Founder on Gay Marriage and Tinder)"

16. e하모니의 "회사소개" 부분, www.eharmony.com/about/eharmony/.

17. 오브라이언, "81세의 e하모니 창업자가 말하는 동성 결혼과 틴더"

18. 핀켈 외의 "온라인 데이팅"에 인용, p. 21.

19. 계급과 비만의 부정적 상관관계를 참고하려면; "사회경제학과 비만(Socioeconomics and Obesity)". 미국의 치과 치료 불평등 관련은(미국인 1억 1,400명이 치과 보험이 없다)을 참고하려면; 개프니(Gaffney), "미국 치과 치료 불평등의 엄청나게 파괴적인 영향(Devastating Effects of Dental Inequality in America)"

20. 래드포드(Radford), "유혹의 과학은 과연 사기인가?(Sweet Science of Seduction or Scam?)"

21. 핀켈 외, "온라인 데이팅," p. 25.

22. 파블로(Pavlo), "미국 교회에서 성행하는 교묘한 사기(Fraud Thriving in US Churches but You Wouldn't Know It)". 종교 판매로 높은 수익을 올리는 흥미로운 이야기는 2015년 8월 16일에 방영된 HBO의 〈존 올리버의 라스트 위크 투나잇(Last Week Tonight with John Oliver)의 "영원한 세금 공제의 성모(Our Lady of Perpetual Exemption)" 에피소드 참고.

23. 핀켈 외, "온라인 데이팅," p. 11.

24. 세일즈(Sales), "틴더와 '데이팅 아포칼립스'의 도래(Tinder and the Dawn of the 'Dating Apocalypse')"

25. 2016년 10월 21일에 방영된 〈블랙 미러〉 3번째 시즌의 첫 번째 에피소드 "추락 (Nosedive)".

26. 신디 R. 섬터(Sindy R. Sumter), 로라 반덴보쉬(Laura Vandenbosch), 로이스 리그텐버그(Loes Ligtenberg), "러브 미 틴더(Love me Tinder)", p. 67.

27. 메이슨(Mason), "틴더와 인도주의 훅업(Tinder and Humanitarian Hook-Ups)", p.

824.

28. 킴(Kim), "틴더를 소유한 데이팅 서비스 기업이 돈을 버는 방법(Here's How the Dating Service Company That Owns Tinder Makes Money)"

29. 로이터, "유료 이용자의 증가로 틴더의 매치 그룹 수익도 증가(Match Group Revenue Up as Tinder Attracts More Paid Users)"

30. "틴더의 온라인-스와이프를 소개하다(Introducing Tinder Online-Swipe Anywhere)"

31. 일루즈, 《사랑은 왜 불안한가》

32. 쿠(Khoo), "틴더, 아시아 여성에게 인종차별 발언한 남성 평생 이용 금지(Tinder Issues Lifetime Ban to Man Who Hurled Racist Slurs at Asian Woman)"

33. 메이슨, "틴더와 인도주의 혹업", p. 828.

34. 쇼, "왜 썹어?(Bitch I Said Hi)", pp. 4 - 5.

35. 프랭클(Frankel), "휘트니 울프(Whitney Wolfe)"

36. 범블에서는 동성 커플일 경우 먼저 연락할 수 있는 쪽을 정해준다.

37. 테퍼(Tepper), "더욱 효율적인 매칭을 도와주는 유료 기능으로 마침내 수익을 올리기 시작한 범블(Bumble Is Finally Monetizing with Paid Features to Better Help You Find a Match)"

38. 이 계층에 관한 더 자세한 분석은 알름(Ahlm)의 "존경스러운 문란함(Respectable Promiscuity)"을 참고.

39. 페이스북의 "그라인더의 쓰레기들(Douchebags of Grindr)", www.facebook.com/DouchebagsOfGrindr/, www.douchebagsofgrindr.com/2017/06/douche-extreme/.

40. 제인(Zane), "힘든 사랑(Tough Love)"

41. 브루베이커(Brubaker), 아난니(Ananny), 크로포드(Crawford), "그라인더 떠나기(Departing Glances)"

42. 유크나비치(Yuknavitch), 《조안의 책》.

43. 라피도트-레플러(Lapidot-Lefler)와 버락(Barak)의 "익명성과 불가시성, 시선 맞춤의 부재가 해로운 온라인 탈억제에 끼치는 영향(Effects of Anonymity, Invisibility, and Lack of Eye-Contact on Toxic Online Disinhibition)" 참고. 저널리즘의 관점은 메이프스(Mapes) "익명성이 이중성격 지대를 열다(Anonymity Opens Up Split

Personality Zone)" 참고.

44. 드레지(Dredge), "보고서에 따르면 데이팅 앱 틴더 사용자의 42퍼센트가 이미 파트너가 있다고 나타나(42% of People Using Dating App Tinder Already Have a Partner, Claims Report)"

45. "노엘 비더먼(Noel Biderman)" 참고. 루커슨(Luckerson)의 "가장 논란 많은 슈퍼볼 광고 13(13 Most Controversial Super Bowl Ads Ever)"

46. 휘티(Whitty), "온라인 로맨스 사기 분석(Anatomy of the Online Dating Romance Scam)", p. 443.

47. 에드워즈(Edwards) 외의 "데이트 폭력, 성폭력, 원치 않는 접근 피해(Physical Dating Violence, Sexual Violence and Unwanted Pursuit Victimization)"

48. 반구조적 인터뷰였지만 인터뷰 대상자들이 적합하다고 생각하는 방향으로 나아가도록 허용했다. 인터뷰가 진행되는 동안 녹음은 하지 않고 메모만 했다.

49. 흥미롭게도 내가 인터뷰한 사람들 가운데 동성 파트너를 찾는 사람들은 스스로 '100퍼센트' 게이나 레즈비언이라고 하지 않고 '주로 동성애자'라는 표현을 사용했다.

50. 오핀보프(Aughinbaugh), 로블즈(Robles), 선(Sun), "결혼과 이혼(Marriage and Divorce)" 참고.

51. 인터뷰 대상자들은 틴더와 그라인더, 범블, 힌지(Hinge), 매치, 제이데이트 (JDate), 스크러프(Scruff)를 이용했다. 흥미롭게도 e하모니 사용자는 한 명도 없었는데, 기독교 신자인 창업자의 근본주의적 사상 때문인 듯했다. 인터뷰 대상자 가운데 기독교 신자라고 밝힌 사람은 없었고(두 명은 유대인) 대부분은 무신론자 또는 불가지론자였다.

52. 그린우드(Greenwood), 페린(Perrin), 더건(Duggan), "2016 소셜 미디어 업데이트 Social Media Update 2016)"

53. 페레즈(Perez), "미국 소비자들의 모바일 기기 사용 시간은 하루 5시간(U.S. Consumers Now Spend 5 Hours per Day on Mobile Devices)"

54. 펫라이프(FetLife)는 웹사이트 설명에 따르면 "BDSM, 페티시 & 변태 커뮤니티를 위한 소셜 네트워크"다. http: fetlife.com.

55. "2017년 미국의 미혼자 수(Singles in America 2017)"

56. 상게서.

57. 스테버먼(Steverman), "연구 결과 미국인은 유럽인보다 일하는 시간이 25% 이상 더 많다(Americans Work 25% More Than Europeans, Study Finds)"

58. 챈들러(Chandler), 먼데이(Munday), 《소셜 미디어 사전(Dictionary of Social Media)》

59. 빌하우어(Vilhauer), "잠수가 아픈 이유(This Is Why Ghosting Hurts So Much)"

60. 슈워츠(Schwartz), 《선택의 패러독스(Paradox of Choice)》

3장 결혼해줄래요?

1. 배그(Bagg), "이것이야말로 세상에서 가장 큰 정성이 들어간 프러포즈(Go Home, Everyone)"

2. 《소설 주인공들은 어떻게 프러포즈하고 답하는가(How Heroes of Fiction Propose and How Heroines Reply)》, p. 3.

3. "왜 여자가 남자에게 프러포즈하지 않는가?(Why Don't Women Propose to Men?)"

4. 로저(Roser), 오티즈-오스피나(Ortiz-Ospina), "읽고 쓰기 능력(Literacy)."

5. 상게서. 현재 PDF로 이용 가능해 '다이아몬드'나 '다이아몬드 반지', '반지', '무릎', '무릎 꿇다' 같은 단어를 쉽게 검색할 수 있다.

6. 쿤츠(Coontz), 《결혼, 하나의 역사(Marriage, a History)》, p. 3.

7. 뒤르켐(Durkheim), 《종교 생활의 기초적 형태(Elementary Forms of Religious Life)》

8. 프리드먼(Friedman), "다이아몬드 약혼반지를 탄생시킨 광고(How an Ad Campaign Invented the Diamond Engagement Ring)"

9. 오트네스(Otnes), 플렉(Pleck), 《신데렐라 드림(Cinderella Dreams)》, pp. 65 – 66.

10. 남성들이 다이아몬드 반지에 쓰는 돈은 평균 두 달 월급보다는 적고 한 달 월급보다는 많은 4천 달러로 광고가 실제로 금액에 영향을 끼쳤음을 보여준다.

11. 다르(Dhar), "다이아몬드는 헛짓거리다(Diamonds Are Bullshit)"

12. 로이터, "더 낫과 웨딩채널이 공개한 2011년 약혼 & 보석 관련 통계(2011 Engagement & Jewelry Statistics Released by TheKnot.com & WeddingChannel.com)"

13. 콜리(Cawley), "드비어스의 신화(DeBeers Myth)"

14. 슈바인그루버(Schweingruber), 캐스트(Cast), 아나히타(Anahita), "이야기와 반지(A Story and a Ring)", p. 169.

15. 반지의 평균 가격을 살펴보는 연구가 많다. 예를 들어 신혼부부 보고서(The Newlywed Report)에 따르면 반지의 가격은 평균 4,758달러, 더 낫의 조사에 따른 평균 가격은 5,978달러다. 데이츠(Deitz), "약혼반지의 평균 가격(This Is the Average Cost of an Engagement Ring)". 버나드(Bernard)의 "약혼반지는 사랑과 돈의 현실이 만나는 곳(With Engagement Rings Love Meets Budget)"

16. 창세기 34:12, 바이블 허브(Bible Hub), http://biblehub.com/genesis/34 − 2. htm.

17. 젤리저(Zelizer), 《친밀성의 거래》, p. 40.

18. 드보르(Debord), 《스펙타클의 사회》, p. 153.

19. 반니니(Vannini), "결혼해주겠어?(Will You Marry Me?)", pp. 175 − 176.

20. 캐서린 컨스터블(Catherine Constable)이 《철학의 적응(Adapting Philosophy)》에서 설명한 것처럼 〈매트릭스〉는 장 보드리야르(Jean Baudrillard)의 연구에 큰 영향을 받았다.

21. 반니니, "나와 결혼해주겠어?", p. 182.

22. 더닝(Dunning), "프러포즈가 마음에 안 드는 여성은 4명 중 1명(1 in 4 Women Disliked Their Marriage Proposals)"

23. 돌(Doll), "결혼식보다 더 돈이 많이 드는 프러포즈(When the Proposal Costs More Than a Wedding)"

24. "결혼 프러포즈 패키지(Marriage Proposal Packages)"

25. "보스턴 프러포즈 아이디어(Boston Marriage Proposal Ideas)"

26. "21 Epic Same−Sex Wedding Proposals That Will Make You Cry" 영상.

27. 레베카 A. 워커(Rebecca A. Walker), "플래시몹의 역사(Fill/Flash/Memory)", p. 118.

28. 보스턴, 필라델피아, 타코마, 캐나다 리치먼드의 결혼박람회에서 2014년에 실시한 현장연구 기록.

29. "Greatest Marriage Proposal EVER!!!" 영상.

30. "Matt and Ginny on Ellen" 영상.

31. "Making the Movies Jealous" 영상.

32. "Aussie Guy Proposes to Girlfriend in Packed Cinema" 영상.

33. "2015 최고의 프러포즈(Best Marriage Proposal of 2015)"

34. "사랑스러운 피터팬 프러포즈(Sweetest Peter Pan Marriage Proposal)"

35. "Her Fantasy Proposal That Exceeded Her Expectations" 영상; "Wedding Proposal That Will Leave You Breathless" 영상.

36. "Isaac's Live Lip Dub Proposal" 영상. 흥미롭게도 영상의 모든 출연자가 한눈에 도 유대인처럼 보인다. 그래서 배경음악의 가사 "Is it the look in your eyes / Or is it this dancing juice?"가 흘러나올 때 술기운을 뜻하는 'dancing juice'의 발 음이 '춤추는 유대인들(dancing Jews)과 똑같아 네티즌들이 농담을 하기도 했다.

37. "He Loved Her since They Were 10" 영상.

38. "AMAZING!!!" 영상.

39. 가장 인기 많은 남성 동성애자의 영상은 조회수 1,300만인 반면 가장 인기 많은 여성 동성애자의 영상은 700만이다. "Cutest Lesbian Proposal EVER!" 영상과 "Spenser's Home Depot Marriage Proposal" 영상 참고.

40. 힘멜스타인(Himmelstein), 브룩크너(Bruckner), "비이성애자 청소년에게 제재를 가하는 사법부와 학교(Criminal-Justice and School Sanctions against Nonheterosexual Youth)"

41. 유튜브 해설이라는 장르의 분위기를 살리기 위해 표현이나 철자를 고치지 않고 그대로 실었다.

42. "가장 조회수 높은 실패한 프러포즈 5편"

43. 베스트(Best), 《프롬 나이트(Prom Night)》

44. "실용적인 돈 관련 기술(Practical Money Skills for Life)"

45. 리처드슨(Richardson), "프롬포즈(The Promposal)," p. 83.

46. 여학생이 청하고 남학생이 답하는 경우의 유일한 사례로 한 여학생이 남학생에 게 프롬에 가자고 청하는 경우가 있었다. 하지만 여학생이 치어리더라 '여성적인' 지위가 확고히 자리 잡혀 있다는 사실을 주목해야 한다. 또한 둘 다 백인이고 프 롬포즈가 연습 시간 동안 이루어진 것으로 보아 코치들의 전폭적인 지지도 있었 다. "Becky G. Plans the Perfect Cheer #Promposal-Ep. 2" 영상.

47. "Cutest Promposal!" 영상.

48. "A Just Incredible Promposal" 영상.

49. "Most Epic Prom Proposal" 영상.

50. 템페스타(Tempesta), "프롬포즈가 통제 가능 수준을 벗어났다는 증거(Proof That Promposals Are TOTALLY out of Control)"

51. 창(Chang), 맥아피(McAfee), 에프론(Effron), "프롬 파트너를 구하고 '좋아요'를 얻기 위해 화려한 '프롬포즈'를 준비하는 10대들(Teens Stage Elaborate 'Promposals' to Score Dates, Social Media 'Likes.')"

52. "Daniels PromPosal" 영상.

53. "Daniels PromPosal Parody" 영상.

54. 바바(Bhabha)의 "모방과 인간에 대하여(Of Mimicry and Man)"와 보임(Boym)의 "'악의 평범성', 모방, 소비에트 주체('Banality of Evil,' Mimicry, and the Soviet Subject)" 참고.

55. 에드워즈(Edwards), "유튜브 스타로 억대 수입을 올리고도 가난할 수 있다(Yes, You Can Make Six Figures as a YouTube Star . . . and Still End Up Poor)"

56. "Justin and Emily" 영상.

57. 릭 포터(Rick Porter), "월요일의 최종 시청률(Monday Final Ratings)"

58. "Surprise Ending" 영상.

59. "Prom Flashmob with Becky G! #Promposals Ep. 1" 영상; "Becky G Plans the Perfect Cheer #Promposal—Ep. 2" 영상.

60. Patten and Parker, "A Gender Reversal on Career Aspirations."

61. "Jamin's Downtown Disney Flashmob Proposal" 영상.

62. "Chicago Bulls Luvabull Cheerleader Surprised with Marriage Proposal during Bulls/Heat Game" 영상.

63. "A Very Sweet Proposal" 영상.

4장 순백의 결혼식

이 장의 내용은 2016년 여름에 발행된 〈QED: GLBTQ 월드메이킹 저널(QED: A Journal of GLBTQ Worldmaking)〉(vol. 3, no. 2)에 실린 바 있다.

1. 잉라함(Ingraham), 《화이트 웨딩(White Weddings)》, pp. 12 – 14.

2. 에시그, "미국에서 동화 같은 왕실의 결혼식이 현실과 부딪히다(In the US, Fairy-

Tale Royal Weddings Clash with Reality)"

3. 켈리(Kelly), "2018년 영국 왕실 결혼식을 지켜본 사람들의 숫자(Royal Wedding 2018 Viewing Figures)"

4. "왕실 결혼식을 지켜보다(Royal Wedding Watch)"

5. "밤샘 야영, 티아라, 눈물 그리고 100만 군중이 함께한 윌리엄과 케이트의 결혼 (Tents, Tiaras and a Few Tears as a Million Turn Out for Wills and Kate)"

6. "아이들의 결혼 꿈이 이루어지다(Children's Wedding Dream Comes True)"

7. "브라이덜 매거진 걸(Bridal Magazine Girl)"

8. http://itunes.apple.com/us/app/white-wedding/id422241465?mt=8.

9. "영국의 브라이드질라(Bridezilla Britain)"

10. 빅토리아 여왕의 인용문 참고, www.biographyonline.net/royalty/quotes/ queen-victoria-quotes.html.

11. "빅토리아 여왕의 결혼식(Queen Victoria Wedding)"

12. 벤저민(Benjamin), "미국의 로열 웨딩(America's Royal Wedding)"

13. 오트네스, 플렉, 《신데렐라 드림》

14. 상게서.

15. 프레슬리(Pressly), "중국의 급증하는 결혼식 비용(Cost of Weddings Spirals in China)"

16. 웨딩드레스는 모든 옷과 마찬가지로 환경과 노동자들에게 해로운 방법을 거쳐 만들어지는 경우가 많다. 최근에 공정무역 웨딩드레스 제품을 입자는 운동이 일어났다. 아이젠하트(Eisenhart)의, "공정무역 웨딩드레스(Fair Trade Wedding Dresses)" 참고. 분쟁 지역의 다이아몬드 생산과 무역의 조건도 '피의 다이아몬드'라는 말이 생겨날 정도로 열악하다. 업계에서는 전쟁 자금원이 되는 다이아몬드의 유통을 막고자 '킴벌리 프로세스(Kimberly Process)'를 결성했지만 허술한 점이 많다. 분쟁 지역이 아닌 곳에서 생산된 다이아몬드라도 생명을 위협하는 혹독한 환경에서 어린아이들에 의해 채굴되는 경우가 많기 때문이다. 베이커(Baker), "블러드 다이아몬드에 반대하는 싸움은 계속된다(The Fight against Blood Diamonds Continues)"

17. 오트네스, 플렉, 《신데렐라 드림》

18. 시버(Seaver), "미국의 결혼식 평균 비용은 33,391달러(The National Average Cost of a Wedding is $33,391)"

19. 보케(Bourque), "3천억 달러의 결혼 시장에서 큰 수익을 올리는 테크놀로지 (Technology Profit and Pivots in the $300 Billion Wedding Space)"

20. 칼라 프리드(Carla Fried), "로열 웨딩: 얼마나 들까?(The Royal Wedding: What Will It Cost?)"

21. 2011년 4월에 발간된 특집호 잡지 〈세기의 결혼식, 로열 스캔들, 충격적인 일들 (Wedding of the Century, Royal Scandals and Shockers)〉이나 〈윌리엄과 케이트: 로 열 웨딩(William and Kate: The Royal Wedding)〉 참고. 그밖에도 〈Us〉, 〈피플〉, 다수 의 주류 신문사들의 기사, 마코시아 엔터프라이즈(Markosia Enterprises Ltd.)가 발 행한 만화책 등에 모두 비슷한 내용이 실렸다.

22. 아메드(Ahmed), "순백의 현상학(A Phenomenology of Whiteness)"

23. 왕실의 이런저런 사건들에도 영국의 군주제 지지도는 여전히 매우 높은 편이다 (70퍼센트 이상). "군주제/왕족 트렌드(Monarchy/Royal Family Trends)"

24. 그라이스(Grice)의 "여론조사 결과 군주제 지지율 크게 올라(Polls Reveal Big Rise in Support for Monarchy)" 참고.

25. 배젓(Bagehot), "왕족을 해방하라(Set the Royal Family Free)"

26. CIA의 "월드 팩트북(World Factbook)" 참고.

27. 톰 클라크(Tom Clark), "가디언/ICM 여론조사에서 나온 최고 수준의 왕실 지지도 를 기뻐하는 여왕(Queen Enjoys Record Support in Guardian/ICM Poll)"

28. 잉라함, 《순백의 결혼식》, p. 188.

29. "군주제의 마법(Magic of the Monarchy)"

30. 뒤르켐, 《사회의 노동분업에 관하여(Emile Durkheim on the Division of Labor in Society)》, pp. 79 - 80.

31. 로젠버그(Rosenberg), "행복의 경제학(Economics of Happiness)"

32. 마크 필립스(Mark Phillips), "영국 경제에 약 500억 달러의 비용을 발생시킨 로열 웨딩(Royal Wedding Could Cost UK Economy $50 Billion)"

33. 캘리포니아 대학교 산타 크루즈 캠퍼스의 웹페이지 "누가 미국을 지배하는가 (Who Rules America)" 참고. http://sociology.ucsc.edu/whorulesamerica/

power/wealth.html.

34. 스티글리츠(Stiglitz), "상위 1퍼센트의, 상위 1퍼센트에 의한, 상위 1퍼센트를 위한(Of the 1%, by the 1%, for the 1%)"

35. www.eonline.com/on/shows/bridalplasty/index.html. 멜란더-데이턴(Melander-Dayton)의 "신부 성형 수술(Bridalplasty)" 참고.

36. 소렌(Sorren), "킴 카다시안과 크리스 험프리스의 결혼식에서 나타난 파경 신호 14가지(14 Times During Kim Kardashian & Kris Humphries' Wedding You Could Tell They Were Doomed)"

37. 포우스(Pous), "스타의 가장 짧았던 결혼 생활 10(Top Ten Short-Lived Celebrity Marriages)"

38. 에드워드-존스(Edward-Jones)의, "신부와 우울함(Bride and Gloom)" 참고.

5장 허니문

1. 오트네스, 플렉, 《신데렐라 드림》, pp. 18, 267 - 268.

2. "2017 신혼부부 보고서(2017 Newlywed Report)"

3. 캐설리(Casserly), "결혼 준비가 업무가 될 때(When Wedding Planning Becomes a Full-Time Job)"

4. 제시(Jessee), "당신은 디즈니 공주 중 누구인가?(Your Inner Disney Princess?)"

5. 로메인(Romeyn), "2017년 인기 신혼여행지 100(Top 100 Honeymoon Destinations for 2017)"

6. 리프-맥그로(Lippe-McGraw), "결혼식 올리기 전에 '얼리문' 떠나는 커플들 늘어나(Yes Couples Are Now Taking 'Earlymoons' before Their Weddings)"

7. 로초트(Rochotte), "인게이지먼트문(Engagementmoon)"

8. 사도네(Sardone), "결혼식 통계, 허니문 관련 사실과 수치(Wedding Statistics and Honeymoon Facts and Figures)"

9. 사이크스(Sykes), "윌리엄과 케이트의 신혼여행 사진 공개(William and Kate Honeymoon Photos Published)"

10. "2017 신혼부부 보고서", p. 17.

11. 가랜드(Garland), "휴가에 시간은 더 적게, 돈은 더 많이 쓰는 미국인들(Americans

Spending Less Time, More Money on Vacation)"

12. "세계의 관광산업—통계와 사실(Global Travel and Tourism Industry—statistics and Facts)"

13. 포스터(Foster), "결혼식 이후에 찾아온 우울감?(Deflated after the Big Day?)"

14. 사도네, "결혼식 통계, 허니문 관련 사실과 수치"

15. 벌크로프(Bulcroff) 외, "1880~1995년 북아메리카 허니문의 사회적 구성(Social Construction of the North American Honeymoon, 1880 - 1995)", pp. 467 - 468.

16. 스토프스(Stopes)의 《부부의 사랑(Married Love)》 또는 러셀(Russell)의 《히파티아(Hypatia)》.

17. 오트네스, 플랙, 《신데렐라 드림》, pp. 135, 139.

18. "나이아가라 폭포(Niagara Falls)"

19. 더빈스키(Dubinsky), 《두 번째로 큰 실망(Second Greatest Disappointment)》, p. 155.

20. 오트네스, 플랙, 《신데렐라 드림》, p. 142.

21. 상게서, pp. 141 - 142.

22. 상게서, p. 143.

23. 벌크로프 외, "1880-1995년 북아메리카 허니문의 사회적 구성", p. 483.

24. "디즈니의 허니문(Disney's Honeymoons)"

25. 오트네스, 플랙, 《신데렐라 드림》, pp. 155 - 156.

26. 모든 가격은 월트 디즈니 월드 웹사이트 참고, https://disneyworld.disney.go.com.

27. "간단 정보(Fast Facts)", 디즈니의 웨딩 웹사이트에 따르면 지난 25년 동안 디즈니에서 결혼식을 올린 커플은 5만 쌍이 넘는다.

28. 2000년에는 전체 결혼식의 11퍼센트가 데스티네이션 웨딩이었다. 오트네스, 플랙, 《신데렐라 드림》, p. 158. 오늘날에는 25퍼센트에 이른다. 사도네, "결혼식 통계, 허니문 관련 사실과 수치"

29. 사도네, "결혼식 통계, 허니문 관련 사실과 수치"

30. 보드리야르, 《장 보드리야르》, pp. 166 - 170.

31. 쿠엔즈(Kuenz) 외, 《인사이드 더 마우스(Inside the Mouse)》.

32. 마린(Marin), 《유토픽스(Utopics)》, p. 241.

33. 링건(Lingan), "Bristling Dixie"

34. 스퍼브(Sperb), "찡그린 얼굴을 거꾸로 뒤집다(Take a Frown, Turn It Upside Down)", p. 936.

35. 볼드윈(Baldwin), 《제임스 볼드윈(James Baldwin)》, p. 722.

36. 번스타인(Bernstein), 《인종 순수(Racial Innocence)》

37. 리카 휴스턴(Rika Houston), 밈버(Meamber), "'세계'를 소비하다(Consuming the 'World'", pp. 179 - 180.

38. 예를 들어 놀이기구 '잇츠 어 스몰 월드(It's a Small World)'는 세계 문화가 고정관념뿐만 아니라 이미 안전하게 제거된 상상의 과거에 휘말리게 한다. 바버(Baber), 스피커드(Spickard), "문화 만들기(Crafting Culture)," p. 227.

39. 에버 애프터 블로그(Ever after Blog)

40. 신혼부부들이 귀 모양 액세서리를 착용하는 현상을 지적해준 조지아 에시그(Georgia Essig)에게 고마움을 전한다.

41. 샬머스(Chalmers), "위대한 미국 여권 신화(Great American Passport Myth)"

42. 킨케이드, 《에로틱 순수(Erotic Innocence)》, p. 52.

43. 블랭크(Blank), 《처녀(Virgin)》, pp. 193 - 196.

44. 번스타인, 《인종 순수(Racial Innocence)》, pp. 41 - 42.

45. 어비나(Urbina), "기후변화로 해안가의 부동산이 늪지로 바뀔 수 있다(Perils of Climate Change Could Swamp Coastal Real Estate)"

46. 월러스 웰즈(Wallace-Wells), "사람이 살 수 없는 지구(Uninhabitable Earth)"

47. 바(Barr), 말릭(Malik), "폭로(Revealed)"

48. 굿노프(Goodnough), "과거를 비추는 도시를 설계해 파는 디즈니(Disney Is Selling a Town It Built to Reflect the Past)"

결론

1. 삭스(Sachs), "미국인의 행복 되찾기(Restoring American Happiness)" pp. 181 - 182.

2. 상게 논문, p. 183.

3. 키멀(Kimmel), "커뮤니티의 역사(Community in History)" pp. 37 - 38. TV가 교외의 탄생에 어떤 역할을 했는지 더 자세히 알려면 스피겔(Spigel)의 《웰컴 투 더 드림

하우스(Welcome to the Dreamhouse)》 참고.

4. 이성애자와 백인, 핵가족이 교외에 집중되고 도시에는 동성애자와 비백인이 늘어나는 데 국가의 정책이 한몫했다는 사실을 알아보려면 하워드(Howard)의 "'가족 친화적' 대도시 구축(Building a 'Family-Friendly' Metropolis)" 참고.

5. "다세대 가정이 돌아오다(The Return of the Multi-Generational Family Household)"

6. 베스파(Vespa), 루이스(Lewis), 크레이더(Kreider), "미국의 가족과 동거 형태: 2012년(America's Families and Living Arrangements: 2012)", p. 1. 드파울로(DePaulo)의 "미국은 더 이상 핵가족 국가가 아니다(America Is no Longer a Nation of Nuclear Families)"도 참고.

7. 예를 들어 브리짓 버거(Brigitte Berger)는 핵가족이 몇백 년 동안 아이 양육의 주요 장소였으며 아이들에게 주는 장점뿐 아니라 모두를 위한 기회와 행복을 줌으로써 사회에 안정감을 제공하므로 앞으로도 계속될 것이라고 주장한다.《근대의 가족(Family in the Modern Age)》

8. 핸체트(Hanchett), "교외 자금 조달(Financing Suburbia)" p. 312.

9. 울핑거(Wolfinger), "모든 미국인을 위한 아메리칸 드림(The American Dream—For All Americans)", p. 432.

10. 로이디거(Roediger)의《백인성을 향한 노력(Working toward Whiteness)》

11. 하워드, "'가족 친화적' 대도시 구축". p. 938.

12. 스피겔(Spigel),《웰컴 투 더 드림하우스》, pp. 31 – 32.

13. 민츠(Mintz), 켈로그(Kellogg),《가정 혁명(Domestic Revolutions)》, p. 178.

14. 투시(Toossi), "변화의 세기(A Century of Change)" p. 22.

15. 데실버(Desilver), "몇십 년 동안 계속 오름세였던 미국의 소득 불평등 1928년 이후 최고치 기록(U.S. Income Inequality, on Rise for Decades, Is Now Highest since 1928)"

16. 베셀리노프(Vesselinov), 르 고이(Le Goix), "말뚝 울타리에서 철문으로(From Picket Fences to Iron Gates)", p. 207.

17. 로우(Low), "백인성의 유지(Maintaining Whiteness)" p. 87.

18. 벤저민,《화이토피아를 찾아서(Searching for Whitopia)》, 101.

19. 상게서. 4661.

20. 바나스체(Vanassche), 스위스굿(Swicegood), 매트히스(Matthijs), "결혼과 자녀가 행복의 열쇠인가?(Marriage and Children as Key to Happiness?)"

21. 삭스, "미국인의 행복 되찾기"

22. "과거의 모습으로 지어진 디즈니의 미래 도시가 현재에 대해 알려주는 것(What Disney's City of the Future, Built to Look like the Past, Says about the Present)"

23. 번스(Byrnes), "마이클 베이루트는 플로리다주 셀레브레이션을 어떻게 브랜드화 했는가(How Michael Bierut Branded Celebration, Florida)"

24. 굿노프, "과거를 비추는 도시를 설계해 파는 디즈니"

25. 피킹턴, "셀레브레이션에서 죽어버린 디즈니의 꿈(How the Disney Dream Died in Celebration)"

26. "CDP(인구조사지정구역) 플로리다주 셀레브레이션"

27. 유튜브 www.youtube.com/watch?v=87LGmm1M5Is에서 감상 가능.

28. 베즈데크니(Bezdecny), "중앙 플로리다의 균등하지 못한 지리적 발달 이매지니어링(Imagineering Uneven Geographical Development in Central Florida)" p. 336.

29. 시버(Seaver), "가장 기분 좋은 풍경을 제공한 레즈비언 합동결혼식과 리마인드 웨딩(This Mass Lesbian Wedding and Vow Renewal Is the Most Joyful Thing We've Seen)"

30. 필리포비치(Filipovic), 《H 스폿(The H-Spot)》, p. 144.

31. 브라이드 프라이드 주최자 볼드윈과 미트닉이 2017년 12월에 보낸 이메일에서.

32. 솔닛(Solnit), 《어둠 속의 희망》, p. 4.

참고문헌

- "21 Epic Same-Sex Wedding Proposals That Will Make You Cry." 2014. www. youtube.com/watch?v=rkSQaCo0WXI.
- "The 365 Day Proposal." n.d. www.youtube.com/watch?v=ECRqF4BHkGk.
- "2017 Newlywed Report." Wedding Wire, 2017. http://publications.weddingwire. com/i/795912-weddingwire-2017-newlywed-report/2.
- Abrams, Rachel. "Sex Toy Shops Prepare for Tie-Ins to 'Fifty Shades of Grey.'" New York Times, February 1, 2015. Media sec. www.nytimes.com/2015/02/02/ business/media/50-shades-of-green-shops-prepare-for-tie-ins-to-fi ftyshades-of-grey-film.html.
- Adams-Campbell, Melissa M. New World Courtships: Transatlantic Alternatives to Companionate Marriage. Hanover, NH: Dartmouth College Press, 2015.
- Ahlm, Jody. "Respectable Promiscuity: Digital Cruising in an Era of Queer Liberalism." Sexualities 20, no. 3 (March 1, 2017): 364–79. https://doi. org/10.1177/1363460716665783.
- Ahmed, Sara. "A Phenomenology of Whiteness." Feminist Theory 8, no. 2(August 1, 2007): 149–68. https://doi.org/10.1177/1464700107078139.
- "AMAZING!!!— Pitch Perfect Proposal." September 6, 2014. www.youtube.com/ watch?v=0jk8hnZTDhU.
- Anderson, L. V. "J. K. Rowling Is Wrong: Harry Potter Should Not Have Ended Up with Hermione." Slate, February 3, 2014. www.slate.com/blogs/ browbeat/2014/02/03/j_k_rowling_says_harry_should_have_ended_up_with_ hermione_j_k_rowling_is.html.
- "Annual Earnings of Young Adults." National Center for Education Statistics, April 2017. https://nces.ed.gov/programs/coe/indicator_cba.asp.
- Aughinbaugh, Alison, Omar Robles, and Hugette Sun. "Marriage and Divorce: Patterns by Gender, Race, and Educational Attainment." Monthly Labor Review, US Bureau of Labor Statistics. October 2013. www.bls.gov/opub/mlr/2013/

article/marriage-and-divorce-patterns-by-gender-race-andeducational-attainment-1.htm.

- "Aussie Guy Proposes to Girlfriend in Packed Cinema: Best Wedding Proposal EVER!" January 18, 2015. www.youtube.com/watch?v=zcQZzYecaJg.
- Baber, Katherine, and James Spickard. "Crafting Culture: 'Tradition,' Art, and Music in Disney's 'It's a Small World.'" Journal of Popular Culture 48, no. 2 (April 1, 2015): 225–39. https://doi.org/10.1111/jpcu.12253.
- Bagehot. "Set the Royal Family Free." Economist, April 20, 2011. www.economist.com/blogs/bagehot/2011/04/british_monarchy.
- Bagg, Allison. "Go Home, Everyone, This Is The Most Elaborate Marriage Proposal Ever." BuzzFeed. 2017년 11월 2일 검색. www.buzzfeed.com/abagg/this-insan-marriage-proposal-is-basically-an-episode-of-gle.
- Baldwin, James. James Baldwin: Collected Essays. Edited by Toni Morrison. New York: Library of America, 1998.
- Baker, Aryn. "The Fight against Blood Diamonds Continues." Time, August 27, 2015. http://time.com/blood-diamonds/.
- Balk, Gene. "As Seattle Incomes Soar, Gap Grows between Rich and Poor." Seattle Times, October 6, 2014. http://blogs.seattletimes.com/fyi-guy/2014/10/06/as-seattle-incomes-soar-gap-grows-between-rich-and-poor/. "Census: Seattle Saw Steepest Rent Hike among Major U.S. Cities." Seattle Times, September 18, 2014. http://blogs.seattletimes.com/fyi-guy/2014/09/18/census-seattle-saw-steepest-rent-hike-among-major-u-s-cities/.
- Barr, Caelainn, and Shiv Malik. "Revealed: The 30-Year Economic Betrayal Dragging down Generation Y's Income." Guardian, March 7, 2016. News sec. www.theguardian.com/world/2016/mar/07/revealed-30-year-economicbetrayal-dragging-down-generation-y-income.
- Baudrillard, Jean. Jean Baudrillard: Selected Writings, edited by Mark Poster. Stanford, CA: Stanford University Press, 1988.
- Baumgardner, Jennifer, and Amy Richards. Manifesta: Young Women, Feminism, and the Future. New York: Macmillan, 2000.
- Bazelon, Emily. "Marriage of Convenience." New York Times Magazine, February 1, 2015.
- "Becky G Plans the Perfect Cheer #Promposal—p. 2." April 26, 2014. www.youtube.

com/watch?v=2cFwfCy4w9Y.

- Benjamin, Melanie. "America's Royal Wedding: General and Mrs. Tom Thumb." Huffington Post, April 19, 2011. www. Huffingtonpost.com/melanibenjamin/royal-wedding_b_850540.html.
- Benjamin, Rich. Searching for Whitopia: An Improbable Journey to the Heart of White America. New York: Hyperion, 2009. Kindle.
- Berger, Brigitte. The Family in the Modern Age: More Than a Lifestyle Choice. New New York: Routledge, 2002.
- Berlant, Lauren. Cruel Optimism. Durham, NC: Duke University Press, 2011.
- Bernard, Tara Siegel. "With Engagement Rings Love Meets Budget." New York Times, January 31, 2014. www.nytimes.com/2014/02/01/your-money/with-engagement-rings-love-meets-budget.html.
- Bernstein, Robin. Racial Innocence: Performing American Childhood from Slavery to Civil Rights. New York: New York University Press, 2011.
- Best, Amy L. Prom Night: Youth, Schools and Popular Culture. New York: Routledge, 2000.
- "Best Marriage Proposal of 2015 (Warning Will Make You Cry!)—65 Day Proposal." January 18, 2015. www.youtube.com/watch?v=ECRqF4BHkGk.
- Bezdecny, Kris. "Imagineering Uneven Geographical Development in Central Florida." Geographical Review 105, no. 3 (July 2015): 324–43.
- Bhabha, Homi. "Of Mimicry and Man: The Ambivalence of Colonial Discourse." October 28 (1984): 125–33. https://doi.org/10.2307/778467.
- Blank, Hanne. Virgin: The Untouched History. New York: Bloomsbury USA, 2007.
- Borgia, Danielle N. "Twilight: The Glamorization of Abuse, Codependency, and White Privilege." Journal of Popular Culture 47, no. 1 (February 1, 2014): 153–73. https://doi.org/10.1111/j.1540-5931.2011.00872.x.
- "Boston Marriage Proposal Ideas." The Heart Bandits. 2017년 11월 2일 검색. www.theheartbandits.com/boston-proposal-ideas.html.
- Bourdieu, Pierre. 《구별짓기 상, 하(2019년 세물결 발간)》
- Bourque, Andre. "Technology Profit and Pivots in the $300 Billion Wedding Space." Huffington Post (blog), May 2, 2015. www.huffingtonpost.com/andrebourque/technology-profit-and-piv_b_7193112.html.
- "Box Office History for Twilight Movies." The Numbers. 2017년 11월 1일 검색.

www.the-numbers.com/movies/franchise/Twilight#tab=summary.

- Boym, Svetlana. " 'Banality of Evil,' Mimicry, and the Soviet Subject: Varlam Shalamov and Hannah Arendt." Slavic Review 67, no. 2 (2008): 342–63.

- "Bridal Magazine Girl." Flash Games Spot. 2017년 11월 3일 검색. http://fl ashgamesspot.com/play/bridal-magazine-girl-every-little-girl-dreams-abo/fl ash-game/.

- "Bridezilla Britain: Six in Ten SINGLE Women Have Already Planned Their Wedding—Including Dress, Flowers, Bridesmaids." Daily Mail, Feburary 25, 2014. www.dailymail.co.uk/femail/article-2567408/Bridezilla-Britain-Six-ten-SINGLE-women-planned-wedding-including-dress-fl owersbridesmaids.html.

- Bridezillas. WE Tv (blog). 2017년 11월 4일 검색. www.wetv.com/shows/bridezillas.

- "Brothers Grimm: Fairy Tales, History, Facts, and More." National Geographic, 1999.www.nationalgeographic.com/grimm/index2.html.

- Brubaker, Jed R., Mike Ananny, and Kate Crawford. "Departing Glances: A Sociotechnical Account of 'Leaving' Grindr." New Media and Society 18, no. 3 (July 7, 2014): 373–90. https://doi.org/10.1177/1461444814542311.

- Buchheit, Paul. "The One Percent Just Keeps Getting Richer." Mother Jones(blog). November 3, 2014. www.motherjones.com/politics/2014/11/2014-global-wealth-report/.

- Bulcroff, Kris, Richard Bulcroff, Linda Smeins, and Helen Cranage. "The Social Construction of the North American Honeymoon, 1880–1995." Journal of Family History 22, no. 4 (October 1, 1997): 462–90. https://doi.org/10.1177/036319909702200404.

- Byrnes, Mark. "How Michael Bierut Branded Celebration, Florida." CityLab, November 4, 2015. www.citylab.com/design/2015/11/how-michael-bierutbranded-celebration-florida/413752/.

- Callahan, David. "How the GI Bill Left Out African Americans." Demos, November 11, 2013. www.demos.org/blog/11/11/13/how-gi-bill-left-outafrican-americans.

- Candiday, Margot. The Straight State: Sexuality and Citizenship in Twentieth-Century America. Princeton, NJ: Princeton University Press, 2011.

- Casserly, Meghan. "When Wedding Planning Becomes a Full-Time Job." Forbes, July 22, 2010. www.forbes.com/2010/07/22/wedding-planning-theknot-wedding-channel-websites-forbes-woman-time-working-brides.html.

- Cawley, Laurence. "DeBeers Myth: Do People Spend a Month's Salary on an Engagement Ring?" BBC News, May 16, 2014. www.bbc.com/news/magazine-27371208.
- "Celebration CDP, Florida." US Census Bureau. www.census.gov/quickfacts/fact/table/celebrationcdpfl orida,FL/RHI105210#viewtop.
- Chalmers, William D. "The Great American Passport Myth: Why Just 3.5% of Us Travel Overseas!" Huffington Post (blog), September 29, 2012. www.huffingtonpost.com/william-d-chalmers/the-great-american-passpo_b_1920287.html.
- Chandler, Daniel, and Rod Munday. A Dictionary of Social Media. Oxford: Oxford University Press, 2016.
- Chang, Juju, Marjorie McAfee, and Lauren Effron. "Teens Stage Elaborate 'Prompposals' to Score Dates, Social Media 'Likes.'" ABC News, May 3, 2016. http://abcnews.go.com/Lifestyle/teens-stage-elaborate-promposalsscore-dates-social-media/story?id=38840417.
- "Chart History." Hannah Montana Billboard. www.billboard.com/artist/276390/hannah+montana/chart?f=395.
- "Chicago Bulls Luvabull Cheerleader Surprised with Marriage Proposal during Bulls/Heat Game." December 7, 2013. www.youtube.com/watch?v=d3qLrEipXeI.
- "Children's Wedding Dream Comes True." CBS News, March 3, 2009. www.cbsnews.com/news/childrens-wedding-dream-comes-true/.
- Clark, Tom. "Queen Enjoys Record Support in Guardian/ICM Poll." Guardian, May 24, 2012. www.theguardian.com/uk/2012/may/24/queen-diamondjubilee-record-support.
- Cohn, D'Vera. "Love and Marriage." Pew Research Center's Social and Demographic Trends Project (blog), February 13, 2013. www.pewsocialtrends.org/2013/02/13/love-and-marriage/.
- Cokely, Carrie L. " 'Someday My Prince Will Come,' Disney, the Heterosexual Imaginary and Animated Film." Thinking Straight: The Promise and Paradox of Heterosexuality에 Chrys Ingraham 편집 수록, New York: Routledge, 2004.
- "Common Data Set." Institutional Research, Washington State University. 2017년 11월 1일 검색. https://ir.wsu.edu/common-data-set/.
- Constable, Catherine. Adapting Philosophy: Jean Baudrillard and "The Matrix

Trilogy." Manchester, UK: Manchester University Press, 2009.

• Cook, Daniel Thomas, and Susan B. Kaiser. "Betwixt and Be Tween: Age Ambiguity and the Sexualization of the Female Consuming Subject." Journal of Consumer Culture 4, no. 2 (July 1, 2004): 203–27. https://doi.org/10.1177/1469540504043682.

• Coontz, Stephanie. 《진화하는 결혼(2009년 작가정신 발간)》.

• Cott, Nancy F. Public Vows: A History of Marriage and the Nation. Rev. ed. Cambridge, MA: Harvard University Press, 2002.

• Covert, Bryce. "Nearly a Billion Dollars Spent on Marriage Promotion Programs Have Achieved Next to Nothing." Think Progress, February 11, 2014. https://thinkprogress.org/nearly-a-billion-dollars-spent-on-marriagepromotion-programs-have-achieved-next-to-nothing-e675f0d9b67/. "The Cullen Cars." Stephenie Meyer (blog). 2017년 11월 1일 검색. https://stepheniemeyer.com/the-books/twilight/twilight-cullen-cars/.

• "Cutest Lesbian Proposal EVER!" August 11, 2012. www.youtube.com/watch?v=l4HpWQmEXrM.

• "Cutest Promposal!" May 27, 2012. www.youtube.com/watch?v=7kHxP-hW3JQ.

• "Daniels PromPosal." April 16, 2015. www.youtube.com/watch?v=6BtI4E0iIzU.

• "Daniels PromPosal Parody." April 20, 2015. www.youtube.com/watch?v=g6Sp6N6VurU.

• Debord, Guy. 《스펙타클의 사회(2014년 울력 발간)》.

• Deitz, Bibi. "This Is the Average Cost of an Engagement Ring." Bustle, February 29, 2016. www.bustle.com/articles/144926-this-is-the-average-cost-ofan-engagement-ring.

• DePaulo, Bella. "America Is no Longer a Nation of Nuclear Families." Quartz, June 20, 2015. https://qz.com/440167/america-is-no-longer-a-nation-ofnuclear-families/.

• Desilver, Drew. "U.S. Income Inequality, on Rise for Decades, Is Now Highest since 1928." Pew Research Center. December 5, 2013. www.pewresearch.org/fact-tank/2013/12/05/u-s-income-inequality-on-rise-for-decades-is-nowhighest-since-1928/.

• Dhar, Rohin. "Diamonds Are Bullshit." Priceonomics (blog). 2017년 11월 2일 검색. http://blog.priceonomics.com/post/45768546804/diamonds-arebullshit.

• Dirks, Tim. "All Time Top Box Office Major Film Franchises." AMC Film Site. www.

fi lmsite.org/series-boxoffice.html.

- "Disney Posts Record Profits." New York Times, July 27, 1990. www.nytimes. com/1990/11/09/business/disney-profi ts-increase-9.html.

- "Disney's Honeymoons." Disneyweddings. http://disneyweddings.disney.go.com/ honeymoons/magical-places/overview.

- Doll, Jen. "When the Proposal Costs More Than a Wedding." Atlantic, March 19, 2013. www.theatlantic.com/national/archive/2013/03/whenproposal-costs-more-wedding/317155/.

- Dredge, Stuart. "42% of People Using Dating App Tinder Already Have a Partner, Claims Report." Guardian, May 7, 2015. Technology sec. www.theguardian.com/ technology/2015/may/07/dating-app-tinder-marriedrelationship.

- Dubinsky, Karen. The Second Greatest Disappointment: Honeymooners, Heterosexuality, and the Tourist Industry at Niagara Falls. New Brunswick, NJ: Rutgers University Press, 1999.

- Dunning, Jenni. "1 in 4 Women Disliked Their Marriage Proposals: Survey." Toronto Star, March 18, 2011. Life sec. www.thestar.com/life/2011/03/18/1_in_4_ women_disliked_their_marriage_proposals_survey.html.

- Durkheim, Emile. 《종교 생활의 원초적 형태(1992년 민영사 발간)》. Emile Durkheim on the Division of Labor in Society. George Simpson 번역. New York: Macmillan, 1933.

- Dymock, Alex. "Flogging Sexual Transgression: Interrogating the Costs of the 'Fifty Shades Effect.' " Sexualities 16, no. 8 (December 1, 2013): 880–95. https://doi. org/10.1177/1363460713508884.

- Edelman, Lee. No Future: Queer Theory and the Death Drive. Durham, NC: Duke University Press, 2004.

- Edward-Jones, Imogen. "Bride and Gloom: The Rise of Post-Nuptial Depression," July 9, 2009, Sunday Times. http://women.timesonline.co.uk/tol/life_and_style/ women/relationships/article6668905.ece.

- Edwards, Jim. "Yes, You Can Make Six Figures as a YouTube Star . . . And Still End Up Poor." Business Insider, February 10, 2014. www.businessinsider.com/how-much-money-youtube-stars-actually-make-2014–2.

- Edwards, Katie M., Kateryna M. Sylaska, Johanna E. Barry, Mary M. Moynihan, Victoria L. Banyard, Ellen S. Cohn, Wendy A. Walsh, and Sally K. Ward. "Physical

Dating Violence, Sexual Violence, and Unwanted Pursuit Victimization: A Comparison of Incidence Rates among Sexual-Minority and Heterosexual College Students." Journal of Interpersonal Violence 30, no. 4 (February 1, 2015): 580–600. https://doi.org/10.1177/0886260514535260.

- Eisenhart, Maddie. "Fair Trade Wedding Dresses." A Practical Wedding, June 8, 2015. https://apracticalwedding.com/fair-trade-wedding-dresses/.

- Elliott, Larry, and Ed Pilkington. "New Oxfam Report Says Half of Global Wealth Held by the 1%." Guardian, January 19, 2015. Business sec. www.theguardian.com/business/2015/jan/19/global-wealth-oxfam-inequality-davoseconomic-summit-switzerland.

- England, Dawn Elizabeth, Lara Descartes, and Melissa A. Collier-Meek. "Gender Role Portrayal and the Disney Princesses." Sex Roles 64, no. 7–8 (April 1, 2011): 555–67. https://doi.org/10.1007/s11199-011-9930-7.

- Essig, Laurie. "In the US, Fairy-Tale Royal Weddings Clash with Reality." The Conversation, May 17, 2018. https://theconversation.com/in-the-usfairy-tale-royal-weddings-clash-with-reality-94719. "The Mermaid and the Heterosexual Imagination." Thinking Straight: The Power and Paradox of Heterosexuality에 Chrys Ingraham 편집 수록. New York: Routledge, 2005.

- Ever after Blog. Disney Weddings. www.disneyweddings.com/ever-after-blog/. "Families and Living Arrangements." US Census Bureau. 2017년 11월 3일 검색. www.census.gov/topics/families.html.

- "Fast Facts: Disney's Fairy Tale Weddings and Honeymoons." Walt Disney World News. 2017년 11월 3일. http://wdwnews.com/fact-sheets/2016/05/04/fast-facts-disneys-fairy-tale-weddings-and-honeymoons/.

- Ferguson, Michaele L. "Choice Feminism and the Fear of Politics." Perspectives on Politics 8, no. 1 (2010): 247–53.

- "Fifty Shades of Grey Bear." Vermont Teddy Bear Factory, n.d. www.vermontteddybear.com/sellgroup/fi fty-shades-of-grey-bear.aspx?bhcp=1.

- "'Fifty Shades of Grey' Movie Mansion Part of Vancouver Heritage House Tour." Huff Post Canada, May 26, 2014. www.huffi ngtonpost.ca/2014/05/26/fifty-shades-of-grey-movie-house_n_5393978.html.

- "Fifty Shades of Grey Sex Toys" Lovehoney. 2017년 11월 1일. www.lovehoney.com/brands/fifty-shades-of-grey/.

- Filipovic, Jill. The H-Spot: The Feminist Pursuit of Happiness. New York: Nation Books, 2017.
- Fink, Megan P. "Tween Romances You'll Love." Flashlight Worthy Books. 2017년 11월 1일 검색. www.fl ashlightworthybooks.com/Best-Tween-Romance-Books/662?fwsource=fb.
- Finkel, Eli J., Paul W. Eastwick, Benjamin R. Karney, Harry T. Reis, and Susan Sprecher. "Online Dating: A Critical Analysis from the Perspective of Psychological Science." Psychological Science in the Public Interest 13, no. 1 (January 1, 2012): 3–66. https://doi.org/10.1177/1529100612436522.
- Fish, Stanley. Inside the Mouse: Work and Play at Disney World. Edited by Jane Kuenz, Susan Willis, and Shelton Waldrep. Durham, NC: Duke University Press, 1995.
- Fisher, Helen. "Biology: Your Brain In Love." Time, January 19, 2004. http://content.time.com/time/magazine/article/0,9171,993160,00.html. "The Forgotten Sex: Men." Official 매치닷컴 Blog, February 4, 2011. https://matchuptodate.wordpress.com/2011/02/04/the-forgotten-sex-men/.
- "Forget Kate's Dress: It's Diana's Bridal Gown That's Still Drawing Millions across the World." Daily Mail, May 9, 2011. www.dailymail.co.uk/femail/article-1384783/Forget-Kate-Middletons-dress-Princess-Dianas-bridal-gownthats-drawing-millions-world.html.
- Foster, Jill. "Deflated after the Big Day? You've Got PND! (That's Post Nuptial Depression)." Daily Mail, May 4, 2011.
- Frankel, Todd C. "Whitney Wolfe, Founder of Dating App Bumble, Has Had Quite the Year. She Just Can't Discuss Parts of It." Washington Post, December 2, 2015. www.washingtonpost.com/news/the-switch/wp/2015/12/02/whitney-wolfe-founder-of-dating-app-bumble-has-had-quite-the-year-shejust-cant-discuss-parts-of-it/.
- Fraser, Nancy. "Transnationalizing the Public Sphere: On the Legitimacy and Efficacy of Public Opinion in a Post-Westphalian World." Theory, Culture and Society 24, no. 4 (2007): 21.
- Fried, Carla. "The Royal Wedding: What Will It Cost?" CBS News. April 28, 2011. www.cbsnews.com/news/the-royal-wedding-what-will-it-cost/.
- Friedman, Uri. "How an Ad Campaign Invented the Diamond Engagement

Ring." Atlantic, February 13, 2015. www.theatlantic.com/international/archive/2015/02/how-an-ad-campaign-invented-the-diamond-engagementring/385376/.

- Fry, Richard. "Four Takeaways from Tuesday's Census Income and Poverty Release." Pew Research Center (blog), September 18, 2013. www.pewresearch.org/fact-tank/2013/09/18/four-takeaways-from-tuesdays-census-income-andpoverty-release/.
- Gaffney, Adam. "The Devastating Effects of Dental Inequality in America." New Republic, May 25, 2017. https://newrepublic.com/article/142368/devastating-effects-dental-inequality-america.
- Garland, Poppy. "Americans Are Spending Less Time, More Money on Vacation." Conde Nast Traveler, July 4, 2016.
- "Genepartner.com: DNA Matching-Love Is No Coincidence." 2017년 11월 1일 검색. http://www.genepartner.com/.
- Giddens, Anthony. The Transformation of Intimacy: Sexuality, Love, and Eroticism in Modern Societies. Stanford, CA: Stanford University Press, 1993.
- Giroux, Henry A. "Are Disney Movies Good for Your Kids?" In Kinderculture: The Corporate Construction of Childhood, S. R. Steinberg & J. L. Kincheloe. Boulder 편집, CO: Westview Press, 1997. The Mouse That Roared: Disney and the End of Innocence. Lanham, MD: Rowman and Littlefield, 1999.
- "Global Travel and Tourism Industry-Statistics and Facts." Statista. 2017년 11월 3일 검색. www.statista.com/topics/962/global-tourism/.
- "Global Wealth Data Bank 2013." Credit Suisse, October 2013. www.international-adviser.com/ia/media/Media/Credit-Suisse-Global-Wealth-Databook-2013.pdf.
- Goodnough, Abby. "Disney Is Selling a Town It Built to Refl ect the Past." New York Times, January 16, 2004. www.nytimes.com/2004/01/16/us/disney-isselling-a-town-it-built-to-reflect-the-past.html.
- "Greatest Marriage Proposal EVER!!!" 2011. www.youtube.com/watch?v=pnVAE91E7kM.
- Greenwood, Shannon, Andrew Perrin, and Maeve Duggan. "Social Media Update 2016." Pew Research Center: Internet, Science and Tech (blog), November 11, 2016. www.pewinternet.org/2016/11/11/social-media-update-2016/.
- Grice, Andrew. "Polls Reveal Big Rise in Support for Monarchy." Independent,

April 9, 2002. www.independent.co.uk/news/uk/home-news/poll-revealsbig-rise-in-support-for-monarchy-656892.html.

- Hanchett, Thomas W. "Financing Suburbia: Prudential Insurance and the Post–World War II Transformation of the American City." Journal of Urban History 26, no. 3 (March 1, 2000): 312–28. https://doi.org/10.1177/009614420002600302.
- "He Loved Her since They Were 10: This Is How He Proposed (Matty Mac-The Proposal)." May 22, 2015. www.youtube.com/watch?v=OuXKkROBkiI.
- "Her Fantasy Proposal That Exceeded Her Expectations." January 8, 2014. www.youtube.com/watch?v=GBbxM6k-leU.
- Hess, Amanda. "The Awkward Charm of the Promposal." New York Times, April 8, 2016.
- Himmelstein, Kathryn E. W., and Hannah Bruckner. "Criminal-Justice and School Sanctions against Nonheterosexual Youth: A National Longitudinal Study." Pediatrics 127, no. 1 (January 1, 2011): 49–57. https://doi.org/10.1542/peds.2009-2306.
- Holland, Kelley. "The High Economic and Social Costs of Student Loan Debt." CNBC, June 15, 2015. www.cnbc.com/2015/06/15/the-high-economicand-social-costs-of-student-loan-debt.html.
- Houston, H. Rika, and Laurie A. Meamber. "Consuming the 'World': Reflexivity, Aesthetics, and Authenticity at Disney World's EPCOT Center." Consumption Markets and Culture 14, no. 2 (June 1, 2011): 177–91. https://doi.org/10.1080/10253866.2011.562019.
- Howard, Clayton. "Building a 'Family-Friendly' Metropolis: Sexuality, the State, and Postwar Housing Policy." Journal of Urban History 39, no. 5 (2013): 933–55.
- How Heroes of Fiction Propose and How Heroines Reply: Together with Familiar Quotations in Poetry and Prose; with Parallel Passages from the Most Famous Writers of the World. New York: P. F. Collier, 1890. http://hdl.handle.net/2027/nyp.33433082179643.
- Illouz, Eva. 《감정 자본주의(2010년 돌베개 발간)》. 《사랑은 왜 아픈가(2013년 돌베개 발간)》.
- Ingraham, Chrys. White Weddings: Romancing Heterosexuality in Popular Culture. New York: Taylor and Francis, 2008.
- Inside Bella's Closet (blog). 2017년 11월 1일 검색. https://insidebellascloset.

wordpress.com/.

- "Introducing Tinder Online—wipe Anywhere." Tinder, March 28, 2017. http://blog.gotinder.com/introducing-tinder-online/.

- "Isaac's Live Lip-Dub Proposal." May 25, 2012. www.youtube.com/watch?v=5_v7QrIW0zY.

- James, E. L. 《그레이의 50가지 그림자 해방(2012년 시공사 발간)》, 《그레이의 50가지 그림자(2011년 전자책)》.

- "Jamin's Downtown Disney Flashmob Proposal." September 26, 2011. www.youtube.com/watch?v=Su1YLAjty-U.

- Jessee, Catherine. "Your Inner Disney Princess? Take the Quiz." The Knot. www.theknot.com/content/disney-princess-honeymoon-quiz."Justin and Emily: The Proposal." October 8, 2013. www.youtube.com/watch?v=hVTr5MNa_8Y. "A Just Incredible Proposal." May 27, 2012. www.youtube.com/watch?v=2bY4GuZXjS0.

- Kaminetsky, Heather. "The 5 Biggest International Holidays for E-Commerce." Business Insider, September 24, 2012. www.businessinsider.com/5-international-holidays-for-ecommerce-2012–9.

- Katz, Jonathan M., and Erik Eckholm. "Anti-Gay Laws Bring Backlash in Mississippi and North Carolina." New York Times, April 5, 2016. www.nytimes.com/2016/04/06/us/gay-rights-mississippi-north-carolina.html.

- Kelly, Helen. "Royal Wedding 2018 Viewing Figures: How Many People Watched Meghan Markle Marry Harry." Express, May 20, 2018. www.express.co.uk/showbiz/tv-radio/962610/Royal-Wedding-viewing-figures-Meghan-Markle-Prince-Harry-kiss-David-Beckham.

- Khoo. "Tinder Issues Lifetime Ban to Man Who Hurled Racist Slurs at Asian Woman." Huff Post Canada, March 2, 2017. www.huffi ngtonpost.ca/2017/03/02/tinder-lifetime-ban_n_15108620.html.

- Kim, Eugene. "Here's How the Dating Service Company That Owns Tinder Makes Money." Business Insider. 2017년 11월 1일 검색. www.businessinsider.com/how-match-group-and-tinder-make-money-2015–10.

- Kimmel, Chad M. "Community in History: Exploring the Infancy of America's 'Most Perfectly Planned Community,' Levittown, Pennsylvania." Sociological Viewpoints 26, no. 2 (Fall 2010): 37–51.

- Kincaid, James. Erotic Innocence: The Culture of Child Molesting. Durham, NC:

Duke University Press, 2000.

- Kipnis, Laura. 《사랑은 없다(2009년 지식의 날개 발간)》

- Kuenz, Jane, Susan Willis, and Shelton Waldrep, eds. Inside the Mouse: Work and Play at Disney World. Durham, NC: Duke University Press, 1995.

- Kuperberg, Arielle, and Joseph E. Padgett. "The Date's Not Dead." The Society Pages, August 10, 2016. https://thesocietypages.org/ccf/2016/08/10/the-dates-not-dead/.

- Lapidot-Lefler, Noam, and Azy Barak. "Effects of Anonymity, Invisibility, and

- Lack of Eye-Contact on Toxic Online Disinhibition." Computers in Human Behavior 28, no. 2 (March 1, 2012): 434–43. https://doi.org/10.1016/j.chb.2011.10.014.

- Lingan, John. "Bristling Dixie: Uncle Walt Thought Song of the South Would Be His Masterpiece: Now It's Invisible." Slate, January 4, 2013. www.slate.com/articles/arts/books/2013/01/song_of_the_south_disney_s_most_notorious_film_by_jason_sperb_reviewed.html.

- Lippe-McGraw, Jordi. "Yes Couples Are Now Taking 'Earlymoons' before Their Weddings." Brides, July 7, 2017. //www.brides.com/story/earlymoonsbefore-their-weddings.

- "Living Wage Calculator." Poverty in America. 2017년 11월 1일 검색. http://livingwage.mit.edu/.

- Long, Heather. "The Feel-Good Hallmark Channel Is Booming in the Age of Trump." Washington Post, August 21, 2017. www.washingtonpost.com/news/wonk/wp/2017/08/21/the-feel-good-hallmark-channel-is-booming-in-theage-of-trump/?utm_term=.17d93b595b41.

- Low, Setha. "Maintaining Whiteness: The Fear of Others and Niceness." Transforming Anthropology 17, no. 2 (October 2009): 79–92.

- Luckerson, Victor. "The 13 Most Controversial Super Bowl Ads Ever." Time, January 27, 2014. http://business.time.com/2014/01/27/the-13-mostcontroversial-super-bowl-ads/slide/ashley-madison-wants-to-help-you-havean-affair/.

- Lugo-Lugo, Carmen R., and Mary K. Bloodsworth-Lugo. " 'Look Out New World, Here We Come'?: Race, Racialization, and Sexuality in Four Children's Animated Films by Disney, Pixar, and DreamWorks" In Cinematic Sociology: Social Life in Film, edited by Jean-Anne Sutherland and Kathryn Feltey. 2nd ed. Thousand Oaks, CA: Sage.

- "The Magic of the Monarchy: The Royal Moment Has Come." Guardian, April 1, 2011. Opinion sec. www.theguardian.com/commentisfree/2011/apr/01/magic-monarchy-royal-moment.
- "Making the Movies Jealous—att & Ginny's Wedding—y Ray Roman." n.d. www.youtube.com/watch?v=DJ4DNqIuCcQ.
- Mapes, Diane. "Anonymity Opens Up Split Personality Zone." NBC News, September 24, 2008. www.nbcnews.com/id/26837911/ns/health-behavior/t/anonymity-opens-split-personality-zone/.
- Marin, Louis. Utopics: Spatial Play. Robert A. Vollrath 번역. London: Palgrave Macmillan, 1984.
- "Marriage Proposal Packages." The Yes Girls. 2017년 11월 2일 검색. https://theyesgirls.com/marriage-proposal-packages.
- Mason, Corinne Lysandra. "Tinder and Humanitarian Hook-Ups: The Erotics of Social Media Racism." Feminist Media Studies 16, no. 5 (September 2, 2016): 822–37. https://doi.org/10.1080/14680777.2015.1137339.
- "Matt and Ginny on Ellen." November 29, 2012. www.youtube.com/watch?v=q1uUIjqAKvo.
- McClintock, Anne. Imperial Leather: Race, Gender, and Sexuality in the Colonial Contest. New York: Routledge, 1995.
- McGee, Micki. Self-Help, Inc.: Makeover Culture in American Life. Oxford: Oxford University Press, 2007.
- Melander-Dayton, Adele. " 'Bridalplasty': The Reality TV Apocalypse No One Watched." Salon, January 31, 2011. www.salon.com/2011/02/01/bridalplasty_finale/.
- Meyer, Stephenie. 《트와일라잇(2008년 북폴리오 발간)》.
- Miller, Kevin. "The Simple Truth about the Gender Pay Gap." AAUW: Empowering Women since 1881 (blog). 2017년 11월 1일 검색. www.aauw.org/research/the-simple-truth-about-the-gender-pay-gap/.
- Mintz, Steven, and Susan Kellogg. Domestic Revolutions: A Social History of American Family Life. New York: Free Press, 1989.
- "Monarchy/Royal Family Trends: Monarchy v Republic, 1993–013." Ipsos MORI, July 19, 2013. www.ipsos-mori.com/researchpublications/researcharchive/122/MonarchyRoyal-Family-Trends-Maonarchy-v-Republic-19932013.

aspx?view=wide.

- Moraski, Lauren. "Miley Cyrus' Booty-Shaking VMA Performance Gets Quite the Reaction." September 21, 2013. www.cbsnews.com/news/mileycyrus-booty-shaking-vma-performance-gets-quite-the-reaction/.
- "Most Epic Prom Proposal." December 7, 2013. www.youtube.com/watch?v=Ti-VwlT-NTE.
- Mutch, Deborah. "Coming out of the Coffin: The Vampire and Transnationalism in the Twilight and Sookie Stackhouse Series." Critical Survey 23, no. 2 (2011): 75–90.
- "myRWA: The Romance Genre; Romance Industry Statistics." 2017년 10월 21일 검색. www.rwa.org/page/romance-industry-statistics.
- Nazayran, Alexander. " 'Fifty Shades of Grey' Tops Ten Million Sales: Reading Public Craves Christian Grey, Anastasia Steele—and Nothing Else."
- New York Daily News. 2017년 11월 1일 검색. www.nydailynews.com/blogs/pageviews/fifty-shades-grey-tops-ten-million-sales-reading-publiccraves-christian-grey-anastasia-steele-blog-entry-1.1638369.
- Negra, Diane, and Yvonne Tasker. "Neoliberal Frames and Genres of Inequality: Recession-Era Chick Flicks and Male-Centred Corporate Melodrama." European Journal of Cultural Studies 16, no. 3 (June 1, 2013): 344–61. https://doi.org/10.1177/1367549413481880.
- "New Ferrari Cars." Motortrend Magazine. www.motortrend.com/new_cars/01/ferrari/#__federated=1.
- "Niagara Falls—acts and Summary." History. 2017년 11월 4일 검색. www.history.com/topics/niagara-falls.
- "Noel Biderman, CEO Of AshleyMadison.com—hanging the Face of Matrimony—Zing Talk." February 14, 2011. www.youtube.com/watch?v=umkghboC7Rw. O'Brien, Sara Ashley. "81-Year-Old eHarmony Founder on Gay Marriage and Tinder." CNNMoney, February 12, 2016. http://money.cnn.com/2016/02/12/technology/eharmony-neil-clark-warren/index.html.
- "On this Day, 29 July 1981: Charles and Diana Marry," July 29, 1981. BBC News. http://news.bbc.co.uk/onthisday/hi/dates/stories/july/29/newsid_2494000/2494949.stm.
- Otnes, Cele C., and Elizabeth Pleck. Cinderella Dreams: The Allure of the Lavish Wedding. Berkeley: University of California Press, 2003.

- "Our Lady of Perpetual Exemption." Last Week Tonight with John Oliver, August 16, 2015. HBO.
- Patten, Eileen, and Kim Parker. "A Gender Reversal on Career Aspirations." Pew Research Center's Social and Demographic Trends Project (blog), April 19, 2012. www.pewsocialtrends.org/2012/04/19/a-gender-reversal-on-career-aspirations/.
- Pavlo, Walter. "Fraud Thriving in U.S. Churches, but You Wouldn't Know It." Forbes, November 18, 2013. www.forbes.com/sites/walterpavlo/2013/11/18/fraud-thriving-in-u-s-churches-but-you-wouldnt-know-it/#4b35692fd9d4.
- Peiss, Kathy. Cheap Amusements: Working Women and Leisure in Turn-of-the-Century New York. Philadelphia: Temple University Press, 1986.
- Pepitone, Julianne. "Buy Edward Cullen's Twilight House." CNNMoney, February 23, 2010. http://money.cnn.com/galleries/2009/real_estate/0911/gallery.twilight_cullen_house/.
- Peppers, Margot. "How Much Would You Spend on Your Bridal Dress? Probably the Same as your GREAT GRANDMOTHER: The Surprising History of Wedding Costs since the 1930s." Daily Mail, July 3, 2014. www.dailymail.co.uk/femail/article-2679539/How-did-spend-bridal-dress-Probably-GREATGRANDMOTHER-The-surprising-history-wedding-costs-1930s.html.
- Perez, Sarah. "U.S. Consumers Now Spend 5 Hours per Day on Mobile Devices." TechCrunch (blog). 2017년 11월 2일 검색. http://social.techcrunch.com/2017/03/03/u-s-consumers-now-spend-5-hours-per-day-onmobile-devices/.
- Phillips, Mark. "Royal Wedding Could Cost UK Economy $50 Billion." CBS News, April 22, 2011. www.cbsnews.com/news/royal-wedding-could-costuk-economy-50-billion/.
- Pilkington, Ed. "How the Disney Dream Died in Celebration." Guardian, December 13, 2010. www.theguardian.com/world/2010/dec/13/celebrationdeath-of-a-dream.
- Polikoff, Nancy D. Beyond (Straight and Gay) Marriage: Valuing All Families under the Law. Boston: Beacon Press, 2009.
- "Popular Tween Romance Books." Goodreads. 2017년 11월 1일 검색. www.goodreads.com/shelf/show/tween-romance.

- Porter, Rick. "Monday Final Ratings: 'Jane the Virgin' Adjusts down but Still Hits Season High, 'Scorpion' Adjusts Up." TV by the Numbers, November 17, 2015. http://tvbythenumbers.zap2it.com/2015/11/17/monday-final-ratingsnov-16–2015/.
- Pous, Terri. "Top 10 Short-Lived Celebrity Marriages." Time, November 1, 2011. http://content.time.com/time/specials/packages/article/0,28804,2098279_2098285_2098286,00.html.
- "Practical Money Skills for Life: 2015 Prom Spending Survey." VISA. www.practicalmoneyskills.com/resources/pdfs/Prom_Survey_2015.pdf.
- Pressly, Linda. "The Cost of Weddings Spirals in China." BBC News, July 22, 2011. Business sec. www.bbc.com/news/business-14208448.
- "Prom Flashmob with Becky G! #Promposals Ep. 1." April 19, 2014. www.youtube.com/watch?v=ZCUYXOzCwQ8.
- "Queen Victoria Wedding." Victoriana Magazine. 2017년 11월 3일 검색. www.queenvictoria.victoriana.com/RoyalWeddings/Queen-Victoria-Wedding.html.
- Radford, Benjamin. "Sweet Science of Seduction or Scam? Evaluating eHarmony." Committee for Skeptical Inquiry, December 2014. www.csicop.org/si/show/sweet_science_of_seduction_or_scam_evaluating_eharmony.
- Radway, Janice A. Reading the Romance: Women, Patriarchy, and Popular Literature. 2nd ed. Chapel Hill: University of North Carolina Press, 1991.
- Rainie, Lee, and Andrew Perrin. "Slightly Fewer Americans Are Reading Print Books, New Survey Finds." Pew Research Center (blog), October 19, 2015. www.pewresearch.org/fact-tank/2015/10/19/slightly-fewer-americansare-reading-print-books-new-survey-finds/. "The Return of the Multi-Generational Family Household." Pew Research Center's Social and Demographic Trends Project (blog), March 18, 2010. www.pewsocialtrends.org/2010/03/18/the-return-of-the-multi-generational-familyhousehold/.
- Reuters. "2011 Engagement & Jewelry Statistics Released by TheKnot.com & WeddingChannel.com." August 30, 2011. www.reuters.com/article/idUS198935+30-Aug-2011+BW20110830. "Match Group Revenue Up as Tinder Attracts More Paid Users." Fortune, May 3, 2016. http://fortune.com/2016/05/03/match-group-revenuetinder-paid-users/. "Washington: More Tent Cities Sought for Homeless in Seattle." New York Times, January 15, 2015. www.nytimes.

com/2015/01/16/us/more-tentcities-sought-for-homeless-in-seattle.html. "The
Revenue of the Walt Disney Company in the Fiscal Years 2006 to 2017 in Billion U.S.
Dollars). statista.com, 2018. www.statista.com/statistics/273555/global-revenue-
of-the-walt-disney-company/#0.

• Rich, Motoko. "Recession Fuels Readers' Escapist Urges." New York Times, April 7,
2009. Books sec. www.nytimes.com/2009/04/08/books/08roma.html.

• Richardson, John M. "The Promposal: Youth Expressions of Identity and 'Love' in
the Digital Age." Learning, Media and Technology 42, no. 1 (January 2, 2017): 74–86.
https://doi.org/10.1080/17439884.2016.1130055.

• Rochotte, Emily. "Engagementmoon: What It Is and Why You Should Take One."
EquallyWed, December 7, 2016. http://equallywed.com/engagementmoontake-
one.

• Roediger, David. Working toward Whiteness: How America's Immigrants Became
White. New York: Basic Books, 2006.

• Roiphe, Katie. "Spanking Goes Mainstream." Daily Beast, April 16, 2012. www.
thedailybeast.com/newsweek/2012/04/15/working-women-s-fantasies.html.

• Romeyn, Kathryn. "The Top 100 Honeymoon Destinations for 2017." Brides,
November 15, 2016. www.brides.com/gallery/100-best-honeymoon-destinations.

• Rosenberg, Yuval. "Economics of Happiness: Where the US Ranks." MSN Money,
April 6, 2012. http://money.msn.com/politics/post.aspx?post=79d88065–08a9–
434d-9f3a-56d662608ea0.

• Roser, Max, and Esteban Ortiz-Ospina. "Literacy." Our World in Data (blog). 2017년
11월 2일 검색. https://ourworldindata.org/literacy/.

• "Royal Wedding Watch." InStyle. April 29, 2011. news.instyle.com/photo-
gallery/?postgallery=52730#12.

• Rubin, Gayle. "Thinking Sex: Notes toward a Radical Theory of the Politics of
Sexuality." Pleasure and Danger: Exploring Female Sexuality, Carole Vance 편집.
New York: Routledge and Kegan Paul, 1984.

• Russell, Dora. Hypatia; or Woman and Knowledge. London: Kegan Paul, Trench,
Trubner, 1925.

• Sachs, Michael D. "Restoring American Happiness." In The World Happiness
Report, 2017. http://worldhappiness.report/ed/2017/.

• Sales, Nancy Jo. "Tinder and the Dawn of the 'Dating Apocalypse.'" Vanity Fair,

September 2015. www.vanityfair.com/culture/2015/08/tinder-hookup-culture-end-of-dating.

- Sardone, Susan Breslow. "Wedding Statistics and Honeymoon Facts and Figures." TripSavvy. 2017년 11월 3일 검색. www.tripsavvy.com/weddingstatistics-and-honeymoon-facts-1860546.
- Schabner, Dean. "Americans Work More Than Anyone." ABC News, January 7, 2006. http://abcnews.go.com/US/story?id=93364&page=1.
- Schwartz, Barry. 《선택의 심리학(2005년 웅진지식하우스 발간)》.
- Schweingruber, David, Alicia D. Cast, and Sine Anahita. " 'A Story and a Ring': Audience Judgments about Engagement Proposals." Sex Roles 58, no. 3–4 (February 1, 2008): 165–78. https://doi.org/10.1007/s11199-007-9330-1.
- Seaver, Maggie. "The National Average Cost of a Wedding is $33,391." The Knot. www.theknot.com/content/average-wedding-cost-2017. "This Mass Lesbian Wedding and Vow Renewal Is the Most Joyful Thing We've Seen." The Knot, n.d. www.theknot.com/content/bride-pridesame-sex-mass-wedding.
- Shaw, Frances. " 'Bitch I Said Hi': The Bye Felipe Campaign and Discursive Activism in Mobile Dating Apps." Social Media and Society 2, no. 4 (November 1, 2016): 2056305116672889. https://doi.org/10.1177/2056305116672889.
- Sheftell, Jason. "Breathless 'Grey' Apartment Is No Work of Fiction." New York Daily News. 2017년 11월 1일 검색. www.nydailynews.com/life-style/real-estate/breathless-fi fty-shades-grey-apartment-no-work-fiction-article-1.1105633.
- Simmons-Duffin, Selena. " 'School for Good and Evil' Is a Kids' Fantasy Series for the Fake News Era." All Things Considered, NPR, September 18, 2017.
- "Single by Choice: Why Fewer American Women Are Married Than Ever Before." NPR. March 1, 2016. www.npr.org/2016/03/01/468688887/single-by-choice-why-fewer-american-women-are-married-than-everbefore.
- "Singles in America 2017." 2017년 11월 2일 검색. 매치닷컴. www.singlesinamerica.com/.
- Smith, Aaron, and Monica Anderson. "5 Facts about Online Dating." Pew Research Center (blog), February 29, 2016. www.pewresearch.org/fact-tank/2016/02/29/5-facts-about-online-dating/.
- "Socioeconomics and Obesity." State of Obesity. 2017년 11월 1일 검색. https://stateofobesity.org/socioeconomics-obesity/.

- Solnit, Rebecca. Hope in the Dark: Untold Histories, Wild Possibilities. Chicago: Haymarket, 2016.
- Somerville, Siobhan B. Queering the Color Line: Race and the Invention of Homosexuality in American Culture. Durham, NC: Duke University Press, 2000.
- Sorren, Martha. "14 Times during Kim Kardashian & Kris Humphries' Wedding You Could Tell They Were Doomed." Bustle, August 20, 2014. www.bustle.com/articles/35470-14-times-during-kim-kardashian-kris-humphrieswedding-you-could-tell-they-were-doomed.
- "Spencer's Home Depot Marriage Proposal." September 11, 2013. www.youtube.com/watch?v=l4HpWQmEXrM.
- Sperb, Jason. " 'Take a Frown, Turn It Upside Down': Splash Mountain, Walt Disney World, and the Cultural De-Rac(e)-Ination of Disney's Song of the South (1946)." Journal of Popular Culture, no. 5 (2005). https://doi.org/http://dx.doi.org/10.1111/j.0022-3840.2005.00148.x.
- Spigel, Lynn. Welcome to the Dreamhouse: Popular Media and Postwar Suburbs. Durham, NC: Duke University Press, 2001.
- Stampler, Laura. "Americans Could Spend $703 Million on Their Pets This Valentine's Day." Time, January 27, 2015. http://time.com/3684556/valentinesday-pets/.
- Steverman, Ben. "Americans Work 25% More Than Europeans, Study Finds." Bloomberg, October 18, 2016. www.bloomberg.com/news/articles/2016-10-18/americans-work-25-more-than-europeans-study-finds.
- Stiglitz, Joseph E. "Of the 1%, by the 1%, for the 1%." Vanity Fair, May 2011. www.vanityfair.com/news/2011/05/top-one-percent-201105.
- Stopes, Marie. Married Love. London: Fifield, 1918.
- Sumter, Sindy R., Laura Vandenbosch, and Loes Ligtenberg. "Love Me Tinder: Untangling Emerging Adults' Motivations for Using the Dating Application Tinder." Telematics and Informatics 34, no. 1 (February 1, 2017): 67–78. https://doi.org/10.1016/j.tele.2016.04.009.
- "Surprise Ending—lash Mob Marriage Proposal." June 15, 2012. www.youtube.com/watch?v=5uCP1bkpe9o.
- "The Sweetest Peter Pan Marriage Proposal." January 16, 2013. www.youtube.com/watch?v=HRlMURMTYPw.

- Sykes, Tom. "William and Kate Honeymoon Photos Published." Daily Beast, July 10, 2012. www.thedailybeast.com/william-and-kate-honeymoon-photospublished.
- Taylor, Anthea. " 'The Urge towards Love Is an Urge towards (Un)Death': Romance, Masochistic Desire and Postfeminism in the Twilight Novels." International Journal of Cultural Studies 15, no. 1 (January 1, 2012): 31–46. https://doi.org/10.1177/1367877911399204.
- "Televangelists." Last Week Tonight with John Oliver. HBO. 2015. www.youtube.com/watch?v=7y1xJAVZxXg.
- Tempesta, Erica. "Proof That Promposals Are TOTALLY out of Control: Arizona Teen Books His Girlfriend a Trip to HAWAII as Part of His Prom Invitation to Celebrate Their Ninth Dance Together." Daily Mail, April 27, 2016. www.dailymail.co.uk/femail/article-3562020/How-allowance-Arizona-teen-books-girlfriend-trip-HAWAII-extravagant-promposalcelebrate-ninth-high-school-dance-together.html.
- "Tents, Tiaras and a Few Tears as a Million Turn Out for Wills and Kate." Daily Mail, April 30, 2011. www.dailymail.co.uk/news/article-1381820/Royal-Wedding-route-A-MILLION-turn-celebrate-Kate-Middleton-Prince-William.html.
- Tepper, Fitz. "Bumble Is Finally Monetizing with Paid Features to Better Help You Find a Match." TechCrunch (blog). 2017년 11월 2일 검색. http://social.techcrunch.com/2016/08/15/bumble-is-finally-monetizing-withpaid-features-to-better-help-you-find-a-match/.
- Toossi, Mitra. "A Century of Change: The U.S. Labor Force, 1950–050." Monthly Labor Review, U.S. Bureau of Labor Statistics. May 2002. www.bls.gov/opub/mlr/2002/05/art2full.pdf.
- "Top 5 Marriage Proposal Fails." December 24, 2011. www.youtube.com/watch?v=22ec8o7p2bI.
- Traister, Rebecca. 《싱글 레이디스(2017년 북스코프 발간)》.
- Urbina, Ian. "Perils of Climate Change Could Swamp Coastal Real Estate." New York Times, November 24, 2016. Science sec. www.nytimes.com/2016/11/24/science/global-warming-coastal-real-estate.html?_r=0.
- Vanassche, Sofie, Gray Swicegood, and Koen Matthijs. "Marriage and Children as Key to Happiness? Cross-National Differences in the Effects of Marital Status and Children on Well-Being." Journal of Happiness Studies, 14, no. 2 (April 2012):

501–24. doi: 10.1007/s10902–012–9340–8.

- VanDerWerf, Todd. "How Hallmark Took Over Your TV Every Christmas," Vox, December 14, 2017. www.vox.com/culture/2017/12/14/16752012/ hallmarkchristmas-movies-explained.

- Vannini, Phillip. "Will You Marry Me?: Spectacle and Consumption in the Ritual of Marriage Proposals." Journal of Popular Culture 38, no. 1 (August 2004): 169–85.

- Vasel, Kathryn. "Couples Are Spending a Record Amount of Cash to Get Married." CNNMoney, February 2, 2017. http://money.cnn.com/2017/02/02/pf/cost-of-wedding-budget-2016-the-knot/index.html.

- Velasco, Schuyler, and Jacob Turcotte. "Are Americans Working Too Much?" Christian Science Monitor, August 18, 2016. www.csmonitor.com/ Business/2016/0818/Are-Americans-working-too-much.

- Vella, Matt. "Apple's Latest Ad Is Probably Going to Give You Chills." Time. 2017 년 10월 21일 검색. http://business.time.com/2014/01/13/appleslatest-ad-is-probably-going-to-give-you-chills/. "A Very Sweet Proposal (When He Cries, You'll Cry) from HowHeAsked.com." April 4, 2014. www.youtube.com/watch?v=Su_l8r3CqTM.

- Vespa, Jonathan, Jamie M. Lewis, and Rose M. Kreider. "America's Families and Living Arrangements: 2012." US Census Bureau. August 2013. www.census.gov/ prod/2013pubs/p20–570.pdf.

- Vesselinov, Elena, and Renaud Le Goix. "From Picket Fences to Iron Gates: Suburbanization and Gated Communities in Phoenix, Las Vegas and Seattle." GeoJournal 77, no. 2 (2012): 203–22.

- Vilhauer, Jennice. "This Is Why Ghosting Hurts So Much." Psychology Today. November 27, 2015. www.psychologytoday.com/blog/living-forward/201511/is-why-ghosting-hurts-so-much.

- Wade, Lisa. American Hookup: The New Culture of Sex on Campus. New York: W. W. Norton, 2017.

- Walker, Rebecca A. "Fill/Flash/Memory: A History of Flash Mobs." Text and Performance Quarterly 33, no. 2 (April 1, 2013): 115–32. https://doi.org/10.1080/10 462937.2013.764002.

- Wallace-Wells, David. "The Uninhabitable Earth: Famine, Economic Collapse, a Sun That Cooks Us; What Climate Change Could Wreak-Sooner Than You Think." New

York Magazine, July 9, 2017. http://nymag.com/daily/intelligencer/2017/07/climate-change-earth-too-hot-for-humans.html.

- Walters, Suzanna Danuta. The Tolerance Trap: How God, Genes, and Good Intentions Are Sabotaging Gay Equality. New York: New York University Press, 2014.

- Weber, Max. 《프로테스탄트 윤리와 자본주의 정신(2018년 현대지성 발간)》. "Wedding Proposal That Will Leave You Breathless." January 8, 2014. www.youtube.com/watch?v=IU-aHsjv5eA.

- Wesley, Daniel. "How Much Will You Spend for Valentine's Day?" Credit Loan(blog), n.d. http://visualeconomics.creditloan.com/how-much-will-youspend-for-valentines-day/.

- "What Disney's City of the Future, Built to Look like the Past, Says about the Present." Economist, December 24, 2016. www.economist.com/news/united-states/21712156-utopia-i-4-what-disneys-city-future-built-look-pastsays-about.

- Whitty, Monica T. "Anatomy of the Online Dating Romance Scam." Security Journal 28, no. 4 (October 2015): 443–55. doi.org/10.1057/sj.2012.57.

- "Why Don't Women Propose to Men?" CBS News. 2017년 11월 2일 검색. www.cbsnews.com/news/why-dont-women-propose-to-men/.

- Wolfinger, James. "The American Dream—or All Americans': Race, Politics, and the Campaign to Desegregate Levittown." Journal of Urban History 38, no. 3 (2012): 430–51.

- "The World Factbook." Central Intelligence Agency. 2017년 11월 3일 검색. www.cia.gov/library/publications/the-world-factbook/docs/notesanddefs.html.

- Yuknavitch, Lidia. The Book of Joan: A Novel. New York: Harper, 2017.

- Zane, Zachary. "Tough Love: Why You May Never Find the One." INTO. 2017년 11월 1일 검색. https://intomore.com/into/tough-love-why-you-may-never-find-the-one/1cdf717a646b4148.

- Zelizer, Viviana A. 《친밀성의 거래(2009년 에코리브르 발간)》

찾아보기

189.

사랑의 민낯

러브 주식회사

1판 1쇄 인쇄일   2021년 4월 16일
1판 1쇄 발행일   2021년 4월 23일

지은이   로리 에시그
옮긴이   강유주
펴낸이   임지현
펴낸곳   (주)문학사상
주소   경기도 파주시 회동길 363-8, 201호(10881)
등록   1973년 3월 21일 제1-137호
전화   031)946-8503
팩스   031)955-9912
홈페이지 www.munsa.co.kr
이메일   munsa@munsa.co.kr
ISBN 978-89-7012-586-2 (03300)